KB161465

사장의 일
임원의 일
팀장의 일
팀원의 일

회사는 자신의 역할과 책임을 다하는 인재를 원한다

사장의 일
임원의 일
팀장의 일
팀원의 일

류랑도 지음

plan b DESIGN

당신은 몸값에 맞는 밥값을 하고 있는가

"대표님! 강의 의뢰 전화인데 담당자가 직접 통화하고 싶어 하네요."

"그래요? 그럼 나한테 전화 연결해 주세요."

매니저가 연결해 준 전화를 받자 전화기 너머로 상냥한 여성의 목소리가 들렸다. 그녀는 자신을 교육 담당 대리라고 소개했다. 그리고 자신의 회사에서 내년도 사업 계획 수립을 주제로 워크숍을 진행하는데 도입 특강을 해 줄 수 있는지 물어본 뒤 이런저런 요청 사항을 이야기하며 다음과 같이 말했다.

"이번 워크숍이 정말 중요하거든요. 사장님을 포함하여 저희 회사 모든 임원과 팀장이 참석합니다. 요즘 저희 회사가 조금 어려운데 내년에는 경기가 더 좋지 않을 것 같아 걱정입니다. 저희 회사가 지금까지 추진해 온 사업과 비교해서 내년에 계획하고 있는 사업 목표와 전략이 제대로 수립되었는지 고민이 많은데, 이와 관련된 통찰력 있는 말씀을 해 주셨으면 좋겠어요…… (중략) 아무쪼록 도움 되는 말씀 많이 해 주세요."

여러 가지 회사 사정을 이야기하던 교육 담당 대리는 이번 워크숍이 중요하다는 말만 반복하고 정작 "그래서 무엇을 주제로, 어떤 내용을 강의해 주길 원하세요?"라는 나의 질문에는 명확한 답변을 하지 않은 채 잘 부탁한다는 말만 남기고 전화를 끊었다.

통화를 마친 나의 뇌리에는 여러 가지 생각이 스쳤다. 대리를 무시하는 것은 아니지만 내년도 회사의 사업 목표 달성이 걸린 중요한 워크숍의 도입 특강을 부탁하는 지극히 중차대한 일을 교육 담당 대리에게 시키고 팀장이나 임원들은 도대체 무엇을 하고 있는 것일까? 그 회사의 리더들은 과연 사업 계획 수립 워크숍을 진행하면서 본인들의 역할을 제대로 알고 행동하고 있을까? 외부 강의 의뢰를 지시한 리더들 역시 워크숍의 중대성만 강조했을 뿐 강의에서 어떠한 주제가 다루어져야 하는지에 대해서는 아무런 이야기를 하지 않은 것은 아닐까? 혹시 자신의 일이 아니라고 생각하는 것은 아닐까? 교육 담당 대리와 그의 리더들은 과연 자신들이 해야 할 역할을 정확히 파악하고 수행하고 있는 것일까?

'묻지 마' 역할 수행이 난무하고 있다

임원 직책을 수행하고 있지만 대리처럼 일하는 리더들을 가리켜 '조 이사', '정 상무'라는 진짜 직위 호칭 대신 '조 대리', '정 주임'이라고 비꼬아 불러 본 경험이 있을 것이다. 반대로 이제 겨우 사원에서 대리로 승진했으면서 마치 사장이나 되는 것처럼 거드름을 피우는 후배에게 '최 전무', '하 사장'이라고 부르며 농담을 던진 경험도 있을 것이다.

실제로 회사 내에서 자신의 역할과 책임을 정확하게 인식하고 행동하는 것은 말처럼 쉬운 일이 아니다. 축구 경기를 생각해 보자. 감독과 코치는 각자 자신에게 주어진 역할을 충실히 수행해야 하고, 선수들도 자신의 역할에 맞게 행동해야 한다. 왼쪽 날개 역할을 맡은 공격수가 자신의 자리를 지키지 않고 오른쪽 수비 진영에 계속 머문다거나 최종 수비 역할에 충실해야 할 리베로가 자기 자리를 내팽개친 채 골을 넣기 위해 호시탐탐 상대방 문전을 기웃거린다면, 이 축구팀은 분명 경기에서 승리하기 힘들 것이다. 자신이 있어야 할 자리, 자신이 마크해야 할 상대 선수를 놓치지 않는 선수야말로 자신의 역할이 무엇인지 정확히 인식하고 자신의 자리에 맞는 본질적인 역할에 충실한 사람이다.

그러나 주위를 둘러보면 수비수 자리에 가 있는 공격수, 골문을 비워둔 채 최전방에 나가 공격을 하고 있는 골키퍼들을 자주 보게 된다. 대리 같은 부장, 팀장 같은 사원, 매장 직원 같은 영업 관리자, 사장 같은 고객 상담 실무자들처럼 자신의 역할보다 다른 자리의 역할 행동을 하는 사람들이 생각보다 많다.

조직 구성원들은 자신이 상위리더로부터 위임된 역할 수행을 잘하고 있는지 끊임없이 자문하고 상위리더나 동료들에게 검증받을 필요가 있다. 속된 말로 자신의 역할 수행의 고객인 상위리더와 '눈팅'이 되어야 한다는 말이다. 이렇게 하기 위해서는 무엇보다 역할 수행을 하는 자신이 믿음직해야 한다. 업무 수행 능력이 아무리 뛰어나다고 해도 자신의 역할에 맞는 행동을 적재적소에서 제때 실행하지 않으면 자신의 존재감을 인정받기 힘들다. 조직에서 각자 맡은 바 역할이 수행되는 곳을 '현장'이라고 한다. 그런데 현장이라고 하면 보통 영업이 이루어지는 고객의 회사나 생산 활동이 이루어지는 공장을 떠올린다. 틀린 말은 아니다. 하지만 조직 내에서 직책 수행자별로, 즉 사장, 임원, 팀장, 팀원별로 역할 수행을 해야 하는 현장이 모두 다르다. 현장이라고 해서 다 같은 현장이 아니라는 뜻이다. 자신의 현장을 정확히 모르면 자신의 역할도 제대로 수행할 수 없다.

조직 내에서 자신의 포지셔닝(positioning)을 '역할'이라고 한다. 조직 내에서는 각자가 몸값에 맞는 역할 수행을 통해 밥값에 맞는 책임을 완수해야 한다. 연극이나 영화, 드라마에서처럼 자신에게 할당된 배역을 제대로 소화해 내는 것이 중요하다. 극중 구성원들은 그냥 일반인이 아닌 시나리오라는 틀 속에서 해야 할 일을 정확하게 수행해야 하는 배우와 다름없다.

식당에 가서 10,000원짜리 비빔밥을 주문했는데 주방에서 나온 음식이 금액에 비해 별로라는 생각이 들면 불만이 생긴다. 맛이든 서비스든 자신이 제공한 10,000원이라는 금액을 충족시키지 못했기 때문에 거래가 공정하지 못하다고 생각하는 것이다.

직장도 마찬가지이다. 직장의 본질은 시장(市場)이고, 시장의 본질은 거래(去來)이다. 또한 거래의 본질은 고객 만족을 통한 가치 교환이다. 다시 말해서 직장도 고객을 만족시키기 위한 가치를 창조하여 교환하는 공간이라는 의미이다. 직장인은 회사에게 자신이 가지고 있는 역량과 성과를 제공하고 회사로부터 연봉과 그 외의 부가적인 혜택을 제공받는다. 만약 직장인과 회사 간에서 이루어지는 가치 교환에 대해 둘 중 한 사람이 만족하지 못하면 그 거래는 곧 깨지고 만다. 그런데 최근 다양한 조직의 경영진들과 대화를 나누며 느낀 것은 많은 직장인이 회사에게 제공하려는 가치를 고려하지 않은 채, 자신이 받을 가치에만 강하게 집착한다는 점이다. 이 글을 읽고 있는 당신 역시 진지하게 고민해

보기 바란다.

'나는 과연, 나의 몸값에 맞는 밥값을 하고 있는가?'

역할 수행을 잘하려면 자신에게 맡겨진 배역이 무엇인지 정확하게 인지하고, 고객이 자신에게 요구하고 있는 역할 행동을 명확하게 파악해야 한다. 사장, 임원, 팀장, 팀원으로서의 역할을 잘 알고, 그에 걸맞게 행동하고 있는지 점검해 볼 필요가 있다. 회사에서 100이라는 대우를 받고 있는데 50의 역할 수행밖에 하지 못하고 있는 것은 아닌지, 그저 시키는 일만 하고 자신이 맡은 역할을 애써 회피하고 있는 것은 아닌지 심각하게 고민해 봐야 한다. 만약 명쾌하게 자신이 잘하고 있다는 생각이 들지 않는다면, 역할 혁신(Role Innovation)이 필요하다고 봐야 한다. 회사라는 관점에서 전체적인 역할 부분을 먼저 생각해 보고, 그 안에서 자신이 어떤 좌표에서 어떤 마인드와 행동으로 임무를 수행할지 인식해야 한다. 더불어 구성원들에게 동일한 메커니즘으로 수행해야 할 역할에 대해 설명해 줄 수 있어야 한다. 조직 내에서 개인은 사장의 대리인인 동시에 상위 직책자의 대리인인 것이다. 그래서 내가 하고 싶은 대로 하는 것이 아닌, 나의 역할에서 해야 할 행동을 해야 한다.

사장 관점에서 자신의 역할을 바라보라

다시 축구 경기를 떠올려 보자. 선수 중에는 터치라인 105m, 골라인 68m의 축구장을 넓은 시야로 조망하는 선수도 있고, 지엽적으로 특정 공간만 보거나 공 혹은 상대 선수만 보며 경기에 임하는 선수도 있다. 두 선수 중 자신의 위치를 잘 지켜 맡은 바 역할을 충실히 수행하는 사람은 당연히 넓은 시야로 축구장 전체를 바라보는 사람이다.

조직에서도 마찬가지이다. 축구장 전체를 한눈에 보듯 조직의 다양한 기능을 넓은 시야로 헤아리고 자신의 위치를 점검하며 본질적 역할에 집중하는 구성원이 있는 반면, 소속 팀이나 담당 업무만 바라보거나 다른 팀 혹은 다른 업무에 한눈을 팔며 있어야 할 위치를 놓치고, 해야 할 역할을 게을리하는 구성원이 있다. 전체를 보지 못한 채 부분에만 집중하는 태도는 전체의 차원에서 자신이 있어야 할 위치를 혼동하는 결과를 초래한다.

이 시대가 요구하는, 수평적 역할 조직이 요구하는 인재상은 조직이나 사장 관점에서 자신의 역할을 정확히 인식하여 제 역할을 충실히 완수하는 인재이다.

물론 조직을 구성하는 수많은 사람이 똑같은 직위나 직책을 가질 수는 없다. 아무리 수평적 역할 조직이라고 해도 조직에는 엄연히 공식적인 질서가 필요하기 때문이다. 모든 구성원이 사

장의 시각으로 조직 전체를 바라보며 일해야 한다고 해서 사원
이나 대리가 사장의 역할을 대신할 수 없고, 해서도 안 된다. 자
신의 직책에 적합한 역할은 서로 다르다. 그 역할들이 조화를 이
룰 때 조직은 유기체로서 기능할 수 있다.

조직 내에서 자기 역할만 제대로 수행하면 시너지 효과는 저
절로 나게 마련이다. 조직 내에서 숲을 봐야 하는 사람들끼리 모
여 지금 어떤 역할 행동을 하고 있는가? 사장이나 임원들이 직무
유기를 하고 있지는 않은가? 또한 숲속 나무의 위치에 있는 팀원
들이 전체적인 숲에 대해 왈가왈부해 봐야 그 안에서는 숲이 잘
보이지 않는 법이다.

조직 구성원들은 각자 역할은 달라도 기본적으로 오너십 마인
드를 가져야 한다. 한 사람 한 사람이 모두 자신의 역할 수행에
대한 책임을 지는 주인이다. 구성원들이 '내가 수행하는 일의 책
임자는 바로 나 자신이다'라는 마음가짐으로 역할 수행에 매진
하면 개인과 조직 모두 발전할 수 있다. 오너십, 주인의식, 책임
의식이란 것은 자신의 역할에 대한 자기 존엄성의 발로이다. 인
간으로서 양심을 가지고 주체적인 개인으로서, 자기완결적 업무
종결자로서 해야 할 역할이 바로 자신의 일에 대한 '성과책임자'
역할이다.

이 책은 조직 전체 속에서 자신의 입체적 위치를 깨닫게 하는 책이다. 조직 내에서 자신이 누구인지, 왜 존재하는지에 대한 답을 묻는 '역할론'에 대한 책이다. 기업을 움직이는 대표적인 직책인 사장, 임원, 팀장, 팀원별로 자신에게 해당되는 역할 행동을 얼마나 잘 수행하고 있는지 생각해 보고 과연 올바른 역할 행동이 무엇인지를 깨닫게 해 주는 내용으로 구성했다. 사장은 회사나 기관 전체의 '미래'를 책임지는 사람이며, 임원은 자신이 맡은 조직의 '내일'을 책임지는 사람이다. 팀장은 팀의 '현재'를 책임지는 사람이며, 팀원은 '오늘' 해야 할 일을 실행하여 성과를 책임져야 하는 사람이다. 조직 내 기능적인 부서를 생각해 보더라도 마케팅, 생산, 연구 개발 등 부서가 감당해야 할 역할이 모두 다르다. 조직은 씨줄과 날줄이 전략적으로 얽혀 있는 유기체이며, 시간적·공간적으로 연속성을 갖는 생명체임을 잊어서는 안 된다.

사장이나 임원이라면 하위 팀장들이나 팀원들에게 얹혀 사는 것은 아닌지, 호통과 질책의 화신으로 그저 일에 대한 납기만을 체크하는 단순 통제자 역할만을 수행하는 것은 아닌지 생각해 볼 필요가 있다.

이 책을 통해 하지 말아야 할 역할, 해서는 안 되는 역할, 하지 않아도 되는 역할에서 과감히 손을 떼고 반드시 해야 할 자신의 역할, 혼신의 힘을 기울여야 할 본질적인 역할을 찾아 집중할 수 있기 바란다. 서로 다른 각자의 역할을 정확히 인식하고 자신의 역할에 대한 성과책임자의 마인드로 일함으로써 개인과 조직이 탁월한 성과를 창출하는 데 기여하는 모두가 되길 간절히 바란다.

성수동 협성재에서

류랑도

1장

사장의 일

: 기업이 가야 할 미션과 비전을 분명하게 제시하고
후계자를 육성하며 올바른 기업문화를 만든다

2장

임원의 일

: 조직의 미래를 준비해 예상 리스크를 헷징(Hedging)하고
한정된 자원을 전략적으로 배분하며 인재를 육성한다

3장

팀장의 일

: 팀에 비전을 제시하여 팀을 혁신하고
팀원들의 성과 창출 프로세스 단계별로 성과 코칭하며
팀원들이 자기완결적으로 실행하도록 델리게이션해
팀 성과 창출의 변동 변수를 해결한다

4장

팀원의 일

: 기간별 역할과 책임의 기준을 인식하고
상태적 목표 설정 및 전략을 수립하여 성과 코칭 받고
과정 목표를 캐스케이딩, 협업하며 실행을 책임진다

이 시대의 경영과제

자기완결적으로
일하는 방식의 혁신

제도는 바뀌었지만
일하는 습관은 달라지지 않았다

2018년 7월 주 52시간 근무제가 도입되면서 근로시간은 단축되었지만 해야 할 일의 양은 변하지 않고 그대로이다. 그런데 아직까지도 우리는 당면한 일을 그날그날 급급히 처리하기에 바쁘다. 결과물 없는 하루만 바쁘게 보내고 있는 것이다. 조직 내 실무자들의 업무 생산성 향상과 효율적인 업무처리를 위해서 일하는 습관 자체를 바꿔야 한다.

많은 기업이나 기관들은 주 52시간 시대를 맞이하여 여러 가지 법적, 제도적 장치를 마련하느라 분주하게 보내고 있다. 엄밀하게 말하면 하루 8시간 주 40시간에 맞추어서 '어떻게 효율적으로 일하는 프로세스를 개선할 수 있을까?'라는 것이다. 이러한 대응책으로 집중근무제, 탄력근무제, PC오프제, 회의와 보고 방식의 간소화 등 여러 가지 방안들이 쏟아져 나오고 있다. 그러나 결국 이러한 방법은 조직의 하드웨어적 변화만 시도했을 뿐이지 소프트웨어적 변화는 현실적으로 거의 없다고 볼 수 있다. 조직의 성과를 책임지고 있는 리더나 관리자들도 줄어든 근무시간에 대해 걱정하고 염려하고 있지만, 업무 생산성을 높이기 위한 발전적이고 실질적인 해법을 제대로 내놓지 못하는 것이 현실이다. 근로시간 단축은 단순히 52시간으로 근로시간을 제한하는 것보다 큰 의미를 포함하고 있다. 근로시간에 대한 관리자와 실무자들의 의식 변화가 필요하고 구체적인 실행 방안이 필요하다.

많은 전문가는 주 52시간 근무제가 도입되면 야근이나 휴일 근무가 줄어들어 근로자 삶의 질 향상에 도움을 주고 근로시간 단축이 추가 인력에 대한 수요로 이어져 장기적 관점으로는 일자리 창출 효과를 기대할 수 있다고 설명한다. 그러나 근로자의 입장에서는 실질적인 임금 감소를 경험할 수 있고 기업 입장에서는 신규 채용에 대한 인건비 부담이 발생할 수 있다. 변화한 근무제도는 임금 체계, 업무 형태, 기업 문화 등 조직 전반에 영향을 미치기 때문에 변화에 따른 혼란이 해소되는 데 상당한 시간이 걸릴 것으로 평가되고 있다.

주 52시간 근무제 이슈는 근로자들 사이의 의견도 분분한 상황이다. 특히 상대적으로 임금이 적은 중소기업 근로자들의 경우 야근과 특근을 통해 생활비를 보전하는 경우가 많은데, 정부의 정책으로 이 같은 통로가 완전히 막혀 버릴 수 있어 결국 남은 시간에 다른 일자리를 찾아 나설 수밖에 없다는 하소연도 나온다. 이밖에도 근무시간이 줄어든다고 해서 기업이 생산량을 줄이기는 어려우니, 결국 업무 강도가 강해지거나 공짜 야근이 발생할 수밖에 없다는 비판도 나온다. 또 탄력근무제를 활용해 연장 근무 후 주간에 휴식을 보장받는다고 해도 결과적으로 같은 일을 하고 0.5배의 수당을 덜 받게 된다는 지적도 있다.

주 52시간 시대는 관리의 시대가 아니라 자율의 시대다. 조직별·개인별로 자기완결적인 역할과 책임을 실행하는 시대라는 것이다. 그동안은 다양한 단계의 중간관리자를 두고, 관리자 중심의 팀별, 파트별, 그룹별, 본부별로 업무 진행 사항과 성과를 관리해왔다. 그래서 실무자들의 일거수일투족을 관리해온 임원이나 팀장, 파트장과 같은 중간관리자들의 역할 혁신이 가장 중요하다. 관리 감독과 지시 통제가 아니라 성과 코칭과 권한 위임 중심으로 어떻게 역할 혁신을 이루어내느냐가 관건이었다.

이제는 자신의 역할과 책임을 기간별로 스스로 설정하고 완수하기 위해 목표와 전략을 수립하고 자율적으로 실행해 나가는 역할을 할 때다. 이를 수행하기 위해서 많은 조직에서는 일하는 방식의 실질적인 패러다임 전환이 필요한 시기이다. 주 52시간 근무제에 따른 유연 근무제도 운영 등에만 초점을 두기보다 실무적인 관점에서 일하는 방식의 혁신을 고민할 시점이다.

아직 현장은
변하지 않았다

근무시간 단축으로 인해 조직이 원하는 것은, 실무자들이 정해진 시간 내에 추가적인 근무시간 연장 없이 책임져야 할 성과를 내는 것이다. 개인들이 원하는 것은 야근이나 특근을 하지 않아도 성과를 내고, 일과 삶의 균형을 맞춰나가는 것이다. 제도만으로는 당연히 한계가 있을 수밖에 없다. 의식과 습관, 일하는 문화가 총체적으로 바뀌지 않으면 절대 실현될 수가 없다.

요즘 인터넷과 모바일 기술의 발달로 근무 환경이 변하고 있다. 자유로운 출근과 장소에 구애받지 않는 스마트워크를 위한 원격근무를 하는가 하면 많은 스타트업과 일부 글로벌 기업에서는 스마트워크와 원격근무제도를 시행하고 있다. 또한 재택근무와 함께 스마트폰이나 태블릿 등 다양한 스마트 기기를 활용하여 모바일 오피스를 구축하는 등 일하는 방식이 다양하게 바뀌고 있다. 결국 원하는 시간 안에 개인의 영역을 존중하며 효율성을 높일 수 있도록 새로운 근무 환경으로 변화하고 있다. 옛날 방식에 안주해 있을 수 없는 위기 상황임에도 불구하고 과거의 조직문화를 답습하고 '소싯적'에 잘나갔던 기억을 고집한 채 단기 실적에 집착하는 조직들이 여전히 많다. 예전처럼 리더가 일일이 통제할 수 없을 뿐만 아니라, '밀레니얼 세대'나 'Z세대'(MZ세대)라 불리는 젊은 세대와 글로벌 인재들이 조직 내로 유입되면서 구성원들의 가치관은 과거와 비교할 수 없이 다양해지고 개성화되었다. 당연히 예전처럼 제도 중심으로 집단적·획일적인 관리를 할 수도 없고, 개인별 맞춤형 소통을 하는 데 더 많은 시간과 노력을 기울여야 한다. 고도성장기에 우리나라 기업들의 일하는 문화는 근무시간 중심, 공급자 중심, 상사 중심의 실적 관리였다. 그때는 그렇게 해도 계속 성장할 수 있었다.

하지만 이제는 시장이 바뀌었고, 소비자가 바뀌었고, 조직 구성원이 바뀌었다. 숨 돌릴 틈 없이 계속해서 변화하고 있다. 대표적인 변화인 근무시간 단축에 대비하려면 업무 환경과 일하는 문화를 근본적으로 혁신해야 한다. 알맹이도 없이 질질 끄는 회의를 없애고, 쓸데없는 결재 단계를 축소하고, 구구절절 설명보다는 지표와 숫자 중심으로 명쾌하게 소통하고 리더는 실무자에게 권한 위임과 성과 코칭을, 실무자는 자율성을 가지고 자신이 맡은 역할과 책임을 자기주도적으로, 자기완결적으로 실행해야 한다. 업무를 통해 기대하는 결과물과 고객 요구사항과 현장 상황을 반영하여 실행 방법에 대한 의사결정을 하도록 일할 수 있는 조직 문화로 변해야 한다.

1) 임원과 팀장은 아직 상사 역할에 머물고 있다

주 52시간 근무제가 시작되면서 조직의 리더들은 그 어느 때보다 업무 생산성 향상과 효율적으로 일하는 방식에 대한 고민이 많은 것이 사실이다. 조직의 입장에서는 근무시간은 줄었지만 해마다 사업 규모가 성장하고 올해 목표로 정한 것은 반드시 날성하길 원하고 있다. 하지만 실무자의 입장에서는 근무시간 자체가 줄어들었기 때문에 업무량도 비례해서 줄어야 한다는 생각이 들 것이다. 기업은 리더들에게 예전과 같은 지시 통제 방식이 아니라 좀 더 효율적으로 바뀐 업무 환경에 적응해서 실무자들을 효율적으로 리드하고 조직에서 원하는 기간별 성과를 창출해주기를 원하고 있다. 또 임원이나 팀장의 입장에서는 팀원이 알아서 일을 잘해주기를 원한다. 따로 뭐라고 일일이 지시하지 않

더라도 각자 정해진 기간에 해야 할 일을 자율적으로 실행하고 리더가 원하는 성과를 차질 없이 창출해 주기를 원한다. 그러나 현실은 이러한 이상적인 바람과는 거리가 멀다.

상사형 팀장은 자신의 경험, 지식과 주변에서 주워들은 내용을 바탕으로 주관적인 의사결정을 하고 실무자들의 근태 관리와 이를 바탕으로 다른 사람을 판단하고 질책하고 결과 평가를 해왔다. 그들은 지시 통제가 핵심 역량이었고 세상을 바라보는 기준이 자신의 경험과 지식이었다. 반면 리더형 팀장은 현장과 현상과 데이터에 기반하여 객관적인 의사결정을 하고 권한 위임과 성과 코칭을 하는 것이 핵심 역량이다. 이제는 사회와 경제·경영 환경이 달라짐에 따라 사고와 행동의 인식 패러다임이 바뀌고 조직의 문화가 새로운 환경에 맞게 바뀌려면 무엇보다도 조직의 최고경영자를 포함하여 임원과 팀장의 역할 행동 혁신이 관건이다.

대부분의 사장, 임원, 팀장들은 리더가 되고 싶어 하지만, 실제로는 상사의 사고와 행동과 말투에 젖어있다. 임원과 팀장은 실무자들의 업무를 챙기는 데 너무 많은 시간을 허비하지 말고 권한 위임을 통해 실무자의 역할은 실무자에게 맡기고 혁신 과제, 전략적 선행 과제, 리스크 예방 과제 등 미래를 준비하고 가치를 창출하고 조직의 역량을 향상시키는 데 좀 더 집중해야 한다.

2) 실무자들은 여전히 상사의 관리 감독에 안주하고 있다

실무자들은 자신의 역할과 책임을 수행할 수 있는 자기완결적 업무 수행 역량을 갖추어야 한다. 리더의 역할은 실무자들을 관리 감독하고 지시하고 통제하는 것이 아닌 자기 주체적으로 성과를 창출할 수 있는 능력과 역량을 갖추게 하는 것이다. 자율적으로 하게 하려면 해답을 던져주지 말고 스스로 생각하고 스스로 행동할 수 있도록 훈련시키고 기회를 충분히 제공해야 한다. 자기완결적으로 일하는 구조가 만들어져야 실무자들이 자신의 일에 대해 책임감을 느끼고 비로소 진정한 리더로 거듭나게 된다.

상사가 지시하고 관리하는 시대는 지났다. 실무자는 지시한 대로 실행하는 수직적 상하관계가 아니라 각자 차별화된 자신의 직책별, 기간별 수평적 역할과 책임을 바탕으로 자기주도적, 자기완결적으로 현장과 현상과 데이터 중심으로 일해야 한다.

과거에는 주로 상사가 시키는 대로 일하거나 각자 자신의 과거 경험과 지식을 바탕으로 자기 중심으로 일해왔다. 그렇게 일하면 원하는 만큼은 아니어도 비슷한 결과가 보장되던 시대였다. 상사의 지시와 통제에 실무자는 지시받는 일에 익숙해진 것이다. 지시와 통제에 따라 업무를 하다 보면 실무자도 편한 건 사실이다. "이렇게 이렇게 해"라는 상사의 주문이 있다면 스스로 특별한 고민 없이 그대로만 기한 내에 실행하면 되었다. 특별히 고민할 것도 없으니 업무 진행 속도는 맞춰 갈 수 있지만, 개인의 역량은 시간이 지나도 늘지 않고 답보 상태에 머물고 눈치와 요령만 늘어갈 뿐이다. 자기 고민 없이 일한다는 것은 개인의 성장은 물론 조직에 어떠한 발전도 주지 못한다. 과거의 상태를 유지한 채 답습할 뿐이다.

3) 근무시간은 줄었지만 생산성에 대한 해법은 부족하다

정책적으로 근로시간이 단축되면서 기업들은 시간과 자원을 낭비 없이 효율적으로 활용해 줄어든 근무시간에 영향받지 않고 생산성을 유지하거나 향상시켜야 하는 절체절명의 과제를 떠안고 있다. 그런데도 실무자의 귀중한 근무시간을 가장 많이 잡아먹고 비효율적으로 낭비하게 만드는 주범은 뭘까? 오래 생각할 것도 없이 1순위가 '회의'다.

조직에서는 회의를 통해서 새로운 아이디어가 탄생하고 불가능했던 문제가 해결되는 쾌거를 이루기도 한다. 하지만 수많은 조직에서 회의를 하지만 정작 제대로 된 회의는 찾아보기 어렵다. 그냥 무슨 일이 생기면 일단 회의부터 하고 보자는 식의 접근은 조직의 업무 생산성과 효율성을 저해하는 핵심 요소다.

어떤 형태든 '회의'는 조직 구성원들에게 부정적인 인식이 강하다. 사실 그동안 조직에서 진행되어 온 회의의 방식이나 패턴을 살펴보면 당연한 결과 아니겠는가? 회의가 자신의 업무에 꼭 필요했던 적, 문제 해결에 큰 도움이 된 적이 있었는가? 회의의 순기능과 긍정적인 측면은 사라지고, '쓸데없이 습관적으로 하는' 절차만 남은 경우가 많다. 그래서 되도록 회의의 횟수를 줄이고, 꼭 필요한 회의라면 가급적 짧게 하되 목적에 맞게 운영해야 한다는 데 모두가 공감하고 있다.

회의는 본래 '책임져야 할 성과 목표나 해결해야 할 과제에 대해 실무자들이 함께 목표 달성 전략을 수립하고, 문제 해결 방법에 대한 상대방의 생각을 경청하며 토론하는 자리'다. 단순한 정보 전달이 핵심이 아니라, 원하는 성과 목표나 문제를 해결하기 위한 결론을 도출함으로써 구체적으로 누가 어떤 일을 언제까지, 어느 수준으로 완료해 낼 것인지의 역할과 책임의 분담에 대한 논의가 이뤄져야 바람직한 회의라고 볼 수 있다. 중요한 것은 기업이 급변하는 환경에 처해 있고, 지속 가능한 성과를 창출하기 위해서는 예전처럼 현장과 거리가 떨어져 있는 상사 중심의 의사결정이 아니라 고객과의 접점에 있는 실무자 중심으로 권한 위임이 확대되어야 한다는 것이다. 그리고 실무자들이 자율성과 책임감을 가지고 성과를 창출할 수 있도록 동기부여하고, 업무 생산성을 높여야 한다는 관점에서 바라봤을 때, 회의도 시대적인 변화에 맞춰 소규모 필수 인원 중심으로, 즉각적인 의사결정과 실행 방안을 결정하는 형태의 혁신이 필요하다.

일하는 방식을
어떻게 혁신해야 하는가?

1) 우선 업무 용어부터 역할과 책임, 성과 중심으로 혁신해야 한다

성과 중심으로 일하는 조직에서는 사용하는 용어부터 실적 중심으로 일하는 조직과 다르다. 업무 용어에서부터 구성원 개개인에게 명확한 목표 의식을 심어 주어야 한다. '업무 분장'보다는 '역할과 책임', '주간 업무 회의'보다는 '주간 성과 회의'로, '주간 업무 계획'보다는 '주간 성과 기획'으로, '업무 실적 보고, 사업 실적 보고'보다는 '목표 성과 보고, 사업 성과 보고'로, '업무 지시'보다는 '역할과 책임 부여'로, '실적 리뷰, 결과 리뷰'보다는 '성과 리뷰'로 하고, '업적 평가'보다는 '성과 평가'라는 용어로 변경하여 머릿속부터 습관적으로 목표 의식을 갖도록 해야 한다.

성과 중심으로 일하는 조직에서는 일상적인 업무와 대화를 함에 있어서도 항상 해야 할 일보다는 그 일을 통해 원하는 결과물인 목표가 무엇인지, 그리고 목표를 달성하기 위한 전략과 리스크 대응 방안이 무엇인지 공감대를 형성하고 시작한다.

지속 가능한 성과를 창출하는 조직과 사람은 일하는 문화가 일반 조직과 사람과는 다르다. 일을 하기 전에, 어떤 행위를 하기 전에, 한 분기를 시작하기 전에, 한 달을 시작하기 전에, 한 주를 시작하기 전에, 하루를 시작하기 전에, 회의를 시작하기 전에, 프로젝트를 시작하기 전에, 교육을 시작하기 전에 과연 원하는 결과물이 무엇인지를 생각한다. 그리고 원하는 결과물을 얻기 위해 고려해야 할 쟁점이나 이슈가 무엇인지, 그것에 어떻게 대응하고 해결할 것인지 늘 먼저 고민하고 해결 방안을 세워서 일한다.

2) 문제 해결 방식을 혁신해야 한다

어려운 상황이 닥쳤을 때 가장 먼저 해야 할 일은 상황에 대한 현장 중심의 정확한 인식과 객관적 사실 파악이다. 이전에도 비슷한 상황이 있었다느니 다른 나라나 다른 지역에서도 비슷한 일들이 있었으니까 참고해서 해결하면 된다는 식의 안이한 생각은 매우 위험하다. 상황에 대한 현상 파악이 현장의 데이터 중심으로 객관적으로 되었으면 해결해야 할 문제를 정의해야 한다.

문제란 기대하는 모습과 현재 모습의 차이를 말한다. 문제를 발견하려면 기대하는 모습이 명확해야 한다. 기대 모습은 현재 모습이 객관화되지 않으면 잘 모를 수밖에 없고 제대로 정의할 수 없다.

문제의 종류에는 발생형 문제와 설정형 문제 두 가지가 있다. 발생형 문제는 기대 모습이 과거에 정의되고 현재 모습이 지금 결과적으로 드러난 상태이다. 과거에 예상했던 미래의 기대 모습과 현재 실현된 모습의 차이가 문제이다. 설정형 문제는 기대 모습이 미래로 정의되고 현재 모습과 미래 기대 모습의 차이이다. 문제는 기대 모습과 현재 모습 사이의 차이가 객관적으로 드러난 현상이다. 문제를 발견했으면 우선 문제의 원인을 찾아야 문제를 해결할 수 있다.

　문제 해결 방식에는 사후처방 문제 해결 방식과 사전예방 문제 해결 방식 두 가지 형태가 있다. 사후처방 문제 해결 방식은 '발생형 문제 해결 방법', '발생형 문제 의식'이라고도 한다. 이는 과거의 기대 모습과 현재의 현상에 대한 차이의 원인과 해결 방안을 찾는 것이다. 반면에 사전예방 문제 해결 방식은 '설정형 문제 해결 방법', '설정형 문제 의식'이라고도 한다. 미래의 기대 모습과 현재 현상과의 차이, 즉 드러날 문제나 예상 리스크 요인에 대한 대응 방안을 도출하는 것이다.

　사후처방 문제 해결 방식은 문제를 일으킨 원인을 찾아 해결하면 비슷한 문제가 반복되지 않을 것이라는 가설 위에 해결 방안이 실행되는데 구체적인 방법보다 예방적 프로세스와 대응적 시스템을 개선하는 것이 중요하다. 어차피 미래에 동일한 상황에서 같은 문제가 반복될 것이기 때문에 예방적 프로세스가 중요하다.

사전예방 문제 해결 방식은 미래에 원하는 기대 모습과 현재 모습의 차이를 객관적으로 규명하고, 통상적인 노력으로 달성할 수 있는 고정 변수와 창의적이고 혁신적인 방법을 사용해야만 달성할 수 있는 변동 변수를 구분하여 규명해야 한다. 변동 변수가 미래의 성과 목표를 달성하는 데 부정적인 결정적인 문제로 작용할 가능성이 높다. 물론 미래의 일이기 때문에 고정 변수라 하더라도 기본적으로는 모두 불확실한 예상 문제이다. 그래서 고정이지만 변수라는 표현을 했다. 변동 변수가 진정한 예상 문제로 구체화되었으면 원인으로 작용할 수 있는 변수가 무엇인지 찾아내고 원인을 예방할 수 있는 방법을 실행해야 한다.

사후처방 문제 해결 방법은 문제가 발생한 원인을 해결하지 않으면 앞으로도 계속 같은 문제를 일으킬 가능성이 있다고 판단될 때 적용한다. 성과 관리 방식에서 대부분의 문제 해결 방법은 사전예방 문제 해결 방법인데 원하는 결과물, 성과목표를 달성하는 데 문제를 일으킬 수 있는 예상 리스크 요인으로 작용할 수 있는 예상 변수를 사전에 도출하여 예방하고 제거하는 방법이다. 하지만 다른 환경에서는 적용하기 어렵다. 환경이 바뀌고, 사람과 조건이 바뀌었고, 요구 조건도 달라지고 있다. 혁신하고 개선하고 발전하고 성장하고자 한다면 문제를 알아야 한다. 문제를 알고자 한다면 현재 상태(As is)와 기대 상태(To be)를 객관적 사실로 인식할 수 있어야 한다.

원인은 문제를 일으킨 요소이다. 문제를 해결하기 위해서는 문제를 야기시킨 원인을 제거해야 한다. 많은 사람이 문제 의식을 제대로 가지려면 끊임없이 의문을 제기하라고 말한다. 그런데 어떤 의문을 제기해야 할지, 누구에게 어떻게 제기해야 할지 참으로 막막하다. 눈을 감고 조용하게 명상한다고 해도 좀처럼 문제 해결 방안이 떠오르지 않는다. 경험과 지식이 많다고 해서 모든 문제를 해결할 수는 없다. 문제 의식의 본질은 현상과 목표에 대한 객관적 인식이다. 문제 의식은 개인의 경험과 지식에 근거한 명상과 사유에 의한 주관적 의견보다 현재 상태(As is)에 대한 데이터 중심의 관찰과 분석, 기대 모습(To be)의 객관적 사실로부터 출발해야 한다. 일을 하기 전에 달성해야 할 성과 목표로 달성되기를 기대하는 구체적인 상태를 건물의 조감도처럼 어떤 모습인지를 그리고, 성과 목표를 달성하기 위한 인과적인 전략을 타깃 중심으로 수립하고, 전략 실행에 부정적인 영향을 미칠 수 있는 내부나 외부의 예상 리스크 요인을 도출하고 리스크 헷징(Risk Hedging) 방안을 수립하여 선제적으로 대응하는 사전예방 문제 해결 방식으로 혁신해야 한다.

3) 업무 계획에 앞서 성과 기획부터 해야 한다

주 52시간 근무제가 시행되면서 1분 1초가 비용이 되는 만큼 시간 관리는 필수의 시대가 됐다. 기존의 월간이나 주간 단위의 업무 일정 관리 방식을 성과 목표와 전략과 소요 시간 관리 중심으로 혁신하고 주간 업무 계획서를 주간 성과 기획서로 바꿔야 한다.

주간 업무 계획보다는 주간 성과 기획이라고 하는 것이 이치에 맞고 실적 보고보다는 성과 평가와 피드백이라고 하는 것이 본질에 부합하며 일하고 난 후에 달성률과 한 일을 따지기보다 일하기 전에 목표와 전략과 리스크와 소요 자원을 따지는 것이 바람직하다. 또한 과제를 일정에 맞추어 실행하고 일정별 세부 추진 계획 정도를 규정과 상위 리더의 지시에 따라 실행하는 것이 아니라, 성과 목표와 전략을 수립하고 일이 끝난 후 성과 평가와 전략 평가에 따른 개선 과제를 도출하고 만회 대책을 수립하는 리뷰 작업 방식으로 바꿔야 한다.

생각보다 많은 조직 구성원은 이번 주에 자신이 해야 할 일, 즉 구체적인 역할이 무엇인지 역할 수행을 통해 이번 주에 책임져야 할 결과물의 기준이 무엇인지를 정확하게 잘 모른다. 일반적으로 업무 계획(task plan)이란 무엇을 언제까지 할 것인지 해야 할 일과 마감 일정을 정하는 것이다. 성과 기획(performance planning)이란 정해진 기간 내에 무엇을 어떤 결과물로 만들어 낼 것인지 결과물에 대한 기준을 품질과 원가와 납기 측면에서 설정하고 달성하기 위한 전략을 설정하는 것이다. 대부분의 조직에서 실시하는 주간 업무 회의에서는 지난주 한 일에 대한 실적과 이번 주할 일과 일정에 대한 계획을 하는 것이 일반적인 모습이다.

주간 업무 회의를 주간 성과 회의로 바꾸고 성과 회의의 중심축을 리더에서 실무자로 이동시키는 것이 필요하다. 실무자들이 성과 창출을 위한 전략과 방법을 고민하게 하고 리더는 전략을 코칭하고 실행은 실무자에게 권한 위임(delegation)하는 조직문화를 만들어야 한다. 실무자들은 일을 하기 전에 과제, 성과 목표, 완료 일정, 예상 소요 시간, 달성 전략, 리스크 대응 방안이 구체적이지 않다면 일을 시작하지 말아야 한다. 성과 목표, 달성 전략, 리스크 대응 방안이 구체적이지 않다는 것은 원하는 성과에 대한 간절함과 절실함이 부족하다는 반증이다.

일주일을 시작하기 전에 이번 주의 우선순위 과제와 과제 수행을 통해 이번 주 중으로 기대하는 결과물의 구체적인 내용, 마감기한, 투입 예상 소요 시간, 정해진 일정과 목표 시간 내에 기대하는 결과물을 얻기 위한 전략과 방법, 실행하는 데 리스크로 작용할 가능성이 있는 예상 리스크 요인과 대응 방안을 기획한다. 이러한 일련의 활동들을 요일별로 어떤 순서로 실행할 것인지 계획해야 한다. 업무 계획은 과제와 일정이 중심이고 성과 기획은 목표와 전략이 핵심이다. '주간 업무 계획'을 '주간 성과 기획'으로 바꿔야 습관적으로 일을 위한 일을 하지 않고 문제 해결을 위한 목표와 전략 중심으로 일하게 된다. 일하는 문화를 혁신하기 위해서는 용어와 양식부터 바꾸어야 한다.

4) 임원과 팀장은 상사가 아니라 리더가 되어야 한다

리더는 실무자들이 자기완결적으로 일할 수 있는 환경을 조성해주고 역할과 책임을 부여해야 한다. 실무자는 상사가 지시한 대로 실행하는 수직적 상하관계가 아니라 각자 차별화된 자신의 직책별, 기간별, 수평적 역할과 책임을 바탕으로 자기주도적이고 자기완결적으로 현장과 현상과 데이터 중심으로 일해야 한다. 지금의 외부 경영 환경과 내부 업무 환경은 더 이상 상사가 일일이 지시·관리할 수 없고 실무자가 고객과 현장 중심으로 사율 책임의 행동 기준으로 일하지 않으면 안 되는 시대적 환경이다.

각 조직과 실무자 한 사람 한 사람이 자신의 직책별, 기능별, 기간별 역할과 책임에 최선을 다하지 않고서는 탁월한 성과를 지속적으로 창출하는 것은 불가능하다. 리더가 자신의 역할과 책임을 진심으로 깨닫고 헌신하는 모습을 보여주지 않으면 실무자들은 결코 자신의 역할과 책임에 헌신하지 않는다. 조직 구성원들은 리더의 말이 아닌 리더의 행동, 말투 그리고 표정과 눈빛에 주목한다. 아무리 문서로 비전과 전략을 세워놓고 구성원들을 독려한다고 하더라도 실무자들을 움직이게 하기에는 한계가 있다. 리더의 진정 어린 행동과 태도가 실무자들을 움직이게 하는 열쇠가 되는 것이다. 기업이나 기관은 임원이나 본부장, 팀장을 리더로 혁신시키고, 실무자를 자기완결적인 성과 책임자로 혁신시키고, 업무 관리 문화를 성과 경영 문화로 혁신시키는 것이 지금해야 할 가장 중요한 조직 문화 혁신이다. 리더는 사람이 좋아서 되는 것도 아니고, 경험과 지식이 많아서도 아니고, 인간관계가 좋아서 되는 것도 아니고, 근속연수가 많아서도 아니고, 구성원들에게 인기가 많아서도 아니고, 당연히 시험을 쳐서 되는 것도 아니다. 리더는 리더로서의 역할 행동을 실행할 수 있어야 된다.

리더의 역할에는 관리 역할과 고유 실무 역할이 있는데 관리역할은 하위 조직이나 실무자에게 리더가 해야 할 역할과 책임을 권한 위임하고 매니지먼트하는 역할이다. 고유 실무 역할은 하위 조직이나 실무자에게 권한 위임하지 못하고 리더가 직접 실행해야 하는 역할이다. 관리 역할에는 하위 조직이나 실무자에 대한 기간별 역할과 책임 부여, 성과 코칭, 권한 위임, 성과 평가와 피드백 등이 있다. 고유 실무 역할에는 책임지고 있는 조직에 대한 미래 비전 제시, 조직의 미래 성과를 창출하기 위한 현재의 선행 과제 관리, 조직 혁신이나 개선 과제, 리스크 과제 관리, 구성원 육성 과제 등이 있다.

고객 중심의 경영 환경과 불확실한 시장 환경에 대응하고 정체되어 있는 가치 창출 구조를 혁신하여 지속 가능한 성과 창출을 이루어 내기 위해서는 조직 관리 방식과 일하는 방식을 혁신하지 않으면 안 된다. 혁신의 핵심은 '역할의 혁신'과 '책임의 혁신'이다. 역할은 직책별, 기능별, 기간별 역할이 있는데 직책별 역할과 기간별 역할의 혁신이 중요하다. 직책은 본부장, 팀장, 팀원이 대표적이다. 임원이 주로 맡은 본부장 직책은 이제 하위 조직들을 챙기는 데 너무 많은 시간을 허비하지 말고 권한 위임을 통해 하위 조직의 역할은 하위 조직에게 맡기고 본부장은 혁신 과제, 전략적 선행 과제, 리스크 예방 과제, 구성원 육성 과제 등에 좀 더 집중해야 한다. 팀장은 팀원과 임원의 가교 역할에 힘쓰기보다 팀원들의 실무 역할에 대해서는 성과 코칭을 통해 과감하게 권한 위임을 해야 한다. 팀원이 실행하기에 벅찬 난이도가 높거나 중요한 과제를 직접 실행하거나 팀의 향후 성과 창출을 위해 현재 선행적으로 준비해야 할 과제를 도출하여 실행하고 팀원들에게 위임한 실무 과제들 중에 예상 리스크 요인들을 분기나 월간 단위로 도출하여 리스크 관리를 해주어야 한다.

리더가 해야 할 가장 기본적인 것은 바로 하위 조직이나 실무자들에게 기간별로 역할과 책임의 기준을 명확하게 할당해 주는 것이다. 역할과 책임에는 직책별, 기능별, 기간별 역할과 책임이 있다. 직책별 역할이란 직책에 따라 반드시 해야 할 일, 과제, 역할 행동을 말한다. 기능별 역할은 다른 조직이나 담당자와 구분되는 상위 조직에 기여해야 하는 소속 조직과 개인의 업무 분장 내용이다. 본부별, 사업부별, 팀별, 팀원별 업무 분장 내용을 말한다. 기간별 역할은 직책 수행자들이 연간, 반기, 분기, 월간, 주간 등 정해진 기간 내에 반드시 해야 할 일, 과제를 말한다.

리더는 실무자에게 역할과 책임을 과제와 목표로 부여하고 성과 목표를 달성하기 위한 전략과 액션플랜을 창의적이고 혁신적으로 수립할 수 있도록 도와야 한다. 실행하고 나면 실무자의 성과를 평가하고 실행 과정에서 드러난 능력과 역량의 부족 부분에 대한 개발 계획을 세워서 구성원을 훈련시켜야 한다. 리더는 실무자에게 역할과 책임을 명확하게 부여하고 실질적인 권한 위임이 이루어져야 한다. 그래야만 실무자들은 자신이 맡은 일에 대한 주인의식을 가지고 열정적으로 몰입하고 업무 생산성을 높일 수 있다.

5) 조직 관리와 사람 관리 방식을 업무 일정 관리 방식에서 R&R 관리 방식으로 바꾸어야 한다

이제 관리에 대한 생각을 바꿔야 한다. 사람 자체를 관리하는

게 아니라 구성원들의 역할과 책임을 관리해야 한다. 아직까지 많은 조직에서는 근태 관리나 업무 일정 관리에 매달리고 있다. 게으름 피우지 않고 딴짓하지 않고 일을 열심히 잘하고 있는지 근태 관리하는 것이 팀장의 주요 임무였다. 새로운 경영 환경에 적응하여 지속 가능한 성과를 창출하기 위해서는 일하는 방식을 획기적으로 혁신해야 한다. 눈앞에서 게으름 피우지 않고 열심히 일하는 근태가 중요한 것이 아니라 자신의 일을 자율적으로 완결성 있게 정해진 시간 안에 해낼 수 있는 성과 관리가 중요하다. 기존 상사 중심의 업무 일정 관리 방식을 실무자 중심의 R&R 관리 방식으로 혁신하고 관리의 중심을 상사에서 실무자로 이동시켜야 한다. 모바일 기술의 발전으로 우리는 이메일이 오면 어디에서든지 바로 확인하고 답할 수 있다. 디지털 업무 도구의 지속적인 진화로 앞으로 기업은 4차산업혁명기술 또는 디지털 트랜스포메이션으로 운영 비용에 대한 절감과 같은 시간에 정해진 위치의 장소로 이동하는 자원의 낭비를 막는 차원에서라도 같은 공간에서 같은 시간대에 근무하는 집단근무 방식은 지양하고 재택근무, 원격근무, 온라인근무를 혼용하는 방식으로 변화할 것이다.

지금같이 한 공간에 근무한다 하더라도 예전처럼 상사 중심의 지시, 명령, 보고, 회의, 질책, 단체 점심식사, 회식 등과 같은 집단주의 메커니즘은 점차 사라지고 조직의 성과가 전제된 개인의 역할과 책임 중심하에 수평적으로 근무하는 개인주의 방식이 일하는 문화의 중심이 될 것이다. 같은 공간에 근무할 뿐이지 실제로는 재택근무나 원격근무를 하는 형태와 같은 의미다. 물론 산업의 특성이나 업무 환경 그리고 개인의 역량에 따라서 변화하는 속도는 다를 것이다.

업무 일정 관리란 관리의 업무 행위와 마감 일정이다. 출근 시간과 퇴근 시간을 체크하고, 근무시간에 업무와 관련 없는 인터넷에 접속하는지, 다른 사람들이랑 메신저 하느라 시간을 낭비하는지, 커피 마시고 담배 피우고 잡담하느라 쓸데없이 시간을 버리지 않는지 등을 체크하여 근무시간을 낭비하지 않고 업무를 위해 사용하도록 관리하는 활동을 말한다. 반면에 R&R 관리에서 관리의 기준은 역할(Role)과 책임(Responsibility)이다. 정해진 시간 내에 주어진 기간별, 기능별 역할과 책임을 상위 조직에서 원하는 품질 기준대로 달성할 수 있도록 일하기 전에 실무자와 리더가 목표, 전략, 실행 계획을 코칭 과정을 통해 공감대를 형성해야 한다. 실행 행위는 실무자에게 권한을 위임하여 자율성을 바탕으로 자기완결적으로 일하고, 중간 평가와 최종 평가를 통해 피드백하고 개선하는 활동을 의미한다.

R&R 관리 방식으로 일해야 하는 이유는 주 52시간이라는 정

해진 시간과 한정된 자원을 효율적으로 활용해서 업무 생산성을 높여야 하기 때문이다. 실제 하루에 개인이 오롯이 자기통제가 가능한 시간은 많아야 4시간 내외이다. 회의하고 커뮤니케이션하고 커피 마시고 등등의 시간을 빼면 대략 근무시간의 50% 수준이다. 1주일에 20~25시간 정도가 된다. 과거에는 연간, 분기, 월간 단위로 구성원들의 업무 실적을 관리해왔지만 근무 환경이 바뀜에 따라 임원과 팀장은 더 이상 일일이 업무 진행 과정에 대한 중간 보고를 받고, 업무 진척도를 관리할 시간이 없다. 실무자들로 하여금 자기완결적으로 역할과 책임을 완수하게 못 하면 리더는 자신의 시간을 실무자가 수행해야 할 업무에 투입할 수밖에 없다. 그러면 리더 본연의 역할도 소홀하게 되는 악순환이 반복된다. 리더는 실무자에게 권한 위임을 하고 역할과 책임을 다할 수 있도록 코칭해서 자기 완결적으로 일을 실행할 수 있도록 해야 한다. 그러기 위해서는 새롭게 일하는 방식에 적응해야 한다. 즉 일하는 방식을 상사 중심의 업무 관리 방식에서 실무자 중심의 성과 관리 방식으로 혁신해야 한다. 이제 모든 기업과 기관들은 '얼마나 놀지 않고 열심히 일했느냐'가 아닌 '얼마나 역할 수행을 충실히 해서 조직이 원하는 성과를 창출했느냐'로 일하는 패러다임을 바꾸고 실무자들이 자기완결적으로 성과를 창출할 수 있는 시스템을 구축해야 한다. 상사 중심의 업무 관리 방식은 이제 더 이상 가치를 창출하기 어렵다. 실무자 중심의 자기완결적인 성과 관리 방식으로 변해야 업무 생산성과 부가가치를 창출할 수 있다.

이 시대는
성과 책임자를 원한다 ──────

성과 책임자(Performance Owner)는 자신이 수행하는 역할에 대한 책임의 기준인 성과를 책임지기 위하여 성과 중심으로 일하는 사람이다.

성과 책임자는 자신의 역할과 책임을 다하여 성과를 창출하기 위해 현장의 객관적인 데이터를 분석하고 해결해야 할 문제를 발견하는 문제 의식이 투철하다. 문제를 발견하면 원인을 분석하고 개선 과제와 성과 목표를 설정한 다음 달성하기 위한 전략을 수립하고 전략 실행에 부정적인 영향을 미칠 수 있는 예상 리스크 요인들을 도출하여 대응방안을 수립하고 월간, 주간, 일일 단위로 목표를 캐스케이딩하여 실행한다. 과정 결과물이 마무리될 때마다 과정 성과에 대해 평가하고, 개선하고 만회해야 할 과제를 도출한다. 이러한 일련의 전략적 경영 활동을 자기주도적이고 주체적으로 실행하여 지속해서 원하는 성과를 이루어 내는 사람을 말한다.

반면에 업무 담당자(Task Manager)란 자신이 책임지고 있는 조직이 해야 할 일이나 자신에게 주어진 과제나 업무를 실행하기 위해 세부 추진 계획을 세우고 일정별로 해야 할 일을 나누어 계획하여 규정과 절차, 자신의 경험과 리더의 지시에 따라 주어진 일을 실행하는 사람을 말한다.

성과 책임자는 정해진 기간 내에 기대하는 결과물을 어떻게 창출할 것인가에 초점을 두어 일하고, 업무 담당자는 주어진 과제를 언제까지 할 것인가에 초점을 두고 일한다. 성과 책임자와 업무 담당자의 결정적인 차이는 무슨 일을 하든지 '목표'와 '전략'이 있느냐 없느냐의 차이이다. 성과 책임자와 업무 담당자의 가장 큰 차이점은 자기주도적 실행 역량과 전략적 실행 역량의 체질화 여부이다. 자기주도적 실행 역량이란 스스로 자신의 조직이나 역할을 분석하여 문제를 찾아내고 원인과 해결 과제를 도출하여 실행하는 것을 말한다. 리더가 시키는 대로 하기보다 선제적으로 목표와 전략을 수립하여 성과 코칭을 자처하고 능동적으로 실행하는 행동력을 말한다. 전략적 실행 역량이란 일을 하되 성과를 창출하는 데 인과적으로 영향을 미치는 선행적 과제들을 선택하고 집중할 수 있는 의사결정 메커니즘을 프리뷰(preview)

단계인 기획, 계획, 인과적 실행(causal execution)단계인 캐스케이딩, 협업, 리뷰(review) 단계인 성과 평가, 피드백의 단계별 프로세스에 따라 제대로 작동시킬 수 있는 실행력, 행동력을 말한다.

좋은 일터를 만드는 최고의 기준은 혼자만 똑똑한 구성원도, 혼자만 밤새도록 열심히 일하는 구성원도 아니다. 하루 8시간 주 40시간이라는 주 52시간 정책으로 인해, 이제 조직에서는 '해야 할 일'과 '마감 일정'이 아니라 '기대하는 결과물'과 '소요 시간'을 기준으로 '성과 중심으로 일하고' 리더의 관리 감독 없이 자기완결적으로 일하는 성과 책임자를 원한다.

성과 책임자는 어떤 일을 하든지 수행해야 할 과제와 관련하여 현재 상황을 현장의 객관적 사실에 기초하여 현재 수준을 정의할 수 있어야 한다. 그리고 이를 디딤돌 삼아 기간별로 달성 가능한 기대 수준을 성과 목표로 정의하고 달성 전략을 수립하고, 성과 목표를 달성하고 인과적 전략을 실행하는 데 부정적인 영향을 미칠 수 있는 예상 리스크 요인을 찾아내어 대응할 수 있는 역량을 갖추어야 한다.

왜 조직의 구성원들은 프로페셔널답게 자신의 존재 이유를 반드시 성과로 증명해야만 할까?

고객 중심의 경영 환경이 더욱 심화되고 최고 경영진이 경영 활동에 대한 모든 것을 일일이 의사결정하는 것이 무의미한 생태계 환경이 조성되면서, 글로벌 혁신기업들의 경영진들은 어떻게 하면 고객을 위한 새로운 가치를 창출하기 위한 혁신 DNA를 고객 접점의 구성원들에게 공유시킬 수 있을 것인가에 골몰하고 있다.

예전에는 기업가 한 사람의 리더십으로 기업 경영에 장애가 되는 환경이나 리스크를 없애고 전진하는 기업가 정신이 각광을 받았다면, 이제는 조직의 비전과 목표를 달성하기 위해 구성원 각자가 자신의 임무와 역할에 주인의식을 가지고 창의적이고 혁신적인 역량을 얼마만큼 발휘할 것인가 하는 '신(新) 기업가 정신'이 필요한 시대가 도래한 것이다. 한마디로 전 구성원의 사업가화, 오너화, CEO화이다.

예전에는 오너를 포함한 몇몇 임원들이나 팀장들만 성과의 주체로서 오너십을 가지고, 구성원들은 종업원 신분으로 그저 위에서 시키는 대로만 일을 해도 큰 문제가 안 되던 경영 환경이었다. 그러나 지금은 고객 접점의 구성원들이 조직의 성과 주체들이다. 종업원이 아니라 구성원이며, 직원이 아니라 사업 파트너, 동업자인 것이다.

이제 구성원들은 진정 그냥 '일하는 사람'이 아니라 '성과를 경영하고 책임지는 사람'인 것이다. 따라서 현장 접점에서 실행을 주도해야 하는 구성원들의 임무와 역할을 생각해 보았을 때 정말로 중요한 것은 '무조건' 돌쇠처럼 생각 없이 열심히만 일할 것이 아니라, 일을 하더라도 기대하는 성과와 관련된 쓸모 있는 일들을 '제대로' 하여 당초에 원하던 결과물을 산출해 고객 가치를 창출하는 것, 즉 '성과 관리 방식'으로 일하는 것이 중요해질 수밖에 없다.

"내가 지금 하고자 하는 일이 성과와 어떤 상관이 있을까?", "우리 팀은 물론이거니와 상위 조직과 회사 목표 달성에 부합하려면 어떻게 해야 되지?", "왜 팀장이 이 일을 내게 맡겼을까?" 와 같은 질문에 스스로 고객지향적으로, 목적지향적으로 대답하지 못하고 무턱대고 일하다 보면 일은 일대로 하고 질책은 질책대로 받는 것이 다반사일 것이다. 결국 자신도 손해고 조직도 손해인 것이다. 실무자들은 자신의 역할과 책임을 수행할 수 있는 자기완결적 업무 수행 역량을 가져야 한다. 리더의 역할은 실무자들을 관리 감독하고 지시하고 통제하는 것이 아니라 실무자들이 자기주도적으로 성과를 창출할 수 있는 능력과 역량을 갖추게 하는 것이다. 자기주도적으로 하게 하려면 해답을 던져주지 말고, 해답을 찾을 수 있도록 스스로 생각하고 스스로 행동할 수 있도록 훈련시키고 기회를 충분히 제공해야 한다. 자기완결적으로 일하는 시스템이 만들어져야 실무자들이 자신의 일에 책임감을 느끼고 비로소 진정한 성과 책임자로 거듭나게 된다.

상사가 지시하고 관리하는 시대는 지났다. 실무자는 지시한 대로 실행하는 수직적 상하관계가 아니라 각자 차별화된 자신의 직책별 기간별 수평적 역할과 책임을 바탕으로 자기주도적, 자기완결적으로 현장의 현재 데이터 중심으로 일해야 한다.

지금까지는 주로 상사가 시키는 대로 일하거나 각자 자신의 과거 경험과 지식을 바탕으로 자기 중심, 내부 중심으로 일해왔다. 그렇게 일하면 원하는 만큼은 아니어도 비슷한 결과가 보장되던 시대였다. 상사의 지시와 통제에 익숙해진 것이다. 지시와 통제로 업무를 진행하다 보면 실무자도 편한 건 사실이다. '이렇게 저렇게 해'라는 상사의 주문이 있다면 스스로 특별한 고민 없이 그대로만 기한 내에 실행하면 되었다. 특별히 고민할 것도 없으니 업무 진행 속도는 맞춰갈 수 있지만 개인의 역량은 시간이 지나도 늘지 않고 답보 상태에 머물고 눈치와 요령만 늘어갈 뿐이다. 자기 고민 없이 일한다는 것은 개인의 성장은 물론 조직에 어떠한 발전도 주지 못한다. 과거의 상태를 유지한 채 답습할 뿐이다.

사장은 사장으로서의 역할이 있고, 임원은 임원으로서의 역할이 있다. 마찬가지로 팀장은 팀장으로서, 팀원은 팀원으로서의 역할이 있다. 그러나 그 직위나 직책이 무엇이라고 할지라도 회사를 구성하는 모든 사람은 자기완결적 성과 책임자로서 일해야 한다.

여기서 말하는 성과 책임자로서 일해야 한다는 말의 의미는 단순히 자세나 마인드만을 뜻하는 것이 아니다. 직위나 직책은 달라도 각자가 맡은 역할에 대해 절실함과 주인의식을 가지고, 성과 책임자로서 자신의 역할이 무엇인지 정확히 인식하고 그 몫을 수행해야 한다는 의미이다.

냉정하게 따져 조직에서 역할을 부여받음과 동시에 대가를 받고 일을 했으면 성과라는 밥값을 해야 하는 것이 기본이다. 그러나 이런저런 핑계를 대며 열심히 일을 했음에도 성과를 내지 못한 것을 자신의 잘못이 아닌 것처럼 행동하는 사람이 많다. 이는 프로답지 못한 처신이다.

이제는 조직의 비전과 목표를 최대한 달성하기 위해 구성원 각자가 자신의 임무와 역할에 대해 주인의식을 가지고 창의적이며 혁신적인 역량을 얼마만큼 발휘할 것인가 하는 바야흐로 '신(新) 기업가 정신'의 시대가 도래했다. 리더가 구성원들을 혼낼 때 이런 말을 자주 사용한다. 더 구체적으로는 사장이 직원들을 다그칠 때 이런 말을 자주 사용한다.

"이곳이 자네 회사였어도 그렇게 일을 처리했을까?"

"이곳이 자네 집 화장실이어도 이렇게 지저분하게 사용하겠는가?"

'내 회사였다면 어땠을까?'를 자문해 봐야 한다. 각자의 역할이 다르지만 성과 책임자로서 일한다는 것은 자신의 일, 자신의 역할을 오로지 자신만이 할 수 있는 자신의 일로 생각하며 그 역할을 수행하는 것이다. 맡은 바 역할과 책임을 제대로 수행하기 위해서는 살기 위해 일하지 말고 일하기 위해 살아야 한다. 먹기 위해 사는 것이 아니라 살기 위해 먹는 것처럼 말이다.

조직에 소속된 구성원들은 하고 싶은 일이 아니라 해야 할 일을 해야 한다. 자신이 하고 싶은 대로 하는 것이 아니라 주어진 역할과 책임에 맞게 역할 행동을 해야 한다는 뜻이다. 자율적으로 한다는 것을 자기 마음대로 해도 된다는 뜻으로 오해해서는 안 된다.

성과 책임자로 일하기 위해서는 자신이 다른 사람에게 원하는 모습을 바로 자기 자신의 모습으로 바꾸어야 한다. 자기 자신의 현재 모습을 자기가 꿈꾸는 미래의 자기 모습과 일치시키려는 노력이 성과 책임자로서 일하는 모습이다.

기업은 일꾼이 아닌 주인을 간절히 원하고, 종업원이 아닌 자신의 일의 성과에 대해 오너십을 가지고 일하는 성과 책임자를 진정으로 필요로 한다. 각자 역할 수행에 있어서만큼은 성과 책임자라는 점을 명심하고 자신이 맡은 역할에 충실해야 한다. 무대 위의 연극배우처럼 말이다.

1장

사장의 일

기업이 가야 할 미션과 비전을 분명하게 제시하고
후계자를 육성하며 올바른 기업문화를 만든다.

사장이 변해야 기업이 산다. 임원이나 팀장, 팀원이 변해야 하고 제대로 된 역할을 해야 한다고 하지만 사장의 역할에 비하면 손색이 있다. 그만큼 사장의 역할 비중이 높다는 의미이다. 기업이나 기관의 변화와 혁신과 성장과 발전의 출발점은 사장이다. 사장이 어떻게 마음먹고 행동하느냐에 따라 달라진다.

사장은 오너가 되었든 전문경영인이 되었든 기업의 미래를 위해 지금 무엇을 할 것인가 고민하여 미션과 비전과 중장기 목표와 전략 과제를 구체적으로 도출하는 것이 첫 번째 역할이다. 기획실이나 팀을 활용하여 기업의 경영상태를 판단할 수 있는 대시보드(Dashboard)를 재무 관점, 고객 관점, 내부 프로세스 관점, 학습과 성장 관점으로 나누어 타당성 있는 경영 지표를 도출하여 만들게 한다. 현재 상태의 경영 지표의 수준을 기준으로 멀리는 10년 후, 5~7년 후의 미래에 희망하는 경영 상태를 재무적인 관점을 기준으로 선행 경영 지표들의 인과관계를 고려하여 20~30개 정도의 핵심 경영 성과 지표를 구체화한다. 외부의 주주들이나 이해관계자들은 말할 것도 없고 내부 구성원들에게도 이러한 기업 레벨의 대시보드(Corporate Dashboard)를 의사소통의 기준으로 삼아야 한다. 사장의 가장 중요한 역할은 소통이다. 기업의 미래와 현재와의 소통, 사장과 구성원 간의 소통, 회사와 본부, 본부와 팀, 팀과 팀원 간의 상위 조직과 하위 조직 간의 소통, 그리고 회사와 본부, 팀, 팀원들 간에 적용되는 제도적인 기준들이 투명하고 공정하게 소통되어야 의심이 사라지고 불필요한 자원 낭비가 사라지고 즐겁고 신바람 나게 일할 수 있는 여건과 환경이 조성된다. 회사가 비전이 있다는 것은 두 가지 의미를 담고 있다.

한 가지는 5~7년 후에 되고자 하는 기업의 미래 모습을 목표의 형태로 구체화해 놓은 것이다. 또 하나의 비전이라는 의미는 '미래에 희망이 있느냐? 이렇게 하면 앞으로 잘될 가능성이 있느냐' 하는 믿음에 기반한 비전의 의미를 말한다. 비전의 전제 조건은 미션이다. 미션이란, 존재 목적이다. 시장에 동종의 수없이 많은 기업이 존재하지만 우리 기업이 그들과 다르게 고객들에게 차별화되게 제공하는 제품과 서비스가 무엇인지를 결정하게 하는 기여 대상 고객과 기여 가치에 대한 것이다. 사장은 이러한 미션과 비전과 중장기 목표와 전략 과제를 구체적으로 자신 있게 제시하는 역할이 가장 중요하다. 그리고 이러한 미션과 비전, 중장기 목표를 현실화하기 위해서 연간 단위로 각 본부와 실, 팀 조직들이 어떤 역할과 책임을 다해야 하는지 제시하는 일이다. 구성원들의 일상적인 업무 활동에 사장이 일일이 관여하기 어렵기 때문에 핵심 가치(Core Value), 행동 원칙, 역량 평가 기준(인재상 기준), 일하는 방식, 연간, 반기, 분기, 월간, 주간 단위로 일하는 프로세스를 구체화하고 어떤 조직이나 구성원들도 이 프로세스에 따라 일하도록 하여 일하는 문화를 정립하는 것이 중요한 역할이다.

제대로 일하는 문화가 정착이 되려면 세 가지 원칙이 반드시 지켜져야 한다.

첫째, 무슨 일을 하든지 일을 하기 전에 반드시 상하 간에 기대하는 결과물, 성과 목표가 합의되어야 한다.

둘째, 기대하는 결과물, 성과 목표를 달성하기 위한 실행과 과정이 반드시 인과적(causal)이어야 한다. 인과적 과정 관리가 실행되어야 한다.

셋째, 실행하는 행위에 대해서는 반드시 실행자에게 델리게이션(Delegation)되어야 한다.

자신의 기업이 시장에 존재해야 하는 이유를 밝혀라

세종대왕은 왜 한글을 창제했을까? 여러 가지 이유가 있겠지만 가장 큰 이유는 '백성에 대한 사랑'이었다. '백성에게 이로운 일은 무엇일까' 하는 고민의 발로에서 한글 창제의 대업이 시작된 것이다. 백성에게 줄 수 있는 가치가 무엇일까에 집중했기 때문에 세종대왕은 주위의 반대를 이겨 내고 큰 업적을 이루어 낼 수 있었고, 이를 통해 국격을 높인 것은 물론 수많은 백성에게 문맹 퇴치의 길을 열어 주었다.

세종대왕의 모든 의사결정은 이와 같이 누구에게 기여할지를 중심으로 이루어졌다고 해도 과언이 아니다. 그는 사대주의에 맞서는 것이 백성에게 기여하는 것이라 여겼고, 백성을 이롭게 하는 것이라면 지배 계층의 기득권도 과감히 포기했다. 그는 주위의 반대가 거세질 때마다 누구에게 기여하는 것이 올바른 결정인지 생각했다.

기업도 마찬가지이다. 기업이 단지 돈을 벌기 위해서만 존재한다면 이것처럼 삭막하고 몰가치적인 것도 없을 것이다. 단지 매출을 많이 올리고, 제품이나 서비스를 제공하는 대가로 많은 이윤을 올리는 것은 어찌 보면 결과적인 부산물일 뿐이다.

사실 기업들도 쉽게 돈을 벌고 싶은 유혹을 받을 것이다. 또한 그 안에 속해 있는 구성원 중에서 안락함을 포기할 수 있는 사람은 그리 많지 않을 것이다. 하지만 기업은 매출 이전에 시장에서 해당 기업이 존재하는 이유를 당당히 설명할 수 있어야 한다. 고객이 수많은 경쟁자 중에서 우리 회사의 상품과 서비스를 '왜' 이용해야만 하는지 설득할 수 있어야 한다는 의미이다. 이런 고민으로부터 기업의 바람직한 역할 수행이 시작되어야 한다. 그래야만 기업들이 고객에게 사랑받고 존경받는 기업으로 성장하게 되고 시장에서 지속적으로 생존할 수 있게 되는 것이다.

보통 직장인들의 일과를 살펴보자.

졸린 눈을 비비며 일어나 아침밥을 먹는 둥 마는 둥 한 뒤 집을 나선다. 만원 지하철에서 이리 치이고 저리 치인 뒤 가까스로 도착한 사무실에는 벌써 수많은 일이 기다리고 있다. 이메일을 확인하고, 회의를 준비하고, 거래처에 전화를 몇 통 하니 벌써 점심시간이다. 식사를 하고 커피를 마시며 잠시 여유를 만끽한다. 하지만 잠깐의 여유는 오후에 더욱 큰 부담으로 다가온다. 그렇게 한참 일을 한 뒤 에너지가 방전된 몸을 이끌고 퇴근한다. 잠자리에 들기 전에 문득 '오늘 하루 동안 내가 무슨 일을 했지?'라는 생각이 든다. 분명히 정신없이 보내긴 했는데 특별히 생각나는 것이 없다. 곰곰이 생각하기를 몇 분, 금세 깊은 잠에 빠져 하루를 마감한다.

약간 과장되긴 했지만 대부분의 직장인이 이처럼 정신없이 하루를 보낼 것이다. 이와 같은 상황에서 스스로에게 '나는 누구인가?', '앞으로 어떻게 살 것인가?', '나의 인생은 어디로 가고 있는가?', '내가 살아가는 진짜 이유는 무엇인가?'라는 질문을 던져 이에 응답하는 것 자체가 사치이자 공허한 장난처럼 여겨질 수 있다.

그렇기 때문에 기업이 존재하는 이유를 해당 기업이 정확하게 설명할 수 있다는 것은 대단히 중요한 의미를 지닌다. 만약 어느 기업의 구성원이나 고객들에게 "○○ 회사가 시장에서 사라진다면 고객들에게 어떤 영향을 미칠 것 같나요?"라는 질문을 했을 때 "별로 달라질 게 없을 것 같은데요?"라는 대답이 돌아왔다면,

그 회사는 시장에 존재할 이유가 없다. 그렇게 있으나 마나 한 기업은 시장과 사회를 위해 제대로 역할 수행을 할 수 없다.

이러한 경영 환경의 변화에 따라 요즘 기업들은 눈에 쉽게 보이는 스펙 등을 내세워 안주하는 인재보다 자신이 해당 기업에 반드시 근무해야 하는 존재 이유를 명확하게 이야기할 수 있는 인재를 원한다. 물론 바쁜 일상에서 수시로 '왜 존재하는가'에 대해 생각할 수는 없다. 총성 없는 전쟁터 같은 사무실에서 한가하게 그런 상념에 빠져 있는 것은 그다지 바람직하지 않다. 그러나 그런 생각을 전혀 하지 않고 다람쥐 쳇바퀴 돌듯 하루하루를 보내는 것은 본질을 볼 수 있는 눈을 스스로 가리는 것이다.

기업들이 고객과 시장, 사회에 기여하기 위해 어떤 방향으로 나아가야 할지 근본적인 해답을 제시하는 것을 '미션'이라고 한다. 미션은 앞서 이야기한 '기업이 왜 존재하는가?'에 대한 대답이기도 하다.

예를 들어, 치과 임플란트와 환자용 체어, 디지털 치과장비를 생산하는 메가젠임플란트의 미션은 '우리는 인류의 건강한 삶에 기여할 수 있는 혁신적인 제품을 연구하고 개발하는 담대하고 도전적인 글로벌 메가젠이 된다'이다. 메가젠임플란트는 자신들의 존재 이유를 '인류의 건강한 삶에 기여하는 것'이라고 정했기 때문에 이와 같은 미션을 만들어 낼 수 있었다.

미션 수행을 제대로 하려는 기업은 개인 미션이 투철한 구성원들을 확보하고 유지해야만 한다. 그들은 자신이 기업 내에서 존재하는 이유를 늘 되새기며 내·외부의 고객 만족을 위해 불철주야로 노력한다.

예를 들어, 글로벌 외식기업 C사에서 인재개발팀 파트장으로 근무하고 있는 박 과장의 미션은 '나는 회사 내 임직원들에게 목표를 제대로 설정하고 이를 달성할 수 있는 전략을 수립할 수 있는 교육 서비스를 제공함으로써, 회사 성과 창조에 기여한다'이다. 박 과장은 위와 같은 가슴 설레는 미션을 통해 자신이 회사에서 존재하는 이유를 자각하고, 그에 걸맞은 역할을 수행하기 위해 늘 마음을 가다듬는다.

결국 기업들은 시장에서 자신들이 존재해야 하는 이유를 명확하게 정의하고 밝힘으로써 스스로 성장해 나가는 동기를 끊임없이 부여해야 하며, 이를 통해 국가와 사회, 고객에게 기여하고자 하는 소명의식으로 무장해야 한다.

정확한 타깃 고객을 설정하라

사장이 해야 할 중요한 역할 중 하나는 회사가 수행하고자 하는 사업의 목표 고객을 정확하게 결정하는 것이다. 즉 사업 수행을 위해 주력으로 공략할 '타깃' 고객을 설정하는 것은 대단히 중요한 일이다. 사장은 회사가 원하는 성과 목표를 달성하기 위해 공략해야 할 대상을 결정하는 일에 총력을 기울여야 한다. 주변의 모든 상황을 통제할 수 있는 과거의 실험실과 같은 환경에서는 경쟁자가 누구인지 살펴보는 것을 전략의 핵심이라 생각했지만, 이제는 단순히 경쟁자를 구분하는 것을 전략이라고 할 수 없는 초(超)경쟁 환경이 되었다. 그렇기 때문에 회사 성과를 좌지우지하는 목표 고객을 중심으로 전략을 전개해 나가는 것이 핵심이라고 할 수 있다.

회사가 추구하려는 사업의 성과 목표를 달성하기 위해서는 목표 고객을 공략하기 위한 차별화된 핵심 역량을 길러야 하고, 이를 실행하기 위해 요구되는 자원을 어떻게 활용할 것인가에 대한 검토가 유기적으로 이루어져야 한다. 그래야만 기업의 실행력이 극대화되고 나아가 좋은 성과를 얻을 수 있다.

우선 사장은 목표 고객을 정하기 위해 염두에 두고 있는 고객들의 행동 패턴을 세심히 관찰하고, 데이터가 일정하게 보여 주는 패턴을 정확하게 읽도록 내부 구성원들을 독려하고 훈련시키는 역할에 충실해야 한다. 특히 최근에는 소비자들의 흔적인 빅데이터를 이용하여 새로운 고객 맞춤형 서비스를 개발하고 가치를 창출하고자 하는 사장들의 노력을 많이 볼 수 있다.

다음의 사례를 살펴보자.

일본의 한 프랜차이즈 회사의 사장이 놀이공원과 가까운 지하철 P역 앞에 새로운 피자 브랜드 1호점을 론칭해 성공을 거두었다. 이에 해당 회사 기획팀장은 P역과 비슷한 환경을 가진 지하철역 근처에 가맹점 2, 3, 4호점을 차례로 오픈하면 좋겠다는 의견을 냈다. 그는 과거에 성공했던 자신의 경험을 살려 지하철역 앞에서 하루 종일 승하차하는 고객의 수와 행동 패턴들을 일일이 살펴보려는 계획을 세웠다.

그의 계획을 들은 사장은 그렇게 하면 시간과 비용이 많이 드 니 지하철 승차카드인 '스이카'의 데이터를 구해 활용해 볼 것을 조언해 주었다. 사장은 현재 약 400만 장의 스이카가 발급되어 1,800여 개 역에서 사용되고 있으며, 이 카드를 사용하는 고객 수, 나이, 성별, 시간대 등의 기록이 역을 통과할 때마다 저장되 고 있다는 것을 알고 있었던 것이다.

기획팀장은 사장이 말한 데이터의 출처를 확인하여 정보를 손 에 넣고 고객들이 지하철을 타고 목적지로 이동한 이유가 '귀가' 인지, '외식'인지 혹은 '외출'인지를 파악하고 분석할 수 있었다. 과거처럼 막대한 시간과 비용을 들이지 않고도 효과적으로 고객 의 행동 특성을 파악하는 방법을 알고 있던 사장 덕분에 그 회사 는 연이어 성공 가도를 달릴 수 있었다.

사장이 잊지 말아야 할 역할 중의 하나는 자신이 추진하고자 하는 사업의 목표 고객이 누구인지 명확하게 하는 것임을 다시 한번 강조하고 싶다. 그저 비가 오기만을 기다리며 기우제를 지 내거나 고기 잡는 투망을 아무 데나 던져 놓는다고 해서 목표로 하는 것을 잡을 수는 없다. 따라서 목표 고객을 정하려면 다양한 기준을 가지고 고객 데이터를 분석하여 사업 성과에 가장 중요 한 영향을 미치는 핵심 고객을 정하는 데 집중해야 한다.

어떤 고객을 대상으로 무슨 가치를 제공해야 하는지도 모른 채 전략만 수립하라고 채근하는 사장은 시장에 나가 백전백패할 수밖에 없으며, 한낱 탁상공론으로 시간만 허비할 뿐임을 명심해야 한다.

앞서 사장은 자신이 추진하고자 하는 사업의 목표 고객들이 어떤 모습으로 어떻게 살아가는지, 어떻게 움직이는지 세심하게 관찰하는 정성이 필요하다는 것을 강조했다. 목표 고객을 정했으면, 이제는 사장이 솔선수범하여 목표 고객을 단순하면서도 생생하게 묘사해 모든 구성원이 공감하도록 해야 한다. 즉 회사 성과를 달성하기 위해 고객의 생각, 고객의 구매 패턴 등을 고객 눈높이에서 섬세하게 접근하는 데 주력해야 한다는 의미이다.

사장이 자신이 상대하는 목표 고객을 단순히 '30대 중산층 남녀'라고만 파악한다면 매우 바람직하지 못한 것이다. 목표 고객을 형상화하려면, 적어도 '분당 지역에 살고 있으며 유치원생을 포함한 4~7세 사이의 두 아이가 있고, 한 달에 한두 차례 H 백화점을 이용한다. 또한 서비스에 대한 정보를 제공할 때에는 전화나 팩스보다 이메일이나 문자 서비스 등으로 받는 것을 더 좋아한다'와 같이 생생하게 묘사하는 것이 필요하다.

사장이 목표 고객을 생생하고 정교하게 묘사하고 구성원들과 반복적으로 공감할수록 어떤 고객에게 어떤 방법을 적용해야 더 좋은지, 목표를 어느 수준으로 잡을 것인지 세밀하게 파악하여 전략을 수립할 수 있다. 목표 고객의 성향과 특징적인 행동 패턴을 묘사해 보는 것만으로도 성과 창출 가능성이 한층 높아진다. 나아가 사장부터 최전방 고객 접점 구성원들까지 이를 공유한다면 모든 구성원이 고객에 대한 일관된 서비스와 전략적인 가치를 제공해 주는 것은 물론, 고객별 맞춤 전략을 적용할 수 있게 될 것이다.

사장은 자신이 추진하는 사업의 목표 고객을 구성원들 앞에서 자신 있게 설명할 수 있고 눈앞에 훤하게 떠올릴 수 있을 정도가 되어야 한다. 그래야만 고객들이 자기 회사의 제품과 서비스를 이용하는 단계를 면밀하게 분석하고 이를 근거로 성과 목표를 달성하는 데 있어서 결정적인 요인을 찾아낼 수 있다. 이렇게 되면 스스로 고객에게 차별화된 가치를 제공할 수 있는 방법을 알게 되며, 이를 토대로 임원, 팀장들과 함께 성공 확률이 높은 전략을 구체화할 수 있다.

사장은 고객 가까이에서 자신의 회사 제품을 구매하는 고객들의 모습을 그 누구보다 면밀히 살펴보고, 여기에서 의미 있는 시사점을 발견할 수 있어야 한다. 예를 들어, 평상시에 '우리 회사의 목표 고객은 30~40대 싱글 전문직 여성이다. 최근 이들 중에 주말에 연인과 함께 야구장에 가기 위해 우리 회사의 선글라스를 사는 사람이 늘고 있다'라는 것 정도는 알고 있어야 한다는 것이다. 이는 '지속적으로 고객들의 반응과 동향을 관찰해 보니 평일이 아닌 주말에 30대 후반 전문직 여성이 부모님과의 여행을 앞두고 선물용으로 선글라스를 구매하는 비중이 늘어났다. 이러한 사실은 그동안 보고받지 못한 것이다. 눈으로 직접 관찰하지 않고서는 알아낼 수 없는 정보이다'라는 생각으로 확대될 수도 있다.

사장은 누군가가 해 주는 이야기에만 의존하지 말고, 직접 목표 고객들의 성향과 니즈를 확인할 필요가 있다. 이처럼 고객 형상화를 통한 목표 고객 이해는 전략 실행의 명확한 방향성을 잡아 주고, 각 고객을 어떻게 공략해야 하는지 방법을 세우는 데 도움을 준다.

과거의 성과 데이터만으로는 '내가 원하는 회사 전체의 목표를 확실히 공략할 수 있는가?'를 파악하기 어렵다. 앞서 이야기한 것처럼 공략하고자 하는 목표 고객들이 어떤 속성과 특징을 가졌는지 세밀하게 묘사해 보는 작업이 필요하다. 이런 과정을 통해 성과 목표를 달성할 수 있는 자신감을 채울 수 있다.

또한 전체적인 업무 환경이나 조직 차원에서 구성원들이 고객들을 상세하게 관찰할 수 있는 환경을 만들어 주고 아울러 현장에 많은 재량권을 주어 고객 만족을 위해 노력할 수 있게 해 주는 것이 사장이 해야 할 역할임을 잊어서는 안 된다.

차별화된
고객 가치를
제공하라

업의 본질에 대한 정확한 인식은 우리 회사가 반짝스타와 같은 단명 기업으로 끝날 것인가, 아니면 고객들로부터 변함없는 사랑을 받는 장수 기업으로 거듭날 것인가를 가늠하는 핵심 키워드이다. 히트곡 하나로 팬들의 사랑을 한몸에 받았지만 한순간에 잊혀진 가수들과 자신의 분야에서 죽도록 노력하여 꾸준한 사랑을 받는 가수들의 차이는 무엇일까? 결국 '노래란 무엇인가?', '나와 나의 노래를 듣는 사람들이 노래를 통해 얻고자 하는 것은 과연 무엇인가?' 하는 업의 본질에 대한 진지한 성찰과 고민이 있느냐 없느냐 하는 것이다.

기업이 구성원들을 통해 고객에게 궁극적으로 제공하고자 하는 고객 가치를 인식시키는 과정에서 고객들은 환호하기도 하고, 실망하기도 한다. 조직에 몸담고 있는 사람이라면 내가 하고 있는 일, 즉 업의 본질이 무엇인가에 대한 폭넓은 이해와 통찰력이 필요하다. 그래야 쇠락과 성장의 갈림길에서 성장의 방향으로 자신의 몸을 틀 수 있다. 특히 비즈니스를 책임지고 있다면 사업의 본질과 속성을 먼저 정확히 파악하고 이에 역량을 집중해야 조직을 성장시킬 수 있다.

피터 드러커(Peter Ferdinand Drucker)는 경영자가 사업을 잘 이끌어 가려면 가장 먼저 "우리의 사업은 무엇인가?"라는 질문에 간단하고도 명확하게 답할 수 있어야 한다고 했다. 즉 기업들이 하고자 하는 사업의 개념을 정확히 파악한 뒤 시작해야 비로소 성공의 문턱에 다가설 수 있다는 말이다. 이 질문의 본질을 관통하는 간단명료한 답이 '업의 본질'이다.

업의 본질은 시공을 초월해 고객에게 궁극적으로 제공하고자 하는 가치를 의미한다. 즉 '기업이 왜 이 사업을 수행해야 하는가'에 대한 질문에 답하는 것으로, 이는 '기업이 고객과 거래를 함으로써 고객에게 제공하고자 하는 가치가 무엇인가'에 대한 고민을 통해 얻을 수 있다.

"우리의 고객은 누구인가?"

"우리가 고객에게 제공하고자 하는 가치는 무엇인가?"

"우리가 고객에게 제공하는 가치를 통해 이루고자 하는 것은 무엇인가?"

업의 본질을 깨닫기 위한 통찰력 있는 위의 세 가지 질문을 바탕으로 기업들이 하고자 하는 사업이나 해야 할 일 수준을 뛰어넘어 미래지향적인 가치를 지속적으로 고민해야 한다. 이렇듯 기업 존재의 근간이 되는 업의 본질에 대한 충분한 이해 없이 단순히 매출 올리기에만 급급하다면, 그 기업은 미래에 다가올 환경 변화에 능동적으로 대처하지 못해 위기에 봉착할 가능성이 크다. 어떤 상황이 닥쳐도 목적지를 향해 전진하기 위해서는 확실한 기본 체력을 갖추고 있어야 한다. 기업이 업의 본질을 꿰뚫고 있어야 하는 이유가 바로 여기에 있다.

하지만 "당신 회사의 업의 본질은 무엇입니까?" 혹은 "당신이 하고 있는 업의 본질은 무엇입니까?"라고 질문해 보면 제대로 답하는 사람이 의외로 많지 않다. 대부분 이렇게 반문한다.

"값싸고 질 좋은 제품을 만들어서 고객들에게 많이 팔면 좋은 거 아니겠어요? 그것이 업의 본질 아닌가요?"

그러나 업의 본질은 단순히 물건을 많이 팔아 이윤을 남기는 차원의 개념이 아니다. 기업과 조직 내 구성원들이 제공하고자 하는 궁극적인 '고객 가치'와 관련된 한 차원 높은 개념이다. 광

합성을 하지 못한 식물은 결국 말라 죽을 수밖에 없듯이 고객 가치를 창조하지 못하는 기업은 생존할 수 없다. 새로운 가치를 창조해야만 국가와 사회, 무엇보다 고객에게 이바지할 수 있는 것이다.

업의 본질을 정확히 이해하는 일은 비단 회사뿐 아니라 회사 내의 부서, 나아가 개인 차원에서도 중요하다. 업의 본질에 대한 이해는 회사 차원에서는 지속 가능한 경영을 위해서, 개인 차원에서는 반짝스타가 아니라 한 분야의 레전드가 되기 위해서 반드시 필요하다.

기업이 하고자 하는 사업의 본질에 대해 끊임없이 고민함으로써, 세계적인 기업으로 존경받고 사랑받는 두 회사의 사례를 살펴보자.

커브스(curves)는 20평 정도밖에 되지 않는 좁은 공간에 운동기구가 고작 10여 개밖에 없고, 샤워장도, 물품 보관함도 없는 피트니스 센터이지만, 전 세계 1만 개 이상의 프랜차이즈를 운영하며 급속도로 성장하고 있다. 커브스는 '고객이 원하는 것이 무엇일까'를 끊임없이 고민하여 피트니스 센터의 개념을 바꾸었다.

커브스를 창업한 게리 헤이븐(Gary Heaven)은 13세 때 비만으로 고생하던 어머니를 저세상으로 떠나보냈다. 어머니의 죽음에 큰 충격을 받은 헤이븐은 비만으로부터 여성들을 구할 수 있는 방법을 고민하기 시작했고, 오랜 고민 끝에 피트니스 사업을 시작했다. 처음에는 보통의 피트니스 센터처럼 수영장과 스파, 에어로빅을 모두 이용할 수 있는 화려한 여성 전용 피트니스 센터를 만들었다. 하지만 회원이 늘지 않아 궁여지책으로 남성 회원도 받았다. 결국 그곳은 이름만 여성 전용일 뿐 실제로는 남녀공용이 되었다.

아무런 차별점이 없는 피트니스 센터의 결과는 참담했다. 헤이븐은 이 실패를 계기로 여성에 대해 깊이 연구하기 시작했다. 이를 통해 그는 여성들이 피트니스 센터를 찾는 가장 큰 목적은 결국 살을 빼기 위해서라는 점을 실감했다. 또한 대부분의 여성이 운동하는 것을 힘들어 하기 때문에 의욕을 가지고 운동을 시작하지만 오래 지속하지 못하고, 남성들과 같은 공간에서 운동하는 것과 비싼 가격을 부담스럽게 생각한다는 사실을 깨달았다.

헤이븐은 여성이 진짜 원하는 것을 해결해 줌으로써 새로운 가치를 창출할 수 있는 신개념 여성 전용 피트니스센터 '커브스'를 열었다. 여성의 아름다운 S라인 몸매를 뜻하는 커브스는 기존의 피트니스 센터와 달랐다. 커브스에서 운동하는 여성들은 뛰면 흘러내리는 옷매무새에 신경 쓸 필요도, 땀에 흠뻑 젖은 자신의 모습을 걱정할 필요도 없었다.

커브스는 '편하고 재미있는 운동'이라는 개념으로 여성들에게 접근했다. 여성들이 사용하지 않는 운동기구를 과감히 없앴고, 철저하게 여성회원 전용제로 운영했다. 이를 통해 여성들이 남성들의 시선을 전혀 의식하지 않고 운동할 수 있게 만든 것이다. 또한 30분 순환운동제도를 도입하여 10여 개의 운동기구를 30분씩 사용하게 함으로써 지루함을 느끼지 않고 운동을 즐길 수 있게 했다. 또한 운동기구를 동그랗게 비치하여 여성들이 마주보며 운동할 수 있도록 해 유대감과 운동에 대한 몰입도를 높였다. 커브스의 성공은 업의 본질을 꿰뚫고자 고객 관점에서 고민하고 행동할 때 좋은 성과를 낼 수 있다는 점을 잘 보여 주는 사례이다.

이제 일본의 교세라 기업의 예를 살펴보자. 일본전신전화공사라는 국영기업이 100여 년에 걸쳐 일본의 전화산업을 독점적으로 운영하고 있던 1980년대 초, 일본 정부는 전기통신업계의 개혁을 시작했다. 독점의 결과로 미국이나 영국에 비해 일본의 전화 요금이 열 배 가까이 비싼 현실은 일본이 정보화 사회로 발전하는 데 있어서 큰 걸림돌이 될 것이라고 판단했기 때문에 전화산업에 민간업체의 신규 참여를 허용하기로 한 것이다.

교세라 그룹의 창업자 이나모리 가즈오 회장 역시 이와 같은 상황을 주시하며 사업하는 목적을 중심으로 전기통신업을 생각했다.

'통신 요금을 낮추는 것은 시대와 사회의 요청이다. 하지만 혹시 내 안에 다른 욕심이 있어서 이렇게 생각하는 것은 아닌가?'

'나에게는 허세를 부리고 싶은 마음이 정말 없는 것인가? 돈을 더 많이 벌고 싶은 의도를 다른 의도로 숨기고 있는 것은 아닌가?'

'소아병적 영웅 심리에 빠져 허황된 꿈을 꾸는 것은 아닌가?'

그는 전기통신업 진출이 자신의 공명심을 위한 것인지, 일본 국민과 자신의 조국을 위한 것인지 계속해서 고민했다. 그리고 스스로에게 수천 번의 질문을 던진 끝에 마침내 자신이 설정한 목적의 순수함을 확신했다. 이나모리 가즈오는 임시 임원회의를 소집해 1,500억 엔의 내부 보유 자금 중 1,000억 엔을 전기통신업에 사용할 것이며 투자에 실패한다면 사업을 깨끗이 포기할 것이라는 뜻을 밝혔다. 마침내 전기통신업 진출을 결정한 그는 이렇게 말했다.

"엄청난 위험 요인을 무릅쓰면서 전기통신사업에 나서고자 하는 이유는 단 하나, 바로 일본의 통신 요금을 낮추어 고객들에게 유익한 가치를 제공하기 위함입니다. 일본의 통신 요금이 미국보다 열 배 비싼 이유는 독점이기 때문입니다. 저는 새로운 회사를 만들어 전기통신 시장에서 정당한 경쟁을 통해 통신 요금을 내리고 싶습니다. 비싼 통신 요금이 계속된다면 국민의 부담은 점점 늘어날 것입니다. 세상을 위해, 국민을 위해 리스크를 감수하고 과감하게 도전해보고 싶습니다."

전기통신업 진출이 자신의 욕심 때문인지, 아니면 모든 사람을 위한 새로운 가치를 창출할 수 있는지에 대한 절실한 고민이 상상할 수 없을 정도의 성공을 만들어 냈고, 고객과 사회에 유익한 가치를 제공한 것이다.

하고 싶은 일보다 해야 할 일에 집중하라

기업은 시장에서 인정받고 싶다고 자기 마음대로 해서는 안 된다. 하는 것은 자유인데 그러다간 필히 망하기 십상이다. 팔고 싶은 물건을 만드는 것이 아니라, 고객들이 좋아하고 선호하는 물건, 즉 팔리는 물건을 만들어야 하는 이유도 개별 기업들이 시장이라는 어떤 특정 위치에서 수행해야 할 바람직한 역할을 인식하는 것에서 비롯한다.

이에 고객 가치 창조라는 기업 본연의 목적을 수행하는 데 있어 기업의 사적 이익 도모보다 공적 책임을 강조하는 역할이 두드러지게 강조되고 있는 실정이다. 이런 연유에서 최근에는 기업들에게 ESG로 대표되는 사회적 책임의 이행을 요구하는 목소리가 높아지고 있다.

청년 실업률이 지속적으로 증가하면서 20대 태반이 백수라는 '이태백', 20대의 90%가 백수라는 '이구백'과 같은 말이 나오고 있다. 바람직한 기업이라면 이러한 사회적 문제를 신규 고용 창출 등으로 해결해야 한다는 것과 기업이 경제 성장과 환경 보호를 조화시켜야 한다는 문제 제기도 모두 이런 맥락에서 기업의 공적 역할을 강조하고 있는 것이다.

기업의 사회적 책임은 기업 자체와 내부 구성원들이 주체가 되어 수행되어야만 한다. 그래서 많은 기업이 사회공헌 전담 부서와 같은 팀을 신설하고 있다. 이는 고객이 상품이나 서비스를 구매할 때 제품보다 기업의 이미지나 윤리경영, 친환경경영 등 사회적 책임 수행 여부를 구매 요소로 삼는 경향이 있기 때문이며, 아울러 기업들이 지역사회의 사회문제 해결에 더욱 적극적으로 나서 줄 것을 기대하고 있기 때문이다.

이와 같이 기업이 이해관계자들과 협력 체제를 강화하고 활기차고 건강한 조직을 만들고자 하는 역할에 관심을 기울이면, 자연스럽게 지역사회를 비롯하여 기업 생태계를 구성하는 주체들이 지지를 보낸다. 하물며 기업 내 구성원들은 더 말할 필요도 없다. 회사와 한 배를 탔다는 의식을 가지고 자신이 하고 싶은 일보다 회사 관점에서 자신의 역할이 무엇인지를 더 고민해야 한다. 즉 조직에 소속된 구성원들은 자신이 하고 싶은 일을 마음대로 하는 것이 아니라 조직이 원하는 일을 해야 한다.

만약 팀장으로서의 역할을 수행해야 한다면, 자신이 하고 싶은 목표를 정하고 마음대로 실행하는 것이 아니라, 상위 조직의 성과 목표 달성을 위해 내가 팀장으로서 기여해야 할 전략 과제가 무엇이고 어떻게 실행으로 옮길 것인지를 스스로 고민해 보는 것이 바람직하다.

역할 중심의 사고는 개별 기업이 추구하는 가치가 구성원들과 잘 공유되고 합의를 이루었을 때 제대로 수용되고 확산될 수 있다. 예를 들어, 훌륭한 축구선수는 강한 체력을 갖추어야 한다. 정확한 패스와 슈팅, 트래핑, 드리블도 잘할 수 있어야 하고 경기 감각과 승부 근성도 좋아야 멋진 플레이어가 될 수 있다. 그런데 이와 같은 요구 조건들을 아무리 잘 충족하는 선수라고 해도 팀의 구성원으로서 자신이 지켜야 할 위치를 망각한 채 엉뚱한 공간에 가 있다면, 팀 전체의 전력을 심각하게 깎아 먹게 된다. 이처럼 자신이 있어야 할 위치를 정확히 지키는 일은 팀은 물론 자신이 이루고자 하는 성과를 달성하기 위해 반드시 필요하다.

다시 한번 강조하지만, 기업 구성원에게 필요한 것은 입장이 아니라 '역할'이다. 축구 경기에서 수비수는 수비수대로, 공격수는 공격수대로 자신의 입장만 강변한다면 그 팀은 절대 승리할 수 없다. 역할에 대한 정확한 인식을 바탕으로 혼신의 힘을 다해 역할 수행에 매진할 때 유기적 연계를 통한 시너지 효과를 만들 수 있다.

입장이라는 말을 자꾸 쓰다 보면 전체 조직을 위한 유익하고 생산적인 논의보다 잘못된 일에 대한 핑곗거리나 변명에 대한 이유를 논하게 되는 경우가 많아질 수 있다. 회사가 하나의 유기체처럼 움직이기 위해서는 단위 조직과 그 조직을 구성하는 구성원 사이에 강한 협력 관계가 생성될 수 있도록 조직 구조를 설계하고 운영함으로써 같은 마음과 같은 목표를 자연스럽게 공유할 수 있도록 해야 한다.

팀원으로서 내키지 않은 일이라 하더라도 자신이 맡아서 수행해야 할 역할이라면 기꺼이 실행으로 옮기는 것이 제대로 역할 수행을 하는 구성원의 모습이다. 하다못해 본부장에게 보고할 팀 보고서 30장을 작성하고 있는 팀장을 위해 팀원으로서 자신의 금쪽같은 3시간을 투자한다고 했을 때, 팀장을 보좌하고 실행 아이디어를 제공해야 하는 팀원의 역할을 생각하면, 보고서 작업을 할 때 자신이 하고 싶은 대로 멋대로 할 것이 아니라 고객인 팀장의 성과에 최대한 부응할 수 있도록 노력해야 한다. 고민할 때에도 단순히 24시간 중의 3시간을 투입한다는 평면적인 의미가 아니라, 팀장이 원하는 보고서 30장을 제대로 작성하기 위해 자신이 3시간을 투입한다면 어느 때가 가장 효과적인 시간대인지를 생각하고 다른 이슈들도 전략적으로 접근할 수 있어야 제대로 된 역할 수행의 본보기가 될 수 있다는 것이다.

따라서 기업은 기업 내 구성원들이 하고 싶은 일은 뒤로하고 자신의 역할 수행을 위해 반드시 해야 할 일에 매진할 수 있도록 만들어야 한다. 그리고 역할에 걸맞은 성과를 제대로 내기 위해 인풋을 투입하고 프로세싱하는 과정에서 전략적이고 혁신적인 고민이 동반되어야 한다.

세계적인 피자 체인 파파존스의 모토는 '더 나은 재료, 더 나은 피자(Better ingredients, Better pizza)'이다. 이때 훌륭한 원재료는 훌륭한 결과물의 1차적 근거가 된다. 훌륭한 인풋 없이 좋은 아웃풋을 기대하는 것은 도둑놈 심보이다. 진지한 고민의 흔적과 피땀 어린 번민의 자락도 없이 빼어난 성과를 기대하는 것은 한탕주의의 발로인 것이다. 만약 인맥을 동원해 좋은 결과를 창출한다면 조직 내부적으로 인정받을 수도 있지만, 만약 본인에게 성과를 반복적으로 창출하는 프로세스가 장착되어 있지 못하면, 반드시 해야 할 일을 통해 뭔가 성과로 보여 주어야 하는 중요한 시기가 되었을 때 정작 실패를 거듭할 가능성이 크다. 즉 한두 번의 단발성 성과에 머물 수밖에 없다는 것이다.

기업과 기업 내부에서 근무하고 있는 구성원들이 반드시 명심해야 할 것이 있다. 그것은 바로 아웃풋 자체도 중요하지만, 질 높은 인풋의 투입과 함께 합리적인 프로세스의 정직한 진척이 예측 가능성을 높여 탁월한 결과를 창출하고 5년, 10년 꾸준하게 탁월한 결과를 낳을 수 있다는 사실이다.

자신이 하고 싶은 일을 하기보다 조직 내에서 부여받은 역할에 근거하여 일에 집중하는 사람들은 몰입에 강하다. 자신의 역할에 완전히 몰입하는 사람은 자신에게 일어날 수 있는 불편과 위험을 기꺼이 무릅쓴다. 그러나 역할이 아닌 입장만 지키려는 수준 정도로만 일하는 사람은 적당한 거리를 두고 한쪽 발만 담그는데, 그렇게 해서는 절대로 인정받는 인재가 될 수 없다.

명확한 비전을
제시하라

스토리텔링의 대가인 미국의 로버트 맥기(Robert McKee) 교수는 이렇게 말했다.

"고성과 조직은 스토리로 설득하고, 저성과 조직은 명령만 내린다."

회사 구성원들의 마음을 얻고 한 방향으로 움직이게 하고 싶다면 숫자와 팩트(Fact)만 말해선 안 된다는 경고의 메시지이다. 따라서 사장은 회사의 10년 후 비전을 감동적으로 이야기하는 비전 제시자로서의 역할 수행에 온 힘을 쏟아야 한다. 그렇게 하기 위해서는 기존에 있던 것을 짜깁기하고 재활용해서 새로운 것을 만들어 내는 편집자 수준이 아니라 기존의 판을 갈아엎어 완전히 새롭게 만들어 내는 극작가 수준이 되어야 한다. 그래야만 비로소 비전 제시자로서의 역할을 제대로 수행할 수 있다.

"내가 왜 의류회사를 운영해야 하는 것일까?"

"의류회사를 한다면 어떤 옷을 만들어야 할까?"

"옷은 왜 항상 유행을 따라야 할까?"

"옷은 왜 다른 생활필수품처럼 편의점 같은 곳에서 살 수 없을까?"

이는 '독창적인 의류'라는 뜻을 담고 있는 회사 '유니클로(UNIQLO)'의 신화를 창조한 야나이 타다시가 가장 중요하게 파고들었던 질문이다. 그는 옷은 물론, 회사 경영의 본질에 대한 깊은 고민을 통해 마침내 '언제 어디서 누구나 입을 수 있는, 패션 감각이 반영된 고품질의 베이직 캐주얼을 시장 최저 가격으로 공급한다'라는 유니클로의 비전을 세우고 사업을 시작했다. "옷으로 세상을 바꿀 수 있을까요?"라는 구성원의 질문에 그는 다음과 같이 대답하며 회사의 10년, 20년 후의 비전을 설파했다.

"분명히 옷은 세상을 바꿀 수 있다. 옷이 없어 학교에 가지 못하는 어린이도 있고, 옷이 부족해 병에 걸리는 사람들도 있다. '의식주(衣食住)'라는 단어가 의미하듯 옷은 생활 인프라 중에서도 가장 앞에 위치하고 있다. 반도체가 세상을 바꾼 것처럼 의식주의 '의(依)'를 바꾸는 것 역시 세상을 바꾸는 것이라 생각한다."

야나이 타다시는 이와 같은 비전을 실현하고자 최선의 노력을 기울이는 한편, 자신만의 꿈이 아닌 유니클로 구성원 모두의 비전이 될 수 있도록 노력했다. 그 결과, 오늘날 전 세계 2,200여 개의 매장에서 약 2조 6,800억 엔(약 27조 원)의 매출을 기록하는 놀라운 성장을 거듭하기에 이르렀다. 한 사람의 꿈은 꿈으로 끝날 뿐이지만, 그것이 모두의 비전이 될 때 현실이 된다는 격언을 몸소 보여 준 것이다.

다음 상황을 떠올려 보라.

"김 상무! 그런 식으로 해서 이 신규 사업을 성공시킬 수 있겠어요? 내가 20년 전에 창업할 때는 발로 뛰면서 고객들이 원하는 게 무엇인지 직접 눈으로 확인했어요!"

"강 팀장! 그 전략보다는 재작년에 구사했던 마케팅 전략이 어떨까? 새로운 사업에 투자할 여력도 없고, 있다고 해도 리스크가 너무 큰 것 같아. 우선 선두업체를 따라가다가 적당한 타이밍을 보는 게 좋겠어. 이게 우리 회사의 전통적인 성공 방식이기도 하고……."

많은 회사에서 이와 같은 '왕년(往年) 타령'이 버젓이 벌어지고 있다. 과거의 무용담은 주로 고참이 신참에게, 선배가 후배에게, 임원과 같은 경영진들이 실무자들에게 늘어놓는 경우가 많다. 물론 과거는 중요하다. 과거는 현재를 만든 원인이 되고 미래를 예측할 수 있는 중요한 단서가 된다. 그래서 예부터 온고지신(溫故知新)이라 하여 과거로부터 새로운 것을 배우는 것을 미덕으로 여겼다.

그러나 이와 같은 과거의 성공 방정식을 있는 그대로, 천편일률적으로 현재의 매 순간 적용하려고 하는 것은 바람직하지 않다. 과거의 성공 방정식은 과거 환경과 조건에서 통용된 흘러간 일회용이기 때문이다. "개그는 개그일 뿐 따라 하지 말자!"라고 외치던 개그맨들처럼 과거에는 통했지만 지금은 통하지 않을 것 같은 공식을 신주단지 모시듯 하는 선배들에게 후배들은 속으로 "과거는 과거일 뿐, 따라 하지 말자!"라고 독백할 것이다.

과거의 성공 방식이 지금도 여전히 유효할 것이라고 맹신하는 사장, 강산이 두세 번 바뀌었음에도 오래전의 방법이 그대로 통용될 것이라고 착각하는 사장들을 보며 구성원들은 회사의 미래를 염려한다.

사장은 결코 과거를 지향해서는 안 된다. 5년 후, 10년 후 아니 20년, 30년, 1세기 이후의 미래를 지향해야 한다. 과거에 연연하는 사장들은 미래를 조망해야 할 역할을 망각하고 그저 흘러간 옛 노래만 부른다. 그사이 회사의 장래, 사업의 미래는 실무자들의 몫이 되고 만다. 이와 같은 주객전도의 현상은 비일비재하게 일어나고 있다. 과거의 성공에 연연하는 사장을 대신해 실무자들인 팀원들이 미래를 염려하는 것이다.

진정한 성과를 창출하고자 한다면 과거의 경험에 얽매여 사는 구닥다리 습성을 극복해야 한다. 사장은 구성원들보다 훨씬 더 넓고 멀리 볼 수 있어야 한다. 미래를 새로운 각도로 바라볼 수 있어야 올바른 사장이다. 시장 환경과 고객, 경쟁자가 변화하면서 과거의 성공 방식이 오늘의 성공을 담보해 주지 않는다는 것은 누구나 아는 상식이 되었다. 따라서 사장은 과거부터 지금까지의 모든 것을 참조하되 철저히 '제로베이스' 관점으로 현실에 기반해서 미래를 디자인하고 구성원들과 공유해야 한다. 또한 비전을 만들고 그 비전을 회사 내에 전파하는 이야기꾼으로서의 역할을 충실히 수행해야만 한다. 그것이 바로 사장이 가장 중요하게 생각해야 할 첫 번째 일이다.

비전이란 '조직이나 개인이 미션 추구를 위해 가장 적성에 맞고 잘할 수 있는 역량을 발휘하여 미래의 특정 시점에 이루고자 하는 모습을 구체화한 이미지'이다. 이는 '개인이든 조직이든 특정 대상이 일정 시간이 지난 후에 무엇이 되고자 하는가?'라는 질문에 대한 답이기도 하다.

한 치 앞이 보이지 않는 폭풍우 속에서도 선장은 흔들림 없이 등대를 바라보며 앞으로 나아가야 한다. 배에 탄 선원과 승객들이 아비규환의 절규를 할지라도, 선장은 배가 무사히 항구에 도착시킬 수 있다는 희망을 버려서는 안 된다. 사장 역시 마찬가지이다. 새로운 비전을 만들어 구성원 한 사람 한 사람의 가슴속에 심어 주는 일, 그 연약한 비전에 잘 자라도록 물을 주고 햇볕을 깃들게 하는 일, 거센 비바람과 눈보라 속에서도 비전이 뿌리를 내리고 싹을 틔워 장성한 나무가 되도록 보듬고 가꾸는 일이 바로 사장이 해야 할 역할이다.

예전에는 굳이 미래 목표를 세우지 않더라도 어느 정도 앞날이 예측되었다. 외부 경영 환경의 변화가 심하지 않아서 1~3년, 길게는 5년 전에 세워 둔 추진 계획을 그대로 사용해도 큰 문제가 없었다. 그러나 요즘 같은 경영환경 아래에서는 한 달 전에 세운 계획도 용도 폐기되기 일쑤이다. 이처럼 외부 경영 환경이 불확실하고 예측하기 어려워지자, 사장들은 비로소 '우리 기업이 궁극적으로 어디로 가야 할지 그리고 어떠한 비전을 이루고 싶은지'를 고민하는 것이 얼마나 중요한지 아래와 같은 말로 피력하고 있다.

"중장기 목표를 달성하기 위한 세부 실천 방법을 정확하게 정할 수 없더라도, 우리 기업이 나아가야 할 방향이나 미래의 목적지는 지금 당장 정해야 합니다. 그래야 안개 속에서 길을 잃지 않습니다."

최근에는 '개인 또는 전체 구성원이 공통적으로 인지하고 있는 의사결정의 판단 기준'이며, '조직의 존재 목적인 미션을 추구하기 위해 전체 구성원이 내재해야 할 공통분모로서의 가치'인 핵심 가치를 사장이 솔선수범하여 실천하는 역할이 매우 중요한 의미를 갖게 되었다. 저마다 다른 개성을 가지고 있는 구성원들의 마음을 한데 모으고, 비전을 달성하기 위해 의사결정의 판단 기준을 공유하고, 이를 성공 DNA로 체질화하는 것이 다른 어떤 전략보다 시장에서 승리하는 원동력이 되고 있음을 많은 사장이 깨닫고 실천하기 때문이다.

핵심 가치는 조직뿐 아니라 개인 차원에서도 매우 중요하다. 회사 내 업무 수행 과정에서 의사결정을 할 때 판단 기준으로 삼을 수 있기 때문이다. 그만큼 핵심 가치는 단순한 미사여구가 아닌 조직 생활을 지배하는 생활의 준칙이 되어 줄 수 있다. 예를 들면 '활살자재(活殺自在)', '올바르게 생각하고 생각하는 대로 실천한다', '지금 당장 시도하라' 등과 같은 회사 핵심 가치나 개인의 좌우명을 볼 수 있다.

따라서 사장은 조직 내 구성원들의 개별적인 행동 방식이 다르게 나타나더라도 공유된 핵심 가치를 기준으로 하여 경영함으로써, 구성원들이 바람직한 행동을 실천하게끔 만들어야 한다.

메가젠임플란트의 CEO인 박광범 대표는 '예측이 가능하고,

계획한 대로 이룬다'라는 핵심 가치를 실시간으로 일상 업무에 적용하고 있다. 본부별로 성과 코칭을 하거나 경영 회의를 할 때 수시로 질문한다. '최종 결과물을 어떻게 예측하고 있는가? 분기별, 월별 과정 결과물을 어떻게 계획하고 있는가?'라는 질문을 통해 과제를 수행하는 본부장, 팀장, 팀원들로 하여금 회사의 핵심 가치를 실천하도록 한다.

최근에는 한발 더 나아가 구성원들에게 일에 대한 진정한 동기를 부여하는 차원에서 구성원들의 경력 개발 비전과 기업의 비전을 연동시켜 두 비전 사이의 격차를 메우는 것이 중요한 이슈로 등장하고 있다. 따라서 많은 기업의 사장들이 단위 조직 부서장 주관으로 팀 미션과 비전, 팀 핵심 가치를 설정하고, 이를 구성원들과 공유한다. 그리고 조직의 성과 목표를 달성하기 위해 구성원들의 행동을 한 방향으로 정렬시키고 전체적으로 하나가 되기 위해 활발하게 노력한다.

다시 한번 강조하지만, 사장은 비전의 중대한 역할과 강력한 위력을 끊임없이 강조해야 한다. 비전이 구성원의 가슴속에 활활 타오르는 불꽃이 되고 행동으로 실천되는 살아 있는 존재가 될 수 있도록 비전을 세우고 보호하며 가꿔야 한다. 사장의 가장 중요한 역할은 구성원들이 회사의 비전을 생각하기만 해도 가슴 벅차게 하는 일임을 잊지 말라.

조직 구성원들이 '혼'과 '정신'이 담긴 비전과 핵심 가치를 얼마나 지속적으로 실천하느냐가 그 기업이 계속해서 고객들에게 인정받고 성과를 창출할 수 있을지의 여부를 결정하는 중요한 요소가 됨을 유념하여 비전 제시자로서의 역할을 게을리하지 말아야 한다.

실현 가능한 목표 달성 로드맵을 그려라

미래를 책임지는 사장의 역할 수행에 있어서 중요한 것은 '비전에 도달하고자 하는 시점과 지점에 대한 모습을 어느 정도 형상화하여 구성원들과 공유하고 있는가'라는 사실이다. 이는 대단히 큰 의미가 있음을 앞서 언급했다. 사장은 이를 바탕으로 한 가지 더 추가적인 노력을 기울임으로써 더욱 완벽한 비전 제시자로서의 역할을 수행해야 한다. 그것은 비전 달성을 위해 중간중간에 성취해야 할 거점 목표들을 '입체적 조감도'로 형상화하여 분명하게 시각화시키는 것이다. 목적지의 모습을 제대로 알지 못한 상태라면 아무리 열심히 일한다 해도 그 모든 노력은 쓸데없는 낭비가 되고 만다.

사장은 미래를 조망하여 회사의 10년 후, 20년 후의 비전을 제시하고 구성원들과 공유하며, 뚜렷한 목표 로드맵을 제시할 수 있어야 한다. 아울러 분기, 월간 단위로 임원, 팀장들과 이루어 내야 할 성과에 대해 사전에 합의하고 책임져야 할 목표를 부여하는 역할도 충실히 수행해야 한다. 사장이 회사를 어디로 이끌어 가고자 하는지를 명확하게 알아야 비로소 구성원들이 성과에 대한 아웃풋(output) 이미지를 그릴 수 있고, 전략 실행에 있어서 구체적인 필요 행동이 무엇인지 알 수 있기 때문이다.

사장이 회사의 미래 방향을 막연하고 추상적으로 제시한다면 그 비전을 제대로 달성하기 어렵다. 대부분의 사장은 함께 일하는 구성원들보다 훨씬 더 많은 경험과 정보, 자원을 가지고 있다. 그런데 구성원들에게 목표로 향하는 뚜렷한 로드맵을 제시하지 못하고 성과에 대한 아웃풋 이미지를 명확히 전달하지 못한다면 어떻게 될까. 상대적으로 정보에 취약한 다른 구성원들은 사장의 전략적인 의도를 제대로 파악하지 못한 채 엉뚱한 방향으로 업무를 추진하게 될 가능성이 크다. 물론 아웃풋 이미지에 대한 초안은 데이터를 바탕으로 하위 조직에서 만들겠지만 그것은 어디까지나 사장의 생각을 구체화하기 위한 마중물일 뿐이다. 구체적인 의사결정은 최종적으로 사장의 몫이다. 사장이 미래에 도달해야 할 비전과 그 중간 기착지가 어떤 모습이고 어디인지를 구성원들에게 명확하게 설명하지 못하면 구성원들은 주어진 업무에 몰입하지 못하고 방황할 것이 분명하다. 사장의 머릿속에 본인이 책임지고 있는 회사의 미래 비전과 중장기 성과 목표에 대한 조감도가 분명하게 새겨져 있지 않거나 사장 자신조차 제대로 형상화하지 못한 목표를 가지고 있으면, 구성원들에게 성과 목표 달성을 위한 과제를 아웃풋 이미지로 설명해 주지 못하는 것은 물론 공감도 얻지 못하게 된다. 그렇게 되면 결국 5~10년 이내에 기대하는 성과를 얻을 수 없다.

따라서 사장은 구성원들이 비전 달성 과정에서 도착해야 할 중장기 목표를 올바르게 인식할 수 있도록 해야 한다. 구성원들에게 중장기 목표를 구체적으로 인식시키기 위해서는 사장이 중장기 목표마다 시각화와 수치화를 통해 조감도처럼 만들어 안내해야 한다.

비전 달성을 위한 구체적인 거점 목표가 전략 도출과 치밀한 실행을 가능하게 하고 나아가 구체적인 성과를 낳는다. 건설현장에서 조감도를 보면서 공사를 통해 얻고자 하는 구조물을 연상하듯, 목표를 조감도처럼 구체화하여 이루고자 하는 바를 생각할 수 있게 만들어야 한다.

나아가 중장기 목표 수준을 제대로 세워야 한다. 목적에 맞는 목표를 구체적으로 세웠다 해도 수준에 맞지 않으면 잘 세웠다고 할 수 없다. 사장 본인의 역량, 활용할 수 있는 자원의 수준, 실행 방법에 대한 통제력을 얼마나 가지고 있느냐를 고려하여 목표 수준을 정해야 한다.

사장은 회사 차원의 목표가 어떤 모습인지에 대해 구성원들이 공감할 수 있도록 돕고, 나아가 그 공감대를 바탕으로 회사 차원의 목표를 달성하기 위해 구성원 각자가 기여해야 할 목표를 납득시켜야 한다. 사장은 구성원들에게 목표를 자신 있게 제시하고 이를 공감하도록 만드는 커뮤니케이션 역량을 반드시 갖추어야 한다. 사장이 이와 같은 역량을 발휘할 때 구성원들은 자신이 회사에 기여해야 할 산출물이 무엇인지 확실히 알고 올바른 방향으로 일을 진행할 수 있다.

사장은 상대적으로 가진 것이 많은 사람이다. 회사 안에서의 권한이나 명성 역시 타의 추종을 불허한다. 그래서 사장은 항상 리스크를 안으면서까지 무엇인가 새로운 것을 도전하는 사람이 되는 것보다 편안하고 안전하게 현재 있는 것을 지키려는 안정 추구형이 될 가능성이 크다. 그러나 한 점을 지키려고 수비에 집중할 때부터 경쟁자의 파상 공세가 시작된다. 미래에 대한 그림을 제대로 그리려고 노력하는 것이야말로 사장으로서의 역할 수행에 있어 가장 중요한 일임을 잊지 말아야 한다.

**구성원들의
니즈와 원츠를
파악하라**

  윤태호 작가의 웹툰 '미생'은 30~40대 직장인들에게 선풍적인 인기를 끌었다. '미생'의 주인공 중 한 사람인 오 팀장은 재무부징을 만나러 가기에 앞서 그가 현재 어떤 물리적·정서적 상황에 놓여 있는지를 살폈다. 상대방의 상황을 고려하지 않고 무조건 자신의 의견만을 내세우는 부서들만 상대하던 재무부장은 결국 자신의 상황을 이해하고 이야기를 들어주는 오 팀장에게 마음을 열고 그의 기획안을 검토하기로 마음먹는다. 재무부장의 마음을 움직인 것은 강압도, 논리적인 주장도 아니었다. 바로 오 팀장의 배려와 경청이 성과로 연결된 것이다.

이 이야기 속에서 오 팀장이 재무부장의 상황이 어떤지 알려고 하지 않고, 무턱대고 찾아갔다면 어땠을까? 혹은 재무부장이 바쁘고 곤경에 처해 있다는 사실을 확인하고 더욱 고압적인 태도로 이야기했으면 상황은 어떻게 달라졌을까? 아마 재무부장은 자신의 주장만 내세우는 다른 부서와 다르지 않게 혹은 더욱 괘씸한 마음을 가지고 오 팀장의 요청에 대응할 수밖에 없었을 것이다.

위의 사례를 통해 간접적으로 암시했듯이, 사장은 회사 내 구성원들이 가지고 있는 욕구가 무엇인지 잘 살펴서 도와주거나 구성원들의 감정이나 의견에 대해 함께 느끼고 공감하는 것이 대단히 중요하다는 사실을 인식해야 한다.

그런데 현실은 어떠한가? '사장' 하면 일반적으로 어떤 모습이 떠오르는가. 공손하게 허리를 숙이고 있는 모습? 친절한 눈빛으로 상대방을 지긋이 바라보는 모습? 아니면 최대한 몸을 뒤로 젖힌 채 앉아 있는 모습? 팔짱을 끼고 다리를 꼰 상태로 '그래, 무슨 생각을 하고 있는지 들어보기나 하자' 하는 느낌을 풍기며 취조를 하는 듯한 모습?

사장의 바람직한 역할 수행은 팔짱과 꼰 다리를 풀고 의심하는 것 같은 눈빛을 거두는 것에서 시작한다. 무엇인가를 지키기 위해 혈안이 되어 있는 사람은 자신의 앞을 지나가는 모든 사람이 자신의 것을 빼앗아 가려는 사람으로 보일 것이다. 그래서 의심의 끈을 놓지 않고 상대방이 하는 말을 진심으로 듣지 않는다. 그러나 제대로 된 사장은 언제 어떻게 닥칠지 모르는 상황에 대비해 항상 긴장하되, 구성원들에게 진심을 다해 다가선다.

많은 사장이 권위와 권위주의를 혼동해 구성원의 자존감에 상처를 낸다. 권위는 필요하지만 권위주의는 버려야 한다. 하지만 권위가 필요할 때 권위주의를 내세우는 실수를 범하는 사장이 의외로 많이 있다.

권위(權威)는 다른 사람을 자연스럽게 따르게 하는 힘이다. 교사와 선배에게 권위가 있어야 하는 것처럼 사장 역시 구성원에게 권위 있는 존재가 되어야 한다. 그러나 어떤 문제를 해결하는 데 있어서 권위에 맹목적으로 의지하는 행동 방식인 권위주의는 결코 바람직하지 못하다. '내가 사장인데…….', '내가 최종 의사 결정권자인데…….' 하는 생각이 지나치면 그것이 바로 권위주의가 되는 것이다. 그리고 이와 같은 생각이 구성원과 대화할 때 자기도 모르게 팔짱을 끼고 다리를 꼬게 만든다.

아직도 많은 사장이 큰소리를 쳐야 구성원들이 움직인다고 생각한다. 물론 큰소리가 필요할 때도 있다. 하지만 호통으로 구성원들을 움직이는 것이야말로 가장 어리석은 소탐대실의 전형이다. 큰소리를 쳐야 구성원들이 자기 말을 듣는다고 생각하는 사장들은 자신을 주인으로 여기고 구성원을 하인처럼 대한다. 그러나 이와 같은 태도는 자발적 수용이 아닌 굴욕적 복종을 하게 만들 뿐이다. 특히 사장이 자신의 기득권을 유지하기 위한 수문장처럼 행동하면서, 이를 위해 보이는 태도가 권위주의로 가득할 때 사장은 존경은커녕 경멸의 대상으로 전락하고 만다. 따라서 구성원들에게 존경받는 사장이 되기 위해서는 반드시 구성원들의 니즈와 원츠를 제대로 파악하고 이를 충족시키려는 행동을 실천해야 한다.

사실 그동안 많은 기업에서 봐 왔던 소통의 문제는 인식의 차이, 즉 내가 생각하는 것과 상대방이 생각하는 것이 달라서 발생했다. 인식의 차이는 다시 관점의 차이, 입장의 차이, 취향의 차이, 가치의 차이 등 다양한 이유를 원인으로 하여 발생하지만 그중에서도 인식의 차이를 만드는 가장 중요한 원인은 바로 드러낸 요구인 니즈와 숨겨 둔 욕구인 원츠의 차이라고 할 수 있다. 대부분의 사람은 자신이 진짜 원하는 욕구는 마음속에 숨겨 두고, 그와 비슷할 수도 있고 아예 다를 수도 있는 요구를 겉으로 드러낸다. 이때 숨겨 둔 진짜 욕구를 원츠, 겉으로 드러낸 요구를 니즈라고 한다.

외부 고객인 소비자와의 관계에서뿐 아니라 내부 고객인 조직 구성원과 사장 사이에도 니즈와 원츠가 발생한다. 사장의 경우

표면적으로는 구성원들이 출근 시간 등 회사의 규칙을 잘 지키고, 고객과의 약속을 소중히 생각하며, 동료들과 원만하게 잘 지내면 크게 문제가 없다고 말한다. 이는 겉으로 드러나는 사장의 니즈라고 볼 수 있다. 그런데 사장이 실제로 바라는 것은 구성원들이 좀 더 조직에 몰입하고 성과를 창출하는 것, 지속적으로 자기 학습에 충실해서 역량을 쌓는 것일 수도 있다. 이와 같은 이면의 욕구를 원츠라고 할 수 있다.

서로가 서로의 니즈뿐 아니라 원츠를 파악하고 이를 충족시키기 위해서는 상대에 대해 애정을 갖고 지속적으로 관찰하며, 상대의 입장에서 생각해보는 따뜻한 배려가 필요하다. 더욱이 원츠는 특수하고 입체적인 모습으로 내재되어 있어, 내부 고객이든 외부 고객이든 꾸준하게 관찰하며 역지사지의 입장으로 대응하지 않으면 파악하기 어렵다.

또한 무엇보다 상대의 독특한 원츠를 충족시켜 주고자 하는 의지가 필요하다. 어려운 과정을 거쳐 힘겹게 원츠를 파악했다고 해도 그것을 충족시키겠다고 마음먹지 않는다면 단지 원츠를 알았다는 것, 욕구가 독특하다는 것을 인지했다는 수준에서 그칠 뿐이기 때문이다. 따라서 사장은 '고객 만족주의'와 궤적을 같이하는 성과를 창출하기 위해 반드시 구성원들의 원츠를 파악하고 충족시켜 주어야 한다.

예를 들어, 초등학교 고학년인 딸이 아빠에게 "아빠! 자전거 한 대만 사주세요"라고 말한다면 딸이 겉으로 드러낸 요구인 니즈는 '자전거 한 대'이다. 그러나 사실 딸은 아빠에게 '아빠와 함께 놀고 싶어요. 아빠와 좋은 시간을 보내고 싶어요'라는 욕구, 즉 원츠를 속으로 숨기고 사춘기로 접어드는 연령대에서 자주 느끼는 쑥스러움을 감추기 위해 '자전거 한 대'라는 말로 자신의 니즈만 표현한 것일 수 있다. 이처럼 동료나 고객 역시 니즈와 다른 원츠를 마음속에 숨겨 두고 있을 가능성이 높은데, 이 니즈와 원츠의 차이가 바로 소통의 오류를 만드는 주요 요인 중 하나이다.

소와 사자가 있었다. 죽을 만큼 서로를 사랑한 소와 사자는 결국 결혼을 했고 서로에게 최선을 다하기로 결심했다. 소는 사자를 위해 매일같이 가장 맛있는 풀을 주었다. 사자는 싫었지만 참았다. 사자도 최선을 다해 맛있는 살코기를 날마다 소에게 대접했다. 소 역시 괴로웠지만 참았다. 하지만 참는 데에는 한계가 있었다. 소와 사자는 결국 참지 못하고 대화를 나누었다. 소는 자기가 먹고 싶었던 최고의 풀을 주었는데도 사자가 고마워하지 않는다는 사실에 크게 실망했고, 사자 역시 애써 얻은 소중한 고기를 주었는데도 소가 기뻐하지 않자 마음에 상처를 입었다. 결국 소와 사자는 이별하고 각자의 길로 떠났다.

많은 사장이 자신만의 시각에서 구성원에게 최선의 배려를 하고 있다고 생각한다. 그리고 구성원들이 오히려 자신의 배려를 알아주지 않는다고 크게 실망한다. 소의 눈으로 보는 세상에서 최선을 다하는 것, 사자의 눈으로 보는 세상에서 최선을 다하는 것은 혼자만의 무인도에 있는 것과 다름없다. 구성원의 니즈를 고려하지 않은 배려는 최선을 다할수록 최악의 결과를 부른다. 사장은 배려랍시고 구성원들에게 실천한 것들이 과연 진정 구성원들이 원하는 것이었는지 생각해 보는 지혜가 필요하다.

구성원들의
자존감을 높여줘라

사장이 키워야 할 사람은 외부 인사가 아니라 내부 인재이다. 성공의 인증 사진은 내부에서 찍는 것이 바람직하다. 내부 인재에게 부족한 점이 있더라도 감내하며 더 좋은 인재가 될 수 있도록 돕는 것이 사장의 역할이다. 물론 경우에 따라서는 외부의 도움을 받을 수 있다. 컨설팅이나 코칭처럼 외부 기관의 도움을 받아 조직을 객관적으로 관찰하고, 거시적 안목에서 회사의 전략을 점검하는 것은 바람직하다.

그러나 이와 같은 경우도 과유불급이 되어서는 안 된다. 외부 인사가 아닌 내부 인재에게 답을 구하기 위해 최선을 다해야 한다. 설사 외부 인사의 해법이 정확한 것 같다 해도 최종 점검은 내부 인재의 의견을 물어야 한다. 조직과 사장을 위해 헌신하고 있는 내부 인재가 자신들보다 외부 인사의 말에 귀를 기울이는 사장을 보면 분명 씁쓸한 기분을 떨치지 못할 것이다.

많은 사장이 어느 정도 사업적인 성공을 거두면 내부가 아닌 외부로 눈을 돌리곤 한다. 매슬로우의 욕구 5단계 이론에서 볼 수 있듯 사업을 시작할 때는 생리 혹은 안전의 욕구와 같은 인간의 기본적인 생존 욕구가 사장의 몰입을 유도한다. 하지만 사업이 점점 성장하고 안정될수록 사장은 소속감, 존경, 자아실현과 같이 가치 창출을 통한 존재감 확보라는 보다 고차원적인 욕구를 갈망하게 된다. 사실 이는 사장은 물론 모든 사람에게서 찾아볼 수 있는 당연한 현상이다.

그래서 많은 사장이 최고경영자 과정을 다니며 공부도 하고 사람도 사귄다. 바쁠 때는 생각할 여유도 없던 고등학교나 대학교 동문회에도 나가기 시작하고, 종친회나 장학회 같은 단체에도 명함을 내민다. 그러다 보면 사장은 자연스럽게 해당 단체의 '감투'를 얻게 된다. 또 자의 반 타의 반으로 무슨 위원장이니 회장이니 하는 타이틀을 받으면서 존경과 자아실현의 욕구를 만끽하곤 한다. 그러나 이와 같은 감투 맛에 중독되어서는 절대 안 된다.

사장은 사업을 하는 사람이다. 모든 것을 쏟아부어도 성공할까 말까 한 것이 사업이다. 잘된다 싶다가도 어느 한순간에 풍비박산 날 수도 있다. 무엇보다 사업을 잘 해내는 것이야말로 사장의 가장 중요한 역할이라는 점을 잊어서는 안 된다.

　사장이 자신의 시야를 오직 내부에만 두다가 차츰차츰 외부로 넓히다 보면, '내가 지금까지 알던 세상이 생각보다 협소했구나' 하는 생각을 하게 된다. 자기 회사의 구성원들이 아닌 다른 회사 사람들을 만나고 이런저런 인연으로 사회적인 명망가들과도 교류하기 시작하면서 사장의 사회적·지적 수준은 한껏 향상된다. 그러다 보면 지금까지 자신의 성공에 대한 반성과 함께 앞으로 더 도약하기 위해 어떻게 해야 할까를 고민하게 되고, 이와 같은 고민은 자연스럽게 자신이 경영하는 회사가 아닌 다른 회사들의 성공 경험과 혁신 사례에 대한 관심으로 이어진다. 이에 따라 많은 사장이 급기야 직접 해외 현장을 방문하여 우량 기업의 진면목을 학습하기 위해 노력한다. 뿐만 아니라 관련 도서를 대량 구매해 임직원들에게 읽도록 권하고, 어떻게 하면 그 회사처럼 될 수 있을까 하는 방법을 강구하도록 한다.

　그러나 솔직히 생각해 보자. 다른 회사의 성공 방법을 그대로 적용해 똑같은 성공을 거둔 회사가 얼마나 있을까? 우량 기업의 좋은 제도들을 가져다가 조금씩 바꿔 적용한 시스템 중에 괄목

할 만한 성과를 거둔 일이 몇 개나 될까?

결국 사장은 외부의 좋은 것을 학습의 자료로 삼되, 성공을 위한 적용에 있어서는 내부 구성원들과 함께 답을 찾아야 한다. 외부 인사와 사례는 내부에 있는 답을 찾기 위한 자료의 확보와 인사이트와 영감의 획득이라는 점에서만 의미가 있다. 회사 바깥에 있는 모범 답안은 결코 우리 회사의 성장과 변화를 위한 정답이 될 수 없다.

'다른 회사의 성공 사례를 그냥 끼워 맞추면 되겠지' 혹은 '다른 회사도 성공했으니까 그 방법대로 하면 우리 회사도 성공할 거야'라는 착각에서 벗어나야 한다. 대신 사장은 회사 내부의 성공 사례를 찾아내고 공유하는 일을 진두지휘하는 역할을 맡아야 한다. 그러려면 일단 내부 구성원의 우수한 사례를 만들어야 한다. 영웅은 만들어지는 존재이기도 하다. 그리고 이와 같은 내부 사례의 주인공이 되면, 나아가 그 사례를 구성원 모두 공유함으로써 효과적으로 동기부여를 할 수 있다.

사장은 눈에 보이는 보상으로 구성원들을 현혹시키지 말고, 장기적으로 그들의 역량을 키워 주는 등 '무형의 가치'를 줄 수 있도록 노력해야 한다. 또한 구성원들이 역량을 키워 자신의 꿈을 실현하도록 지원해야 한다. 겉으로 보이는 급여, 성과급, 복리후생에 대한 화려한 말 잔치보다 성취감, 도전의식, 열정 등 구성원들의 내적 경쟁력을 키우는 데 더욱 주력해야 한다는 말이다. '사장이 무엇으로 구성원들에게 동기를 부여하려고 하는가'로 사장의 수준을 가늠할 수도 있다.

　구성원들은 사장이나 경영진의 말보다 외부 언론이나 떠다니는 루머를 더 믿는다. 이와 같은 경우는 소통 부족이나 잘못된 구조 등이 주요 원인이 되는데, 문제는 사장 역시 회사 내부 구성원의 말보다 외부에 있는 사람들의 말을 더 믿는 경우가 많다는 것이다.

　사장은 회사 경영에서 어려움을 겪으면 자신을 보좌할 사람을 필요로 한다. 공식 조직의 구성원들이 그 역할을 담당하고 있지만, 사장 입장에서는 뭔가 못 미덥고 탐탁지 않다. 이런저런 소개로 사장은 유능한 인재를 알게 되고 그 사람의 조언을 들으며 새로운 돌파구를 찾기 시작한다. 그로 인해 사장과 유능한 인재의 만남은 점점 잦아지고, 이에 따라 사장과 공식 조직 구성원의 신뢰와 친밀도는 점점 떨어진다.

　급기야 사장은 유능한 인재에게 자신을 도와 달라고 요청하고, 유능한 인재는 조직을 구성해 사장을 돕는다. 이런 상황을 알게 된 공식 조직은 다양한 방식을 통해 사장의 마음을 되돌리려 하지만 이는 계란으로 바위 치기이다. 사장과 공식 조직, 비선 조직의 갈등은 점점 커지고, 균형을 잃은 의사결정으로 회사는 풍비

박산이 난다.

훌륭한 사장이 되기 위해서는 이와 같이 구성원의 니즈와 원츠를 파악하여 진심을 주고받을 수 있어야 한다. 이를 위해 중요한 것이 바로 소통이다. 그렇다면 구성원의 니즈와 원츠를 제대로 파악하는 사장이 되기 위해서는 어떻게 해야 할까?

숨겨진 욕구를 '경청'해야 한다

이는 자기 입장에서 판단하지 않고 상대와 공감하며 사실과 의견을 구분하여 듣는 적극적인 자세를 뜻한다. 경청을 통해 상대방의 니즈와 원츠를 파악할 수 있다. 상대방의 숨겨진 욕구를 찾아내면 서로의 공감대와 합의점을 더 쉽게 이끌어 낼 수 있다. 사실 경청은 커뮤니케이션의 가장 기본적인 자세라 할 수 있다. 서로가 상대의 말을 듣기보다 자신의 말만 늘어놓는다면 커뮤니케이션이 제대로 이루어질 수 없는 것은 당연지사가 아닐까?

경영 파트너로 '인정'해야 한다

인정의 핵심은 구성원들을 아랫사람으로 취급하지 말아야 한다는 것이다. 구성원들은 사장을 대신하여 각자 맡은 역할과 책임을 수행하는 사장의 경영 파트너이다. 임원, 팀장, 팀원들을 진정한 사장의 파트너로 인정하면 그들의 한마디 한마디가 새롭게

다가온다. 대부분의 사장은 구성원들을 아랫사람, 부하 직원, 월급을 받는 사람으로 인식하여 그들을 귀하게 여기지 않는다. 그래서 은연중에 그들을 무시하고, 그들의 말에 귀 기울이지 않는 것이다.

해야 할 일과 함께 기대하는 결과물을 명확하게 '요청'해야 한다

요청은 권위적으로 지시하거나 강요하는 것이 아니라, '역할' 중심의 사고를 바탕으로 충분한 설명을 곁들여 부탁하는 것을 말한다. 요청은 자신이 원하는 것을 상대가 실행하도록 부탁하는 행위이다. 그래서 무언가를 요청할 때는 과제나 업무 수행을 통해 이루어 내야 할 기대하는 결과물을 명확하게 설명해 주어야 한다. 이는 상명하복의 권위적 사고방식하에서는 쉽게 실천하기 어렵다. '직위나 직책'보다 '역할'을 중심으로 사고할 때 리더가 구성원에게 요청하는 행위가 가능하다. 요청이 제대로 이루어지면 상대방은 요청받은 일이 누가 '시킨 것'이 아니라 자신이 선택한 '자신의 일'이라고 생각한다. 따라서 최대한의 노력을 기울여 능동적으로 일을 마무리해 줄 것이다.

구성원들의 생각을 자극하는 '질문'을 해야 한다

상대방의 생각을 자극하게 하는 질문은 상대가 스스로 해답을 찾고, 동기를 높이게 한다. 이때 '예', '아니오' 등의 단답형보다 타인의 다양한 의견을 들을 수 있는 개방형 질문을 많이 던지는 것이 좋다. 개방형 질문을 하다 보면 상대방의 생각이 어떻게 나오게 되었는지 이해할 수 있고, 서로 다른 의견을 절충할 수 있는 지점도 분명하게 파악할 수 있다. 또한 사장은 리더들이나 구성원들에게 자신의 생각을 분명하게 밝히고 질문하는 훈련을 반복하는 것이 중요하다. 일방적으로 듣거나 묻기보다 자신의 생각을 밝히고 상대방의 의견을 들으면 더욱더 명확한 소통을 할 수 있다. 질문을 제대로 하기 위해서는 상대방의 의견이 전제되지 않으면 안 된다. 질문을 잘하는 가장 좋은 방법은 상대방의 생각을 인용하여 질문하는 방법이다.

상대방이 원하는 것을 '응답'해야 한다

중언부언 요점을 흐리며 말하지 말고, 질문에 대한 결론부터 말한 다음 간략하고 명쾌하게 설명해야 한다. 근거나 사례를 제시하면 설득력이 한층 높아진다. 장황하게 늘어놓는 답변, 두루뭉술한 표현, 과대 포장해 말하는 것은 피해야 한다. 그래서 사장은 구성원들에게 문자보다는 수치를 이용하여 명확하고 구체적으로 소통하는 것이 필요하다. 주관적인 의견보다 객관적인 사실 중심으로 소통하는 것이 합리적이다.

이와 같은 방법을 사용하여 구성원과 소통할 때 사장은 구성원들이 무엇을 기대하고 있는지, 어떤 생각을 하고 있는지, 그들에게 부족한 부분이 무엇인지를 제대로 파악할 수 있다. 올바른 타이밍에 올바른 대화를 할 때 사장은 구성원과 진심을 주고받는 대상이 될 수 있다.

주인의식을 갖고
헌신하게 하라

깨끗한 농장에서 한가롭게 거닐고 있던 돼지와 닭이 대화를 나누었다. '착하고 자상한 농장 주인에게 어떻게 하면 보답을 할 수 있을까' 하는 것이 대화 주제였다.

닭이 말했다.

"우리 주인아저씨는 정말 착한 것 같아. 은혜를 갚을 방법이 없을까?"

돼지가 대답했다.

"글쎄, 나도 너와 같은 마음이지만 나도 방법을 잘 모르겠어."

잠시 침묵이 흘렀다. 잠시 후, 닭이 말을 꺼냈다.

"아! 좋은 생각이 났어. 매일 아침 맛있는 베이컨과 고소한 달걀을 준비해 드리는 거야!"

돼지는 닭의 말에 꽤 오랜 시간 망설이다가 작지만 진지한 목소리로 말했다.

"그건 쉽지 않을 것 같아. 네가 달걀을 드리는 건 기여하는 일이지만 돼지인 내가 베이컨을 드리는 건 헌신이라고!"

이 이야기는 복종과 헌신의 차이를 잘 설명해 준다. 복종은 피해를 감수하지 않는 범위 내에서 자신의 이익을 위해 이루어지지만 헌신은 자신에게 발생할 수 있는 피해까지도 감수하며 상대방에게 가치를 제공하는 것이다.

구성원들이 조직에 헌신하고자 하는 마음을 갖게 하려면 기업은 어떤 역할을 감당해야 하는 것일까? 이제는 기업들이 매출과 이익을 많이 내는 것이 최우선이라는 생각 프레임에서 벗어나 궁극적으로 기업 구성원들의 행복을 목적으로 하는 경영에 박차를 가해야 한다. 구성원들이 만족하고 행복하면 누가 뭐라 하지 않아도 회사에 헌신하게 되고 회사의 성과를 높이기 위해 자발적인 노력을 투입한다.

회사에 대한 자부심과 애사심은 누구의 지시나 강요로 형성되는 것이 아니다. 생각을 바꾸라고 강요한다고 해서 어느 날 갑자기 구성원들로 하여금 '내가 회사의 주인이다'라는 믿음을 갖게 하는 것은 불가능하다. 일상생활에서 자연스럽게 스며들어 느낄 수 있게 만들어야 한다.

구성원들을 기계처럼 일하게 하고 결과적으로 나온 이익을 단지 기업을 위해서만 취한다면 그곳은 정말 최악의 회사이다. 그런 상황에서 기업 내 구성원들이 주인처럼 행동하기를 바라는 것은 도둑 심보이다. 따라서 기업들은 구성원들에게 사장 마인드로 일하라고 강요하기 전에 구성원들이 어떻게 하면 심리적으로 주인의식을 가져 성과를 낼 수 있을지 고민해 볼 필요가 있다.

자신이 몸담고 있는 회사의 사무실을 떠올려 보자. 열과 성을 다해 자신의 모든 것을 목표 달성을 위해 쏟아붓는 사람들의 얼굴 표정이나 행동은 어떠한가? 왠지 얼굴에서 웃음이 떠나지 않는 것처럼 보이고, 누구에게 지적을 받더라도 대단히 수용적이며 오히려 고마워한다. 그리고 자신이 속한 팀이나 회사에 대한 자긍심으로 가슴 벅차 하고 행복해하는 모습을 종종 보인다.

반면 무엇인가 회사에 대한 불만으로 가득하고 수동적으로 움직이는 구성원들의 경우, 왠지 낯빛도 어둡고 핑계 대기에 급급하고 다른 동료들에게 별것 아닌 일로 공격적으로 변하곤 한다. 무엇보다 자신이 회사로부터 무언가를 지원받고 있다는 느낌이 없다 보니 회사 생활이 행복하지 않은 경우가 많다.

현재가 아닌 과거에 연연하여 당면한 문제를 어떻게 해결할 것인가를 고민하는 부하에게 지금 이 순간에 필요한 해법이 아닌 몇 해 전, 몇십 년 전 자신의 영웅담을 이야기하며 자신의 뜻에 복종할 것을 강요하는 사장, 현학적(衒學的) 수사를 동원해 뜻은 좋지만 어떻게 하라는 것인지에 대해서는 말하지 못한 채 왜 내가 하는 말에 복종하지 않느냐고 강변하는 임원이나 팀장, 헌신하고 싶은 마음을 들게 하기는커녕 자발적으로 다잡았던 헌신의 의욕을 자발적으로 폐기하게 만드는 여러 가지 요소로 인해 현재 대한민국 기업에서 일하고 있는 수많은 구성원이 행복하지 못한 경우가 생각보다 많다.

어떻게 보면 회사 입사 초년병 시절에 행복하지 못했던 구성원들이 팀장이나 임원이 되어서도 하위 구성원들을 명령과 복종의 패러다임으로 지배하는 통제 관리의 시스템을 많이 쓰는 아이러니가 발생한다. '내가 당했던 것만큼 갚아 주겠어' 하는 마음이 무의식 속에 잠재되어 있고, '리더는 지시하고 명령하는 사람이고 부하는 복종하는 사람이다'라는 의식이 굳게 자리 잡혀 있는 한, 행복하지 못한 구성원이 될 수밖에 없고 매우 수동적인 존재로 전락해 버리고 만다.

따라서 구성원들은 자신의 일거수일투족을 예의 주시하는 회사를 의식하며 일하게 되고 이에 따라 고객이 아닌 회사의 눈에서 벗어나지 않기 위해 몸부림친다. 자신의 위치보다 훨씬 더 멀리서 고객을 지켜보고 있는, 그래서 자신보다 고객에 대해 잘 알지 못하는 회사가 고객이 원하지 않는 명령을 내려도 복종한다. 고객이 어떻게 되든 회사 지침에 복종만 하면 그것으로써 모든 임무를 다하는 것이라 생각하기 때문이다. 이에 따라 고객과의 괴리감은 갈수록 커지는 것이다.

　이제 기업이 감당해야 할 역할은 구성원들을 통제 관리에 익숙하게 만드는 것이 아니라, 성과 중심의 자율 책임 경영을 통해 구성원 한 사람 한 사람이 일꾼이 아닌 주인으로서 수동적 복종이 아닌 자발적 헌신을 통해 책임을 다해 자신의 역할을 경영하는 것임을 알게 해 주는 것이다.

충성심을
강요하지 말라

"내가 신입사원일 때는 상상할 수도 없던 일이야!"

최 상무의 호통에 정 팀장은 고개를 숙일 수밖에 없었다. 정 팀장이 맡고 있는 B2B 영업팀 차 대리가 연차를 자주 사용하는 것을 최 상무가 문제 삼았고, 차 대리의 근무 태도에 대한 질책이 정 팀장 개인의 자질로 이어졌다.

"연차를 사용하지 말라는 게 아니야. 써야 할 연차를 쓴다고 뭐라고 할 정도로 내가 융통성이 없진 않아. 내가 말하고 싶은 것은 차 대리가 올린 연차 신청서를 보고 정 팀장이 얼마나 고민한 뒤에 사인을 해 줬느냐 하는 거야. 차 대리가 없으면 가장 불편한 사람이 바로 나란 것을 정 팀장이 모르진 않겠지. 그런데도 나에게 보고하지 않고 차 대리가 연차를 쓴다고 할 때마다 바로바로 결재해 주는 걸 보면 정 팀장은 나에 대한 충성심이 부족한 것 같아. 아니라고 해도 나는 그렇게 생각할 수밖에 없다네."

"상무님! 그건 아닙니다."

"아니긴 뭐가 아니야. 리더 기분 하나 맞춰 주지 못하면서 무슨 일을 하겠다는 거야! 됐으니까 나가 보게."

일방적으로 당한 정 팀장은 풀이 죽은 채 자리로 돌아왔다. 사실 차 대리가 최근 연차를 자주 사용한 것은 사실이다. 1주일에 한 번씩 한 달 동안 연차를 썼으니 속 좁은 최 상무가 화를 내는 것도 당연하다. 그러나 팀원의 연차 신청에 대한 결재는 어디까지나 팀장 전결이다. 또한 차 대리가 출근하지 않으면 최 상무도 불편하겠지만 팀장인 자신보다 불편하지는 않다. 게다가 연차를 사용한 이유가 두 돌이 막 지난 아기의 병치레 때문이라 연차를 거부하는 것도 참으로 난감하다. 이와 같은 사실을 최 상무 역시 잘 알고 있다.

차분히 생각해 봐도 정 팀장의 불쾌감은 가라앉지 않았다. 무엇보다 정 팀장의 불편한 감정을 지속하게 만드는 것은 대화 말미에 최 상무가 내뱉은 '충성심'이라는 단어였다.

사실 충성심 자체가 나쁜 것은 아니다. 흔히 로열티(loyalty)로 표현되는 충성심은 조직을 구성하는 모든 사람에게 반드시 필요한 덕목 가운데 하나이다. 자신이 몸담고 있는 조직, 자신이 일하고 있는 회사에 대한 충성심은 자신의 조국에 대한 충성심과 마찬가지로 일에 대한 마음가짐과 태도를 올바로 정립하는 데 큰 도움이 된다. 물론 조직에 대한 지나친 로열티는 더 큰 문제를 불러일으킬 수도 있지만, 일정 수준 이상의 충성심은 필요하다고 할 수 있다.

그런데 앞의 사례에서 최 상무의 가장 큰 문제는 이 충성심을 공적인 것이 아닌 자기 자신에 대한 사적인 부분에 대해 요구했다는 점이다. 회사는 결코 개인의 것이 아니다. 회사는 다양한 개성을 가진 사람들이 모여 만들어진다. 따라서 직장인에게 요구되는 충성심은 회사라는 조직 전체의 가치 창출을 대상으로 활용되어야 한다. 특정 이익과 관련되어 회사가 구성원을 노예처럼 부린다든가 리더가 구성원을 사적 이익을 위해 활용해서는 절대 안 된다.

기업의 성과는 고객에게서 창출되므로 고객 만족이 가장 우선이다. 고객 만족을 위해서는 고객과 바로 접해 있는 내부 구성원들의 역량을 키워 주는 것이 급선무이다. 이들이 손과 발이 되어 움직여 주지 않으면 어떤 경쟁력도 가지기 힘들다. 아무리 제품과 서비스가 마음에 들어도 현장 구성원들이 고객의 욕구를 충족시켜 주겠다는 확고한 의지와 노력이 없다면, 고객은 절대 지갑을 열지 않는다.

따라서 기업은 조직 내 구성원들이 업무 수행 과정에서 자신의 역량을 120% 발휘할 수 있도록 자발적으로 헌신할 수 있는 풍토를 조성해야 한다. 구성원들을 시시콜콜 감독하거나 '로봇'으로 만들어 버리는 조직에서는 고객의 기대 수준을 뛰어넘는 탁월한 성과를 기대하기 힘들다. 그런데 아직까지도 많은 기업이 단기적인 성과에 급급해 구성원들을 일일이 간섭하는 경우를 자주 목격하게 된다.

이제 기업들은 더 이상 조직 내 구성원들을 성과를 짜내기 위한 수단이나 도구로 여겨서는 안 된다. 기업이 구성원들을 기계 부품과 같이 보는 것은 낡은 산업사회 시절의 사고방식이다. 창조경영까지 언급되고 있는 오늘날, 혁신적인 상상력으로 무장한 '구성원'들이 없다면, 기업들이 고객을 위해 무엇을 할 수 있겠는가? 이제부터라도 기업들은 인간 중심의 철학으로 무장하고, 구성원의 잠재력을 믿고, 끊임없이 동기부여 할 수 있는 장을 지속적으로 제공해야만 한다.

대한민국의 기업들이 구성원을 소중하게 대해야 한다는 사실을 터득했다면, 우리 기업들의 미래가 지금처럼 걱정되지는 않을 것이다. 결국 시장에서 고객들에게 인정받고 지속 가능한 성장을 보여 주는 기업들은 구성원 중심의 자기완결형 조직을 운영하는 데 일가견이 있다. 그렇다면 수평적 역할 조직으로 패러다임이 변모되었음에도 불구하고 아직까지 많은 기업이 헌신이 아닌 복종의 메커니즘을 경영에 적용하고 있는 이유는 무엇일까?

구성원을 수족처럼 생각하는 전근대적인 사고방식

앞서 소개한 최 상무 같은 사람들을 주위에서 쉽게 찾아볼 수 있다. 조직을 위해 무조건 조직과 구성원을 동일시하도록 강요하는 것이다. 또한 회사나 리더가 복종을 원할 것이라 생각하며 이른바 '알아서 기는' 구성원도 많이 있다. 어떻게 보면 복종하는 구성원을 우대하는 회사 분위기와 리더의 요구, 자기 스스로 복종을 택하는 부하가 만나 복종의 문화를 고착화시키고 있는 것이다.

헌신의 강력한 힘 인지 부족

학창 시절에 "다음 시간에 쪽지 시험을 본다. 한 문제를 틀릴 때마다 한 대씩 때릴 테니 철저히 준비하도록!"이라고 말한 호랑이 선생님의 지시에 열심히 공부한 기억이 있을 것이다. 그러나 이와 같은 방법의 효과는 그리 오래가지 못한다. '귀찮게 공부하느니 그냥 맞고 말자' 또는 '이번 주에는 왠지 시험을 보지 않고 넘어갈 것 같아'라는 생각에 공부를 제대로 하지 않는 학생이 나오게 마련이다. 그러나 왜 공부를 해야 하는지 공부의 목적을 분명히 인식하고, 공부의 재미를 느끼는 학생은 누가 시키지 않아도 자기 스스로 공부를 위해 몸과 마음을 바쳐 있는 힘을 다하는 헌신을 하게 된다.

아래는 잘 알려져 있는 만해 한용운의 시 '복종'이다.

남들은 자유를 사랑한다지마는,

나는 복종을 좋아하여요.

자유를 모르는 것은 아니지만,

당신에게는 복종만 하고 싶어요.

복종하고 싶은데 복종하는 것은

아름다운 자유보다도 달콤합니다.

그것이 나의 행복입니다.

그러나 당신이 나더러 다른 사람을 복종하라면,

그것만은 복종할 수가 없습니다.

다른 사람을 복종하려면

당신에게 복종할 수가 없는 까닭입니다.

이 시에서 시인은 복종의 반대말로 자유를 지칭하지만, 먼저 복종(服從, obedience)과 대비되는 헌신(獻身, devotion)의 의미를 명확히 이해할 필요가 있다. 기업이 원하는 것은 복종이 아닌 헌신이기 때문이다.

복종은 사전적으로 '남의 명령이나 의사를 그대로 따라서 좇음'을, 헌신은 '몸과 마음을 바쳐 있는 힘을 다함'을 의미한다. 복종은 수동적이지만 헌신은 능동적이며, 복종이 마지못해 따르는 것이라면 헌신은 자발적으로 자신의 몸을 던지는 것이다. 복종이 무엇인가 강요하는 상대방을 전제로 하는 개념이라면, 헌신은 사역의 주체가 되는 상대방이 없이 자기 혼자서도 성립시킬 수 있는 개념이다.

'까라면 까!'라는 상명하복의 군대 문화가 기업에 유입되면서 복종이 하나의 미덕이 되었다. 나쁜 명령이라도 리더의 명령에는 절대적으로 복종하는 것이 조직 구성원의 미덕으로 여겨지기도 했다. 말도 안 되는 비합리적 명령, 보편타당한 사회 윤리에 반하는 명령, 마땅히 지켜야 할 가치에 위배되는 명령이라고 해도 그 명령을 준수해 조직을 살리고 리더를 살린 일이 무용담처럼 받아들여지기도 했다.

그러나 더 이상 복종을 원하는 기업은 없다. 아직까지 복종을 원하는 리더는 구시대의 유물처럼 자취를 남기고 있을지 모르지만, 제대로 된 회사라면 결코 복종을 강요할 수 없다. 많은 사람이 복종은 조직의 목표 달성에 별반 도움이 되지 않는다는 진리를 깨달았기 때문이다. 지난 시절에 복종이 미덕으로 여겨진 이유는 때로 무모한 것처럼 보여도 복종이 조직의 성과 창출에 탁월한 효과를 발휘했기 때문이다. 그러나 수직적 계급 조직이 아닌 수평적 역할 조직에서 복종은 강요될 수도 없고, 이루어질 수도 없다. 직급만 다를 뿐 각자 부여받은 역할을 사장의 마인드로 행해야 하는 구성원은 명령하고 복종하는 관계가 될 수 없다.

구성원 각자의 창의적인 노력과 헌신을 통해 개인의 성과를 창출하게 되고 이를 본부 혹은 팀 내에서 인정하게 되면 다시 선순환적인 조화와 협력을 통해 최종적으로 기업의 성과를 만들어 내는 것이 바로 21세기형 수평적 역할 조직의 지향점이다.

**몰입하고
열정을
불태우게 하라**

미하이 칙센트미하이는 몰입을 '쉽지는 않지만 그렇다고 아주 버겁지도 않은 과제를 극복하는 데 한 사람이 자신의 실력을 온통 쏟아부을 때 나타나는 현상'이라 정의했다. 한편 서울대학교 황농문 교수는 저서 《몰입》을 통해 몰입을 위한 방법은 '열심히 일하는 것'이 아니라 '열심히 생각하는 것'이라고 주장했다.

누가 시키지 않았지만 밤을 새우며 제안서를 작성하고, 완성된 제안서의 한 페이지 한 페이지, 한 글자 한 글자를 꼼꼼하게 보완하는 일에 몰입한 적이 있는가? 신경 쓰지 않아도 되는 일임에도 불구하고 성과를 위해 달콤한 휴일을 기꺼이 포기하고 현장이나 사무실로 나가 자신의 일에 몰입한 적이 있는가?

세종대왕과 집현전 학사들이 한글 창제라는 쾌거를 이룰 수 있었던 것은 기여의 수준을 훨씬 뛰어넘어 몰입을 통한 헌신으로써 육체의 피곤함과 주위의 온갖 오해를 이겨 냈기 때문이다.

몰입의 힘은 강력하다. 그리고 몰입을 통해 얻어 내는 성과는 위대하다. 그래서 많은 기업이 '어떻게 하면 구성원들을 자신의 업무에 몰입하게 하여 강력한 힘을 발휘하게 하고 나아가 위대한 성과를 만들 수 있을까'를 고민한다. 기업 입장에서는 몰입을 통해 헌신하는 구성원이 많을수록, 반대로 몰입하지 않는 구성원이 적을수록 조직의 성과를 창출할 수 있는 가능성이 커진다. 몰입은 성과와 가치를 창출하는 가장 큰 원동력이다. 따라서 자신의 일에 몰입하는 사장처럼 일하는 것은 경영 활동의 성공을 이끄는 열쇠이다.

그렇다면 기업 내 구성원들은 언제 몰입하게 되는가?

자신의 일에 대한 가치를 깨닫고 느낄 때

자신이 하는 일의 소중함을 느낄 때 스스로를 소중하게 생각하게 되고, 일의 가치를 높이기 위해 저절로 헌신한다. 일에 대한 가치를 느끼게 하기 위해서는 구성원들이 회사에 기여하고자 하는 가치인 미션과 앞으로 5~10년 후에 회사에서 되고 싶은 모습인 비전을 깨닫게 하는 것이 현실적인 대안이다.

자율성을 느낄 때

마음대로 할 수 있는 것이 아무것도 없는 상태에서 헌신할 수 있는 사람은 아무도 없다. 마음대로 할 수 있는 것이 없다면 몰입과 헌신이 아니라 방관을 할 수밖에 없다. 자신의 생각에 따라 조절하고 통제할 수 있는 영역이 있다고 판단할 때 사람들은 몰입과 헌신을 한다. 반대로 자율성을 느끼지 못하면 '체념 현상'이 나타난다. '열심히 해 봤자 바뀌는 것은 없는데 열심히 해서 뭐해!' 하며 체념하는 구성원들에게서는 몰입과 헌신을 기대할 수 없다. 자율성의 핵심은 실행 방법의 선택에 대한 것이다.

일을 통해 성취감을 느끼고 자신이 발전하고 있다고 생각할 때

자신의 행위를 통해 성과가 나타났을 때 느끼는 보람은 가장 강력한 몰입 촉매제이다. 힘이 들긴 하지만 몰입과 헌신으로 일하는 과정에서 자신의 역량이 조금씩 향상되고 있다고 느끼면 몰입의 시간은 길어지고 헌신의 강도는 높아진다.

업무 수행 역량이 뛰어날 때

구성원들은 자신이 담당하고 있는 일을 하기 위한 직무 지식이나 기술이 충분하고 성과를 내기 위한 프로세스, 즉 목표를 설정하고 전략을 수립하고 실행 계획을 수립할 수 있는 역량이 체화되어 있을 때 몰입한다.

그렇다면 기업이 구성원들로 하여금 몰입하게 만들어야 하는 이유는 무엇일까?

자기완결적·혁신적 경영 환경

기업을 둘러싼 환경의 변화는 초고속으로 이루어지고 있다. 불과 2~3년 전만 하더라도 구성원이 올린 기안을 휴대폰으로 결재한다거나 고객사에게 보낼 제안서를 휴대폰에서 바로 수정한다는 것은 생각하기 힘들었다. 그러나 지금 회사 업무 중 스마트폰으로 할 수 없는 일은 거의 없다고 해도 과언이 아니다.

시간을 더 거슬러 올라가 보자. 직장 생활 경력이 꽤 오래된 사람이라면 인터넷이 활성화되어 있지 않던 시절에 업무를 어떻게 처리했었는지 어렴풋이 기억할 것이다. 고객사에 전달하는 공문은 반드시 우편으로 보내야 했고, 리더에게 결재를 받기 위해서는 기안지를 출력해 결재판에 깔끔하게 준비한 뒤 결재받기에 좋은 타이밍을 잡기 위해 기다려야 했다.

그보다 좀 더 오래전에는 '타자기'로 문서를 만들어 주는 '타이피스트'라는 직업도 있었고, 그전에는 주판과 자, 만년필이 사무실에 즐비했다. 그러나 이와 같은 것들은 이미 오래전에 과거의 유물이 되었다.

기업은 몰입하는 인재를 원한다. 아침에 지각하지 않고 일찍 출근해 착실하게 자신의 자리를 지키고, 리더의 명령에 고분고분 순종하며, 불합리한 제도와 조직 운영에도 '벙어리 3년 귀머거리 3년'으로 참고 견디는 농업적 근면성은 이제 성과의 보증수표가 아니다. 조직의 근간이 되는 업의 본질에 대한 충분한 이해 없이 단순하게 주어진 일만 하는 데 급급해하면, 미래에 다가올 환경의 변화에 능동적으로 대처하지 못해 위기에 봉착할 가능성이 커진다. 변화의 속도가 느린 농경사회에서는 근면이 무엇보다 중요한 덕목이었지만 광속의 시대에서는 근면을 뛰어넘는 몰입이 반드시 요구된다.

고객 접점이 성과 창출의 핵심

점점 다양해지는 고객의 니즈를 충족시키기 위해 기업들은 종전과 같은 중앙 통제적인 경영 메커니즘으로는 한계를 가질 수밖에 없다. 고객과 가까이에 있는 구성원들의 역량과 권한을 높여야 성과를 극대화할 수 있다. 그런데 근면은 필연적으로 속도의 경쟁에서 밀릴 수밖에 없을 뿐 아니라 의사결정의 양보로 이어지는 현상이 두드러진다. 고객과 가까이에 있는 구성원이 몰입을 통해 문제를 해결하고 현장의 목소리를 반영하는 것이 성과 창출의 핵심 요소인데, 근면은 이를 방해하는 요소로 전락할 가능성이 크다.

인간을 통한 부가가치 창출

오늘날 자본주의의 모습은 공산주의와 같은 다양한 이데올로기와의 경쟁을 통해 수정되고 보완되면서 발전하고 있다. 그럼에도 불구하고 자본주의는 여전히 여러 가지 결함을 가지고 있는데, 부의 편중 현상이 대표적인 사례이다. 이에 따라 자본주의를 보완하기 위해 인본주의가 강조되고 있다. 물론 인본주의가 자본주의를 대체할 수 있는 것은 아니지만 많은 기업이 사람 중심의 인본주의 경영을 통해 자본주의의 장점은 살리고 단점은 줄이기 위해 노력하고 있다.

인본주의 경영은 말 그대로 사람이 근본이라는 생각을 바탕으로 경영 활동을 하는 것이다. 자연법칙을 따르는 것이 생태를 위해 가장 좋은 방법이듯 인간의 본질과 특성에 충실한 경영이 모든 사람을 유익하게 한다는 것이다. 그리고 이와 같은 생각은 결국 구성원을 성과 창출을 위한 소모품이 아니라 성과 창출의 주체로서 인식하게 하고, 나아가 그와 같은 주체가 스스로 몰입할 수 있도록 돕는 것이 성과 창출의 핵심이라는 사실을 인식하게 한다.

따라서 이제 기업들은 근면 성실한 구성원은 기본이요, 구성원 스스로 몰입할 수 있도록 하는 역할 수행에 본격적으로 매진해야 한다. 그러기 위해서 기업들은 구성원들에게 매력적인 '유인 조건'과 '공헌 조건'을 동시에 제시할 수 있어야 한다.

'유인 조건'이란 '구성원들에게 조직과 함께하고 싶고, 조직에 몰입해 성과 창출에 기꺼이 동참하고자 하는 마음이 들게 만드는, 즉 '조직에 지원하도록 유인하는 매력적인 요소'를 의미한다. 반면 '공헌 조건'이란 '조직의 입장에서 구성원들이 조직의 성과 창출을 위해 이런 조건을 갖추려고 노력한다거나 이런 행동을 보여 주었으면 하는 기대 요구 조건'이라는 의미이다.

예전에는 구성원의 입장에서 조직을 선택할 때 직장의 안정성, 높은 급여 수준, 풍부한 복리후생제도 등과 같은 조건들을 조직과 함께하는 의사결정 기준으로 삼았다. 하지만 요즘 구성원들은 급여 수준이 그렇게 높지 않더라도 자신이 조직에서 얼마나 배우고 성장할 수 있는가 하는 경력 개발의 기회, 리더의 리더십, 함께 일하는 동료들의 지적 수준에 관심을 둔다. 아울러 현재 기업의 규모는 작더라도 얼마나 큰 미래의 그림을 확실하게 그리고 있는지, 이를 실현하기 위한 구체적인 전략은 무엇인지 등 보다 가치 지향적이고 넓은 범위에 걸쳐 유인 조건을 생각한다.

유인 조건과 공헌 조건의 관계는 몰입의 관계와 일맥상통한다.

유인 조건으로 근면을 유도할 수는 있지만 몰입까지 얻을 수는 없다. 몰입을 위해서는 유인 조건과 함께 공헌 조건이 충족되어야 한다. 이 두 가지가 함께 충족될 때 구성원은 충직하고 착실하고 근면한 종업원에서 자발적으로 몰입하는 진정한 기업가 정신을 발휘할 수 있다.

처세술이 아닌
영혼을 전수하라

마크 트웨인(Mark Twain)이 쓴《허클베리 핀의 모험》과《톰 소여의 모험》은 미국은 물론 전 세계에서 사랑받고 있는 명작이다. 미시시피강 유역을 배경으로 두 개구쟁이가 펼치는 흥미진진한 이야기는 만화 영화로도 만들어져 큰 인기를 끌었다.《허클베리 핀의 모험》에서 허클베리 핀은 부모를 잃은 고아이다. 톰과 허크(허클베리 핀의 애칭)가 사는 마을의 어른들은 어느 부유한 미망인에게 장난이 심하지만 영리하고 성실한 허크의 후견인이 되어 줄 것을 요청하고, 미망인은 이를 받아들인다. 허크의 후견인이 된 미망인은 여러 가지 예절을 가르친다. '실내에서는 뛰지 않는다,

식사할 때는 반드시 수건을 목에 두른다, 식사 전에는 반드시 감사 기도를 드린다' 등 혼자 천방지축 자유롭게 지내던 허크에게 미망인의 요구는 받아들이기 힘든 족쇄처럼 여겨졌고, 마침내 허크는 미망인에게 다시 혼자 살게 해 달라고 부탁한다.

물론 이 이야기 속에서 미망인의 교육이 잘못된 것은 아니다. 하지만 오랜 시간 자유롭게 살아온 허크가 제도화된 예의범절을 감당하는 것이 쉽지 않았을 것이다.

그런데 많은 사장이 두목처럼 행세하며 자신의 성공 방식을 구성원에게 강요한다. 심지어 이럴 땐 이렇게 하고, 저럴 땐 저렇게 하라는 얄팍한 처세술을 주입하며 그것이 성공을 위한 유일한 방법인 것처럼 으름장을 놓기도 한다. 이는 바람직하지 못하다. 사장은 구성원들을 진정한 사업 파트너로 생각하고, 처세술이 아니라 자신이 벼랑 끝에 서서 간절한 마음으로 사업을 실행하면서 이룬 숭고한 영혼을 전수해야 한다.

아동심리 전문가인 제임스 볼드윈(James Baldwin)은 이렇게 말한 바 있다.

"어른의 말을 잘 듣는 아이는 없다. 하지만 어른이 하는 대로 따라 하지 않는 아이도 없다."

이는 부모가 자녀에게 교훈을 주는 가장 확실하고 빠른 방법은 백 마디 말이 아니라 한 번의 행동이라는 것을 보여 주는 말이다.

1976년, 젠센(M. Jensen)과 맥클링(W. Meckling)이 '대리인 문제(agency problem)'를 처음 제시했다. 이들은 주인(principal)이 대리인(agent)으로 하여금 자신의 이익과 관련된 행위를 재량으로 해결해 줄 것을 부탁하는 '주인-대리인 관계'에서 나타나는 여러 문제를 다루었다. 특히 대리인 관계에서는 대리인의 선호 혹은 관심 사항과 주인의 그것이 일치하지 않거나 주인이 대리인에 비해 전문 지식과 정보가 부족하기 때문에 대리인이 주인의 이익을 충실하게 대변하고 확보하지 못하는 대리인 문제가 발생한다고 주장했다.

즉 주인과 대리인 간의 정보의 불균형, 감시의 불완전성 등으로 도덕적 해이나 무임승차 문제, 역 선택의 문제가 발생할 소지가 있으며, 이러한 제반 문제점을 최소화하기 위해 '대리인 비용'이 요구된다는 것이다. 많은 사람이 상대방을 보며, 특히 자신의 성에 차지 않는 구성원들을 보며 이런 푸념을 늘어놓는다.

"사람들이 다 내 마음 같지가 않네."

"나라면 저렇게 하지 않을 텐데……."

이는 곧 자신이 직접 하는 것보다 다른 사람을 시켜서 일하는 편이 낫다는 계산, 즉 대리인 비용이 대리인 효용보다 적을 것이라는 예상이 빗나갔을 때 하는 넋두리라고 할 수 있다. 그리고 이와 같은 생각은 곧 나와 똑같이 생각하고 행동하는 분신과 같은 구성원을 애타게 찾는 것으로 이어진다. 이럴수록 사장은 계산적이고 피상적인 처세의 기술이 아니라 영혼을 울리며 움직이게 만드는 진심을 보여 주어야 한다. 그래야 구성원이 사장을 믿고 자발적으로 그의 발자취를 따르려 하게 된다.

사장이 구성원들에게 처세술이 아닌 영혼을 보여 주는 멋진 본보기가 되기 위해 거창한 일부터 시작할 필요는 없다. 자신의 역할에 최선을 다하고 본분에 충실하는 모습을 구성원들에게 보여 주는 일부터 시작하면 된다. 업의 본질을 통찰하여 고객 가치를 실현하고, 말과 행동이 일치하도록 최선을 다하며 현실에 안주하지 않고 늘 자신을 계발하는 모습을 보여 줄 때 구성원들은 이를 통해 도전의식을 갖게 될 것이다. 또한 사장의 모습을 보며 구성원들 역시 어떤 삶의 목적을 가져야 할 것인지, 자신의 역할에 어떻게 충실할 것인지를 고민하기 시작할 것이다.

'장사의 신'이라 불리는 우노 다카시는 일본 요식업계에서는 모르는 사람이 없을 정도로 유명한 사업가이다. 다카시는 수많은 고객을 대하며 자신이 장사를 하는 목적을 한순간도 잊지 않았다. 새로운 메뉴를 개발할 때는 그 메뉴를 테이블에 올려놓을 때 기뻐할 손님들의 모습을 떠올렸다.

그가 영업을 마치고 자주 들른 대포집이 있었다. 부담 없이 술 한잔하며 피곤한 몸과 마음을 달래고 싶었던 다카시에게 그곳은 안성맞춤이었다. 그러던 어느 날, 대포집 주인이 단골손님인 다카시를 위해 그가 보는 앞에서 자몽을 직접 짜내어 멋과 맛이 가득한 자몽 칵테일을 만들어 주었다. 그 당시에는 생과일로 칵테일을 만들어 먹는 일이 흔하지 않았다. 그 광경을 지켜보던 다카시는 순간 온몸에 전율이 흐르는 것을 느꼈다.

그는 그 큰 감동을 자신의 가게를 찾아 준 손님들에게도 제공하고 싶은 마음에 곧바로 큼지막한 믹서기를 구입했고, 그것을 이용해 손님들에게 자몽 칵테일을 내놓기 시작했다. 자몽 칵테일은 엄청나게 반응이 좋았고, 곧 가게에는 거짓말처럼 손님이 늘어났다.

"우리 가게에는 언젠가 독립을 하겠다고 생각하는 구성원들이 점장이 되곤 합니다. 실무에는 미숙한 점이 있어도 큰 상관이 없지만 '내가 독립을 한다면 이런 가게를 꾸릴 거야'라고 생각하는 힘이 없다면 점장을 시킬 수 없습니다."

이와 같은 다카시의 생각은 대리인 이론에 근거해 나의 분신과 같은 존재가 곧 가장 유력한 점장 후보가 된다는 것을 의미한다. 이처럼 사장은 얄팍한 처세술이 아닌 자신과 같은 영혼을 가지고 함께 생각하고 호흡하고 행동하는 분신을 만들어 내야 한다. 그래서 조직 모두가 제2의 사장, 제3의 사장으로 넘치도록 만들어야 한다.

물론 사장이 구성원들을 믿고 나아가 자기주도적으로 실행시킬 수 있게 만들려면, 구성원들이 빼어난 역량을 갖춰 사장이 생각하기에 자신의 분신과 같은 존재라는 신뢰를 주어야 한다. 그러나 이는 일종의 베팅이라는 의미도 있다. 믿지 못해서 맡기지 못하겠다는 생각과 맡겨 보지도 않고 믿지 않느냐는 강변 사이에 균형이 필요하다는 의미이다.

따라서 분신을 키우기 위해서는 일종의 리스크를 감내해야 한다. 사장이 안전만을 추구한다면 분신을 만들 수 없다. 사업 파트너로서 사장과 구성원을 끈끈하게 이어 주는 기업가 정신이야말로 사장이 자신과 같은 분신을 만들기 위해 가장 중요한 열쇠이다. 사장이 구성원에게 줄 수 있는 최고의 선물은 엄청난 액수의 성과급도, 파격적인 승진도 아니다. 구성원들로 하여금 '먹고사는 문제'를 뛰어넘어 '자기 일의 전문가로서 자아실현을 할 수 있도록 도와주는 것'이 사장이 해 줄 수 있는 최고의 선물이다. 나아가 구성원들의 마음속에 '내가 하는 일이 나는 물론, 우리 조직과 고객의 가치를 창출한다'라는 혼이 담긴 정신과 소명의식을 전수해 주는 것이다.

이를 위해 사장은 구성원들이 지금 당장은 조금 힘들더라도 미래를 위해 지금 하는 일에 대해 가치를 느끼게 해 주어야 한다. 그리고 이를 위해서는 바로 혼이 담긴 정신이 필요하다는 것을 계속해서 강조해야 한다. 이를 통해 구성원들은 수동적인 월급 쟁이, 충전식 건전지에서 스스로의 에너지로 움직이는 '자가발전기'로 탈바꿈할 수 있다. "그 사람, 부동산이 몇 채나 있다며?", "땅이 몇만 평이 있대"와 같은 속물적인 이야기보다 사장 본인이 가지고 있는 영혼이 담긴 이야기, 소명의식이 담긴 이야기가 구성원을 찬란하고 아름답게 변화시킨다. 당신은 일에 대한 소명의식을 얼마나 철저하게 가지고 있는가? 직책이 높다고 시간만 대충 때우거나 몸만 왔다 갔다 하고 있지는 않는가? 그런 사장과 함께 일하는 구성원들은 절대로 소명의식을 배울 수도, 깨달을 수도 없다.

사장은 구성원 한 사람 한 사람의 모습을 고스란히 비춰 주는 잘 닦인 거울이다. 따라서 사장은 자신의 행동과 생각에 매우 신중을 기해야 하며, 타의 모범이 되어야 한다. 구성원들이 소명의식을 가지고 미래를 준비하길 원한다면, 먼저 리더 자신부터 솔선수범해 바꿔 나가야 한다. 구성원들에게 이런 말을 들을 수 있도록 말이다.

"우리 사장님은 당신이 하는 일에 정말 헌신적이야."

"우리 사장님은 기업가라는 말이 딱 어울리는 분이야."

구성원들의 생각에도 프레임, 즉 틀이 있다. 생각의 프레임이 튼튼해야 확고한 사고가 가능하고, 더욱 큰 생각을 할 수 있다.

그로 인해 사람의 됨됨이와 크기가 결정되는 것이다. 프레임의 차이에 따라 이해관계만 따지는 구성원과 영혼이 있는 기업가 정신을 추구하는 구성원으로 나뉜다. 전자에 속하는 아바타는 속물근성으로 늘 트러블메이커가 될 것이고, 후자에 해당하는 구성원은 '끝장 근성'으로 자신의 생각을 담아 위기 상황을 돌파해나갈 것이다. 자, 이제 조직 내 트러블메이커를 양산하는 역할에서 탈피하기 바란다.

도전적인 과제를
부여하고
후계자를 육성하라

빙벽을 등반하는 사람들이 있다. 그들은 '빙벽을 오르는 과정은 무척 힘들지만, 성취감만큼은 많은 스포츠 중에서 단연 최고'라며 엄지손가락을 치켜세운다. 목표한 루트를 완등했을 때 느끼는 정복감은 기본이고, 극한 환경 속에서 '살아 있다'는 짜릿한 전율이 느껴진다고 한다. 경험해 보지 못한 사람은 결코 알 수 없는 묘한 기분 때문에 그들은 또다시 빙벽을 오른다.

이 성취감을 맛보기 위해 그들은 평상시에 엄청난 체력 단련을 감수한다. 빙벽을 오를 때 다리를 끌어올리는 복근, 얼음을 찍는 도구를 등반 내내 강하게 움켜쥐는 손목과 손가락, 루트를 확보하는 동안 몸을 고정시켜 줄 하체와 발목을 만들기 위해 평상시에 꾸준히 체력 강화 훈련을 한다. 이러한 훈련을 거치지 않고 등반을 했다가는 큰 사고로 이어질 수 있다. 그들은 누가 시켜서 훈련을 하고 빙벽을 오르는 것이 아니다. 단지 그것이 좋아서 자발적으로 한다. 빙벽 등반을 통해 자신의 가치를 느낄 수 있고, 자신이 등반할 루트를 자신이 정할 수 있으며, 정상에 올라 성취감을 느낄 수 있기 때문에 기꺼이 '사서 고생'을 하는 것이다.

그렇다면 이와 같은 성취감을 구성원들에게 선사하면 어떨까.

등산 전문가가 꾸준히 노력해 정상에서 성취감을 만끽하듯, 사장은 구성원들이 업무 수행에 필요한 역량을 개발하여 성취감을 맛볼 수 있도록 돕는 '창조적 동기부여자'가 되어야 한다. 그것이 구성원들이 사장에게 바라는, 사장이 구성원들에게 해 줄 수 있는 최고의 보상일 것이다. 하지만 불행하게도 구성원들의 도전정신을 고취시켜 성장하게 만들기보다 구성원들을 온갖 궂은일만 도맡아 하는 아바타로 전락시켜 버리는 사장이 생각보다 많다.

아바타는 산스크리트어 '아바따라(avatara)'에서 유래한 말로 분신(分身)이나 화신(化身)을 뜻하는데, 우리나라에서는 1990년대 말 사이버 공간에서 사용자의 역할을 대신하는 애니메이션 캐릭터를 처음 도입한 한 포털 회사에 의해 처음 사용되었다. 2009년에는 제임스 카메론 감독이 만든 동명의 영화가 전 세계적으로 큰 인기를 끌면서 대중들에게 '아바타'라는 단어가 친숙해졌다.

실존하는 사람이 온라인에 자신의 아바타를 만들면 오프라인에 있는 사람에 의해 아바타의 모습과 표정이 바뀐다. 아바타가 가지고 있는 이러한 특성에 따라 요즘에는 자신이 아닌 다른 사람의 의지나 사고에 의해 행동하는 사람을 아바타라고 지칭하는 경우가 종종 있다. 다른 사람의 조종에 의해 움직이는 사람을 비유하던 꼭두각시나 허수아비라는 농경 문화적 표현 대신 아바타라는 디지털 시대의 단어가 그 자리를 차지하게 된 것이다.

레알은 영어 단어 'real'에서 나온 말로, '정말'이라는 뜻을 가지고 있다. '정말로', '진짜로'와 같은 부사로도 쓰이고 '진짜?', '정말이야?'와 같은 감탄사로도 쓰인다. 이 뜻에서 좀 더 범위를 넓혀 레알은 가짜와 허상에 대비되는 진실과 실체의 의미로도 사용되고 있다.

겉으로 드러난 행동만 보면 아바타와 레알은 별반 다를 것이 없다. 하지만 본질적으로는 짝퉁 이미테이션과 진짜 명품 핸드백처럼 엄청난 차이를 가지고 있다. 아바타는 다른 사람의 의지에 따라 움직이지만 레알은 자신의 뜻에 따라 행동한다. 또한 아바타는 뒤에 숨어 있는 조종자가 있지만 레알은 눈앞에 보이는 사람이 전부일 뿐 숨어 있는 누군가는 없다. 아바타는 '생각 따로 행동 따로'가 가능하지만 레알은 생각과 행동이 따로 있을 수 없고, 아바타는 타인에게 의존하지만 레알은 자신의 삶을 스스로 주도한다. 결론적으로 아바타는 가짜이고 레알은 진짜이다.

스스로 생각하고 스스로 실행함으로써 자신이 원하는 결과를 얻는 사람은 레알이다. 레알은 생각하는 능력과 실행하는 역량을 모두 가지고 있지만, 아바타는 생각할 수 있는 힘이 없고 실행력도 아주 미약할 수밖에 없다.

'사장' 하면 전문성이나 샤프한 이미지도 떠오르겠지만 많은 사람이 카리스마, 검은 자동차, 범접하기 힘든 권위적인 사무실을 떠올린다. 그러나 사장은 눈살을 찌푸리며 앞에 앉아 있는 부하들에게 호통을 치는 두목이 아닌 따뜻하고 섬세한 배려로 구성원들을 다독이고 격려하며 때로는 따끔하게 충고하여 바른길로 인도하는 후견인이 되어야 한다.

회사마다 조금씩 차이가 있겠지만 결국 사장은 크든 작든 한 회사에 단 하나밖에 없는 자리이다. 그만큼 외롭고 고독한 자리이다. 그런 사장에게 많은 사람이 경계심을 보인다. 따뜻하게 다가서고 싶어도, 부담 없이 소통하고 싶어도 사장의 의도를 의심하는 사람이 많다. 이와 같은 현상은 사장의 외로움과 고독함을 가중시킨다. 이런 외로움을 달래기 위해 자신의 권한을 조금은 오버하며 행사하는 사장이 꽤 있다.

사실 사장이라는 자리는 언제나 위세를 떨고 싶게 만드는 유혹을 받게 된다. 사장은 가지고 있는 권한이 많아 마음만 먹으면 회사의 여러 의사결정을 자기 마음대로 할 수 있다. 마음만 먹으면 사업을 접을 수도 있고, 새로운 사업을 시작할 수도 있다. 또한 이 사람을 다른 부서로 이동시키거나 저 사람을 회사에서 나가게 할 수도 있다. 이와 같은 자리이기 때문에 사장은 인자한 후견인이 아닌 인상과 두목이 되기 쉽다.

산업화가 한참 진행되던 개발 독재 시대의 사장은 후견인이 아닌 두목이어도 좋았다. 아니, 어떤 점에서는 두목과 같은 사장이 필요하기도 했다. 그러나 두목 사장이 성과 창출을 견인하는 시대는 이미 끝났다. 사장은 구성원들이 성과를 창출할 수 있도록 진정으로 몰입하게 해야 하는데, 두목과 같은 사장이 되어서는 몰입은 커녕 반감과 딴생각만 하게 만들 뿐이다.

조직 내 구성원들에게 두목이 아닌 후견인으로서의 역할을 하기 위해 사장은 구성원들에게 도전적인 과제를 부여한 뒤 그 실행 과정을 후원하고 지켜보면서 누가 알곡이고, 누가 가라지인지 옥석을 가려내야 한다.

독수리는 알을 낳으면 정성을 다해 품는다. 그런데 새끼가 알을 깨고 나오면 얼마 지나지 않아 새끼 독수리를 둥지 밖으로 밀어 놓는다. 자신이 혼과 힘을 다해 키운 새끼가 힘겹게라도 스스로 날 수 있는 시기가 되면 자신의 품에서 벗어나 자립하도록 돕는 것이다. 어미 독수리의 냉정한 행동에 새끼 독수리는 생존하고자 혼신의 힘을 다해 날갯짓을 하고 그 순간 생애 최초의 비행을 경험한다. 시간이 조금 더 지나면 어미 독수리는 혼자 날 수 있게 된 새끼 독수리를 더 높은 곳으로 데려가 일부러 떨어뜨린다. 그러면 새끼 독수리는 초보 코스에서 타던 스키를 최고 난이도 코스에서 타는 것처럼 짜릿한 스릴을 맛보며 비행 실력을 기른다. 냉정해 보이지만 이러한 혹독한 훈련은 사나운 짐승으로부터 새끼 독수리가 스스로를 지키기 위한 것이다.

도전적인 과제를 부여하는 방식을 훈련함으로써 두 가지 효과를 얻을 수 있다.

리더나 선배의 잘못을 답습하지 않게 된다

아무리 오랜 시간 동안 숙련된 선배라 해도 자신도 모르는 사이에 타성과 관습에 젖어 무엇을 잘못하고 있는지 모르는 경우가 많다. 이렇게 객관적으로 관찰할 기회를 줌으로써 후배가 선배의 바람직하지 못한 모습을 깨닫고 경계하도록 할 수 있다.

구성원들에게 한층 도전적인 목표를 부여할 수 있게 된다

사실 사장은 이 부분이 가장 많이 고민될 것이다. '저 일을 잘해야 더 수준 높은 일에 도전할 수 있을 텐데'라는 마음을 가지고 있다면 더욱더 체계적인 역할과 책임 부여를 통해 구성원들을 훈련시켜야 한다. 실제 일을 주고 훈련시키면, 매뉴얼과 교재를 펼쳐 놓고 교육을 진행할 때와 비교할 수 없을 만큼 빠르게 성장하는 것을 확인할 수 있다.

'두목처럼 군림하지 말고 후견인처럼 되어라'라는 말을 들어본 적이 있는가. 애지중지 노심초사 구성원의 꽁무니만 쫓아다니라는 뜻이 아니다. 사장이 후견인이라는 올바른 역할을 제대로 수행하기 위해서는 어미 독수리 같은 비장함과 단호한 리더십을 발휘해야 한다. 이를 아동교육 전문가들은 차가운 사랑(tough love)이라고 표현하는데, 이는 어떤 행동을 교정하기 위해 방향과 지침을 엄격하게 주는 사랑을 말한다.

예를 들어, 도박이나 알코올에 중독된 사람을 치료하기 위해 가족들은 도박이나 술로 인해 생긴 문제의 대가를 중독자 스스로 치르게 지켜만 보아야 한다. 만약 이때 가족들이 차가운 사랑이 아니라 뜨거운 사랑을 발휘하여 도박이나 술 중독으로 인해 중독자가 일으킨 문제들의 뒤치다꺼리를 다 해 준다면 중독은 반복될 수밖에 없다. 가족 한 사람 한 사람이 자신의 삶에 충실하고 중독자에게 휘둘리지 말아야 중독자가 겪고 있는 문제를 해결해 줄 수 있다.

후견인으로서의 역할을 하기 위해서는 차가운 사랑을 실천해야 한다. 조금은 어려워 보이는 과제, 괜히 무리하게 시켰다가 자칫 조직 전체에 피해가 갈 수도 있는 과제라 할지라도 적절한 수준을 유지하여 구성원에게 부여해 보아야 한다. 이를 통해 구성원은 알을 깨고 세상 밖으로 나오게 되고, 낮은 구릉을 거쳐 험준한 산꼭대기에서도 멋지게 비행을 펼치는 독수리로 성장할 수 있다.

물론 이와 같은 과정에서 도전 과제를 수행하지 못하고 실패하는 구성원, 도전적인 과제를 부여받은 것 자체를 불평하는 구성원도 있을 것이다. 그러나 진짜 멋진 구성원은 도전적인 과제를 해결하기 위해 최선을 다할 것이고, 설사 목표 달성에 실패한다 해도 그 과정에서 여러 역량을 강화할 것이며, 그 자체만으로도 몇 단계 성장할 것이다. 이와 같은 과정에서 핵심 인재와 보통 인재를 구분할 수 있다.

후견인은 구성원을 제 품에 계속 품고 있는 사람이 아니라 구성원 스스로 성장하여 견실한 성과 책임자가 될 수 있도록 도와주는 사람이다. 사람을 키우는 일에서 성공하기 위해 사장은 스스로 후견인이 되어야 한다. 그 일은 도전 과제를 부여하는 것에서 시작된다.

두목이 아닌 후견인이 되기 위한 영혼의 전수는 구성원에게 지시하는 과제의 양과 질을 적합하게 조절하는 것으로 이어져야 한다. 어떤 사장은 구성원들이 숨이 막힐 정도로 많은 일을 준다. 매일 야근을 해도 끝낼 수 없을 정도로 일을 주면서 구성원들에게 자신이 겪어 온 경험을 할 수 있는 기회를 줌과 동시에 자신의 영혼을 이식하려고 한다. 물론 많은 양의 업무를 통해 일의 특성을 자연스럽게 터득하고 방법을 모색할 수는 있다. 그러나 엄청난 업무량에 질려서 나중에는 실수를 하지 않을 정도로만 대충대충 처리하는 데 급급해질 수도 있음을 유념해야 한다.

반면, 어떤 사장은 구성원이 가진 역량에 비해 너무 높은 수준의 과제를 부여한다. "잘할 수 있지? 너만 믿는다!"라고 독려하는 사장 앞에서는 "네"라고 대답하겠지만, 자신의 역량에 부치는 어마어마한 일 때문에 도망가고 싶은 마음이 드는 사람이 많이 있을 것이다. 이 역시 두목에 가까운 모습이지 후견인의 모습이라고 보기는 힘들다.

무엇보다 사장은 그 일을 왜 해야 하는지, 기대 수준은 무엇인지, 어떻게 하는 것이 가장 효과적인지를 구성원에게 구체적이고 친절하게 코칭해 주어야 한다. 아울러 과제의 난이도를 조절함으로써 일을 통해 구성원들이 실현 가능한 수준에서 고민하고 개선안을 내놓을 수 있도록 도와야 한다. 이것이야말로 구성원을 성장시키는 후견인으로서 사장이 해야 할 중요한 역할이다.

역할과 책임(R&R)의 기준을 명확하게 인식시켜라

기업이 만들어진 목적은 한 사람이 할 수 없는 일을 여럿이 힘을 합쳐서 해냄으로써 시너지 효과를 얻고자 하는 데 있다. 그런데 시장의 주체인 기업들이 서로 자기 입장에서만 이야기하거나 기업 내 부서들이 저마다 자기 입장만 내세운다면 어떤 일이 벌어지게 될까? 불미스러운 일로 사과하거나 자신의 억울함을 호소하고자 핑계를 대는 구성원들은 흔히 이런 말을 한다.

"이런저런 사정 때문에 생존을 위해 몸부림치는 저희 기업의 입장을 고객들께서 헤아려 주시길 바랍니다."

"제 입장도 좀 생각해 주세요."

어찌 보면 '입장'이라는 단어는 대단히 자기중심적인 관점에서 나온 말이다. 구성원 전체가 한마음으로 나아가야 할 때 '입장'이라는 단어는 장애 요소로 작용할 가능성이 높다. 따라서 시장에 참여하고 있는 개별 기업과 기업 내 구성원들이 스스로 원하는 성과를 얻기 위해서는 '입장'을 내세우기보다 공적으로 부여받은 '역할'과 '책임'에 충실해야만 한다. 기업이라는 조직 내에서는 팀 내 동료 혹은 타 부서 사람들과 협업해야 하는 경우가 많다. '1+1=3' 이상을 만들어 낼 목적으로 일하지만 때로는 '1+1=0'이 되는 경우도 생겨난다. 이런 부작용은 협업하는 주체 간에 커뮤니케이션이 원활하게 이루어지지 못했을 때 혹은 '내 일만 잘하면 되는 거야'라는 생각을 가져 공동으로 이루고자 하는 목적을 소홀히 할 때 일어난다.

이렇듯 조직 내 협업을 가장 어렵게 만드는 것은 각자가 견지하고 있는 '입장' 차이이다. 예컨대 생산팀과 마케팅팀은 제품 공급일이나 생산량을 사이에 두고 밀당을 하곤 한다. 일상적으로 보았을 때도 리더들은 회식을 반드시 참석해야 하는 조직 내 공식 모임으로, 팀원들은 리더들의 무용담을 일방적으로 들어야 하는 잔소리 자리로 받아들이는 경우가 많다. 이러한 차이가 발생하는 것은 서로가 상대방의 말에 귀 기울이지 않고 자기 입장만 고집하기 때문이다.

그런데 철옹성처럼 견고해 보였던 수직적 위계질서는 모래 위에 지은 집처럼 빠르게 무너져 내렸다. 시민 사회의 성숙에 따른 정치적 민주화와 세계를 하나의 지구촌으로 만드는 글로벌화가 수직적 위계질서를 무너뜨리는 일등공신이었다면, 디지털 기술의 눈부신 발달과 SNS(Social Networking Service)로 대표되는 인터넷 혁명의 정보화는 수직적 계급조직의 숨통을 완전히 끊고 그 자리에 수평적 역할 조직의 꽃을 피웠다.

우리나라 역시 1990년대 후반, 외환 위기 이전까지는 대부분의 회사가 과부제로 대표되는 피라미드 구조였다. 한 명의 사장 밑에 몇 명의 임원이 회사의 각 부문을 전담했고, 임원 밑에는 여러 부장이 각 부(部)를 책임지며 임원을 보좌했다. 부장 밑에는 차장이 있었고, 차장 밑에는 한 개 부서에 몇 개씩 나누어져 과(課)를 책임지는 과장이 있었다. 과 밑에는 다시 계(係)가 나누어져 계장들이 그 책임을 졌다.

이와 같이 사장, 임원, 부장, 차장, 과장, 대리, 계장, 주임, 사원으로 이어지는 수직적 계급은 회사라는 조직을 떠받치고 있는 핵심 메커니즘이었다. 그러나 이와 같은 과부제는 이제 거의 자취를 감추었다. 대리, 과장, 차장 같은 직위는 호칭으로서의 의미만 갖고, 팀제가 도입되어 임원 밑에 팀장과 팀원만 있을 뿐이다. 심지어 임원이 팀장 역할을 하는 회사도 비일비재하다.

수직적 계급 조직의 급락과 수평적 역할 조직의 대두는 불과 수십 년 사이에 벌어진 커다란 충격이다. 그런데 문제는 여전히 많은 회사의 구성원들이 수평적 역할 조직에 적응하지 못하고 수직적 계급 조직의 잔재에서 벗어나지 못하고 있다는 사실이다.

새로운 환경은 새로운 역할을 원하는데, 많은 사람이 급변한 환경 속에서도 여전히 구태의연하게 과거의 역할을 고수하고 있다. 비즈니스의 공간이 바뀌고 플레이어가 바뀌면 그에 따라 자신의 역할도 바뀐다. 이 역할을 정확히 인식하는 것이 원하는 성과를 창출하는 방법이자 목표 달성을 위한 최고의 전략이다.

최근 역할 중심의 단위 조직을 제대로 운영하고 있는 회사도 많이 늘어났다. 메가젠임플란트에서는 CEO 직진성 방사형 조직이라고 해서 CEO와 본부장, 팀장, 팀원 어느 누구도 직접 의사소통이 가능하다. 각 조직의 과제와 방향에 대해서는 언제든지 CEO가 본부장이든 팀장이든 팀원이든 누구에게라도 바로 역할을 부여하고 상위 직책자는 성과를 창출해 나가는 과정을 코칭하는 역할을 맡는다. 팀원이 팀장에게 보고하면 팀장이 다시 본부장에게 보고하고 본부장이 CEO에게 보고하는 다단계 피라미드 구조가 아니다. 어찌 보면 진정한 디지털 조직이요, 수평적 역할 조직의 전형을 보여준다고 할 수 있다.

독일군은 '임무형 전술'이라고 하여 각 병사에 맞는 역할을 주되 세세한 활동은 전투에 직접적으로 임하는 부대원에게 일임한다는 것을 골자로 하는 전략을 펼침으로써 제1차 세계대전부터 주목을 받았다. 이는 곧 전쟁이라는 상황이 모든 사건과 사실을 상급 부대에 보고하고 그의 지시를 받아 실천하기에는 지체할 시간이 없기 때문에 상황을 스스로 판단하여 자신의 역량에 맞는 기회가 주어졌을 때 실행으로 옮기는 것이다. 독일 장교들과 하사관들의 사상률은 사병들에 비해 높았다. 이는 독일군이 수세에 몰렸을 때 지휘관이 진두지휘하는 것이 합당하다고 판단했고, 지휘관이 자신의 역할을 명확하게 인식하고 있었기 때문에 전투에서 주도적인 역할을 했다는 것을 의미한다.

결국 자신에게 주어진 독자적인 역할을 제대로 수행하기 위해서는 최소한 2단계 이상의 상위 조직의 전략적 의도를 읽어 내고 동시에 명확하게 자신의 역할을 인식하는 것이 가장 중요하다. 지시에만 의존하지 않고 스스로 상황 파악에 몰두하여 그에 맞는 작전과 행동을 취하는 것, 이것이 바로 자신에게 부여된 역할임을 망각하지 않는 것이다.

리더는 한마디로 단위 조직의 성과 창출을 이끌어내고 책임지는 사람이다. 기업 안에서 리더의 본질적인 역할은 임파워먼트(Empowerment)와 델리게이션(Delegation)으로 귀결된다. 임파워먼트란 '구성원의 역량을 파악하여 적재적소에 배치하고 역할을 맡기는 것'을 말하며, 델리게이션이란 '임파워먼트한 구성원에게 기간별로 달성해야 할 성과 목표를 사전에 합의하고 달성 전략과 방법을 스스로 고민하게 하여 코칭 과정을 통하여 상위 리더가 검증하고 실행행위를 맡기는 것'을 의미한다.

리더는 '숲'을 보는 역할에 충실해야 하고, 구성원들은 '나무'를 헤아리는 역할에 매진해야 한다. 리더는 구성원들에게 에너지를 공급하고 구성원 스스로 할 수 있다는 자신감을 증폭할 수 있도록 도움으로써 조직 전체에 동기를 부여해 주어야 한다. 기업 내에서 자율 책임 경영의 주체가 되어야 할 사람이 바로 리더인 것이다.

리더들이 이와 같은 자신의 역할과 책임을 제대로 수행할 때 구성원들은 리더와 함께 근무하는 것에 자긍심을 갖고, 나아가 자신과 조직의 발전된 미래를 기대할 수 있게 된다. 따라서 기업 내 리더는 진정성과 역사적 사명의식, 이타적 헌신을 통해 조직의 지속적인 성과 창출을 견인해야 한다. 또한 조직 구성원들이 도전적인 목표를 이루기 위해 치열한 근성을 발휘하고 지속적으로 자기계발을 할 수 있도록 최선을 다해야 한다.

리더가 누구이고 어떤 역할과 책임을 담당해야 하는지에 대해 확실히 알고 있어야 쉽게 뚫리는 수비수, 우왕좌왕하는 미드필더, 헛발질을 해대는 공격수가 아니라 상대 팀을 압도하는 강한 선수가 될 수 있다.

그런데 그동안 기업 내에서 사장, 임원, 팀장, 팀원 각자가 업무를 수행하면서 자신의 역할을 제대로 알지도 못한 채 어쭙잖게 자신의 입장만 강변하는 사람이 많았다. 그렇게 되었던 이유는 무엇일까?

주어진 역할에 맞는 소명의식 부족

회사 내에서 창조해야 하는 가치는 앞서 말한 미션, 즉 사명과 궤적을 같이한다. 회사 내에서 기여하고 새롭게 만들어야 할 가치는 어느 누구도 대신해 줄 수 없는 그 사람만의 역할과 기여 가치이다. 따라서 역할에 충실하기 위해서는 누구나 자신의 사명이 무엇인지 발견하고 설정해야 한다. 그래야 내가 할 수 있는 것이 무엇인지, 해야 할 것이 무엇인지 기여의 영역, 공헌의 방법을 찾아낼 수 있다.

목표 인식 부족

자기 입장만 주장하고 핑계만 대는 것은 감당해야 할 목표가 없거나 이를 거부하는 것과 같다. 역할을 받아들이고 수행해야만 비로소 '완수'해야 할 목표가 존재한다고 볼 수 있다. 목표의 중요성을 인식하여 자신에게 주어진 역할, 자기 스스로 설정한 역할을 완수하겠다는 목표에 집중해야 입장이 아닌 역할에 충실하게 된다. 그런데 목표의 중요성을 알지 못하고, 이에 따라 목표를 설정하지도 않아 목표와 연계되는 역할이라는 개념이 혼란스러워지는 것이다.

많은 사람이 목표가 중요하다는 사실을 인지하면서도 목표를 세우지 않는 이유는 목표를 제대로 세우는 방법을 모르기 때문이다. 그로 인해 사람들은 역할이 아닌 입장에 집중한다. 자신이 일을 통해 달성하고자 하는 목표를 제대로 세우면 그 목표를 달성하기 위한 역할에 주목하게 된다. 그러나 어디로 가야 할지 모르는 방랑객처럼 목표를 알지 못하는 사람은 미래에 달성해야 할 목표의 방향이 아닌 지금 바로 자기가 있는 지점의 입장만 바라보게 된다.

소통의 실패

'입장'이 정적인 개념인 반면 '역할'은 동적이다. 입장이 고정적인 반면 역할은 가변적이다. 역할은 입장이 가지고 있는 관계성에 비해 비중이 크게 작용하는 개념이다. 따라서 동적이고 가변적이며 구성원 상호 간의 관계 속에서 이루어지는 역할에 집중하기 위해서는 반드시 소통에 성공해야 한다. 그러나 소통에 실패할 때 역할은 온데간데없어지고 서로의 입장만 고즈넉하게 남게 된다. 소통의 실패로 서로 다른 입장 차이만 확인하게 되고, 서로 다른 입장을 고수하며 소통은 점점 더 늪으로 빠져들게 된다.

따라서 기업 내에서 '입장'이라는 말은 최대한 사용하지 않는 것이 좋다. 입장이라는 관점에서 이야기하다 보면 유익하고 긍정적인 토론보다 다른 사람의 잘잘못을 따지거나 핑계를 대는 경우가 많아질 수 있음을 유념해야 한다.

'열심히'보다 '제대로'를 추구하게 하라

과거 기업 중심의 공급자 시장 환경에서는 한 명의 사장 혹은 소수의 최고경영진이 시장 대응과 경영 방침에 대한 의사결정을 내려도 성장하는 시장, 기업 중심의 시장이었기 때문에 경영 성과를 얻는 데 큰 문제가 없었다.

하지만 고객의 니즈가 점점 더 다양해지고 무한 경쟁의 시대에 돌입하면서, 더 이상 소수의 경영자가 조직의 모든 의사결정을 할 수 없는 상황에 이르렀다. 따라서 무엇보다 고객 가까이에서 활동하는 구성원들이 창의적인 아이디어를 가지고 경영자의 권한을 위임받아 제대로 된 의사결정을 내리는 것이 성과를 내는 핵심 이슈로 등장했다. 지시와 통제의 메커니즘으로는 더 이상 구성원에게 동기를 부여해 성과를 달성할 수 없게 된 것이다.

이때 계급과 리더의 지시와 간섭을 중심으로 한 수직적 메커니즘을 지향하기보다 수평적인 관점에서 역할 중심의 커뮤니케이션과 성과 책임을 바탕으로 리더와 구성원들이 참여하도록 한다면 성과 창출의 기회가 더 많아질 것이다.

여기서 기업이 중요하게 인식해야 할 단어가 바로 '자율 책임 경영'이다. '자율'이라는 말을 들으면 그 반대에 있는 '타율'이라는 말도 함께 연상되는 경우가 많다. 학창 시절 자율학습 시간에 무척 '타율'적으로 공부하던 기억이 새록새록 떠오르는 사람도 많을 것 같다. 진정한 의미의 '자율'이 이루어질 때, 그 성과도 두말할 필요 없이 탁월할 것이다.

이는 기업에도 통하는 이야기이다. '자율 책임 경영'이란, 기업 구성원이 리더 혹은 다른 사람들의 지시와 간섭에 의해 움직이는 것이 아니라, 조직에서 부여한 성과 목표에 대해 사전에 확실히 공감한 상태에서 이를 달성하기 위한 전략과 방법을 창의적으로 제안하고, 실행을 통해 나타난 결과에 대해서는 떳떳하게 책임지는 태도를 보이는 일련의 모든 행위를 의미한다.

자율 책임 경영을 '자율', '책임', '경영'으로 인수분해하면 그 뜻을 좀 더 명확히 이해할 수 있다. '자율'은 구성원들이 전략 실행 방법에 대한 선택 권한을 가지고 아이디어를 발현해 능동적인 행위를 할 수 있는 것을 뜻하고, '책임'은 자신이 하는 일의 전략적 과정과 성과에 대해 본인 스스로 책임지는 것을 뜻한다. 또한 '경영'은 관리와 달리 아웃풋 중심의 고객 가치를 지향한다는 특성을 갖고 있다.

이렇게 세 단어가 조합된 '자율 책임 경영'이 잘 이루어지고 있는 기업에서는 구성원들이 각자가 자신의 일에 대한 오너십을 가지고 있기 때문에 주인의식을 애써 강조할 필요가 없다. 이 일은 다른 어느 누구도 아닌 바로 내가 책임지고 실행해야 하는 일이라고 생각하는 사람들이 모여 있는 기업은 자율 책임 경영을 제대로 할 수 있다.

2022년에 돌아가신 경영의 신이라고 불리던 일본 교세라 그룹의 창업자 이나모리 가즈오는 기업 내에서 근무하고 있는 구성원의 유형을 자연성 인간, 가연성 인간, 불연성 인간으로 분류했다.

자연성 인간

누가 시키지 않아도 스스로 잘 타오르고 솔선수범하여 타의 모범이 되는 유형이다. 이런 사람들은 능동적이고 적극적인 태도로 자신의 에너지를 다른 사람들에게도 전파한다. 스스로 목표를 설정하여 달성하며, 다시 더 크고 도전적인 목표를 위해 매진한다. 이와 같은 모습은 주위 사람들에게 뜨거운 불을 지펴 조직 전체를 더욱 열정적으로 만든다.

가연성 인간

불이 붙기는 하지만 주위에서 불을 지펴 줘야만 타오르는 보통 사람들을 일컫는다. 이런 사람들은 주위에서 격려해 주고 동기부여만 잘해 주면 충분히 역량을 발휘하고 성과를 창출할 수 있다.

불연성 인간

주위 사람들이 불을 붙여도 차가운 태도를 유지해 좀처럼 가슴에 불이 붙지 않는 사람을 일컫는다. 물에 흠뻑 젖은 골판지처럼 다른 사람이 성냥을 그어 점화를 하려고 해도 불이 붙지 않고, 모처럼 불이 붙었다 해도 금세 사그라진다. 어느 정도 역량은 갖고 있지만 의욕과 열정은 차디찬 사람들이다.

이와 같은 구분에 따를 때 기업이 원하는 사람은 당연히 자연성 인간일 것이다. 스스로 활활 타오르는 자연성 인간은 자기 혼자 힘으로 성과를 창출할 수 있다. 자연성 인간은 어려움이 있어도 이를 이겨 내고 장애를 돌파한다. 기업이 원하는 인재는 조직에 기생하는 사람이 아니라 스스로 가치를 창출하는 자연성 인재이다. 사장처럼 일하는 인재가 바로 스스로 가치를 창출하는 자생력을 발휘한다.

변화에 대한 심오한 진리를 짧은 우화로 재치 있게 그려 낸 스펜서 존슨(Spencer Johnson)의 《누가 내 치즈를 옮겼을까?》는 급격히 변화하는 현대 사회에서 우리가 어떻게 처신해야 할지에 대한 큰 울림을 준다. 치즈가 가득 든 치즈 창고에서 살던 꼬마 인간과 생쥐들은 갑자기 치즈가 하나도 없는 상황에 놓이게 된다. 꼬마 인간은 생각과 과거에 얽매여 "누가 내 치즈를 옮긴 거야" 라고 탓하기에 급급했던 한편, 쥐는 문제를 신속히 파악하고 변화를 빠르게 수용하여 다음 행동으로 옮겼다. 이 책에서 치즈는 좋은 직업과 인간관계, 재물, 건강 등을 의미한다.

현재 누리고 있는 것은 영원할 수 없으며, 어떠한 방식으로든 변화하게 마련이다. 이러한 변화를 감지하고 대책을 마련하기 위해서는 끊임없이 학습하고 성장해야 한다. 하루가 다르게 변화하고 있는 현대 사회에서는 인터넷의 보급과 맞물려 엄청난 양의 새로운 지식이 쏟아져 나오고 있다. 눈앞의 일이나 협소한 과거의 경험에만 매달린다면 사회의 변화에 적절히 대응하지 못하고, 누가 내 치즈를 옮겼는지만 탓하게 될 뿐이다.

고객 중심의 시장 환경에서 성과를 창출하기 위해서는 결국 고객 접점에서 사업을 실행하는 구성원들이 사장의 대리인으로서 자신의 역할을 얼마나 완벽하게 수행하느냐가 관건이다. 즉 고객 접점의 구성원이 자율적으로 주인의식에 기반하여 업무를 수행하느냐가 성과의 성패를 가른다. 그렇다면 누가 조직에 빌붙어 연명하는 사람이고 누가 스스로 활활 타올라 가치를 창출하는 자생력 있는 사람일까?

아직까지도 많은 기업이 명문대학을 졸업하고 토익 점수가 높고 다채로운 경력을 가진 이른바 '스펙'을 기준으로 인재를 채용하고 평가한다. 그리고 스펙이 훌륭한 사람이 자생력이 풍부한 사람일 것이라고 추측한다. 그러나 스펙은 결코 자생력과 정비례 관계가 아니다. 오히려 화려한 스펙을 갖춘 사람들이 회사라는 울타리 안에서 안주하려는 태도를 보이는 경우가 비일비재하다.

기업가 정신을 가지고 일하는 인재는 자신이 수행해야 할 성과 책임 업무에 관해서는 누가 보든 보지 않든 최고의 성과를 내야겠다는 마음가짐으로 정진하고, 아울러 새로운 도전을 위해 중도에 포기하지 않고 끝까지 자기를 단련시키고 자기완결형 삶을 추구하는 '셀프 CEO'이다. 또한 대담한 비전과 성과 목표를 세우고 이를 달성하기 위해 치열하게 실천하려는 열정을 가지고 있다. 물질적인 보상을 주지 않더라도 일과 삶에 대한 에너지를 본인 스스로 생산해 내는 자생력을 갖추고 조직의 힘을 활용하되 의존하지 않는 사람이다.

그러나 조직에 기생하는 사람들은 소위 '월급쟁이 근성'에서 벗어나지 못한 사람들이다. 회사에서 에너지를 충전해 주면 그 때 반짝 움직이고, 에너지가 다 소모되면 다시 회사에서 물질적인 보상을 해 주는 등 또 다른 충전을 해 주어야만 움직이는 '충전식 건전지'와 같다.

조직에 기생하려는 구성원들은 일에 쉽게 싫증을 느끼고 매너리즘에 빠진다. 일 자체에서 에너지를 찾지 못하고 다른 사람에게 관리를 받아 움직이는 것에 익숙하기 때문이다. 회사를 그만 두고 싶은 마음이 굴뚝같다가도 한 달에 한 번씩 꼬박꼬박 나오는 월급을 마약 투약하듯 기다리며 그 힘으로 일하는 비극을 되풀이한다.

반면 '자가 발전기'를 장착한 채 일하는 구성원들은 조직이 어려움에 빠지거나 대의를 위해 누군가가 나서야 할 때 더욱 힘을 발휘하고 분위기를 쇄신한다. 누구도 대신 불어넣어 줄 수 없는 사명감에 불타 스스로에게 동기를 부여할 뿐 아니라 물질적 보상과 상관없이 다른 동료에게도 긍정적인 바이러스를 불어넣어 준다.

한정된 자원과 부족한 역량을 가지고 더욱 글로벌화, 고도화,

전문화된 업무를 수행해야 하는 환경에서 능동적으로 움직이지 않으면 치열한 생존 경쟁에서 낙오될 수밖에 없다. 만약 월급쟁이 근성으로 조직에 기생하려는 태도를 떨쳐 내지 못하면 자기 성과 경영에 실패하게 될 것이다. 그로 인해 자기 스스로 동기부여를 할 수 없음은 물론 조직에 민폐를 끼치고 가치 있는 기여를 하지 못하게 됨으로써 스스로 낙오할 수밖에 없는 상황에 직면하게 될 것이다.

기업은 조직 내 구성원들이 어떤 유형의 인재로 성장하느냐에 따라 흥망성쇠가 달려 있음을 절실하게 인식하고, 구성원들이 자생력을 가지고 자발적으로 움직일 수 있는 자연성 인간으로 성장할 수 있도록 온전한 역할을 감당해야 한다.

2장

임원의 일

조직의 미래를 준비해 예상 리스크를 헷징(Hedging)하고
한정된 자원을 전략적으로 배분하며 인재를 육성한다.

본부장, 실장, COO, CFO, CHO와 같은 직책으로 불리는 사람들을 통상 임원이라고 한다.

사장이 기업 전체의 운명을 책임지는 역할이라면 임원은 자신이 사장으로부터 위임받은 조직의 운명을 책임지는 역할이다. 임원은 팀장이나 팀원의 역할과는 차원이 다르다. 임원과 사장은 소위 '전략 조직'이라고 하며 시장에서 전쟁을 책임지는 역할을 한다. 팀장과 팀원들은 전술을 책임지고 실행을 책임지는 '실행 조직'이라고 할 수 있다. 임원들은 자신이 책임지고 있는 조직의 2~3년 후의 성과 창출을 위해 중장기 목표와 전략을 수립하고 올해 선행적으로 실행해야 할 전략 과제를 수행하는 역할이 가장 중요하다. 팀장이나 팀원들은 당해 연도의 사업계획상의 경영 목표를 수행하여 당기 성과를 창출하기 위해 역량과 자원을 투입하고 있다. 한정된 자원을 다른 곳에 배분할 수 있는 여력이 없다. 그래서 임원들은 팀장이나 팀원들에게 자신이 해야 할 역할을 떠넘기지 말고 조직의 미래를 준비하는 역할을 수행해 줘야 조직에 현재 성과와 미래 성과가 담보된다. 많은 구성원들이 조직이 단기 실적에 올인하고 있고 미래 성과를 위한 사전 준비와 선행 투자가 부족하다는 이야기를 자주 한다. 이 말은 곧 임원들의 역할이 부족하고 연구 개발이나 인재 양성에 투자가 미흡하다는 지적일 것이다. 임원들의 역할 중에 가장 중요한 역할이 미래를 준비하는 역할이다. 그리고 팀 조직에서 성과 창출 활동을 할 때 통제 불가능한 예상 리스크를 헷징(Hedging)해 주는 일, 한정된 자원을 전략적으로 배분해 주는 일, 조직의 미래 인재를 육성하는 일이 있다. 임원들이 가장 하지 말아야 할 일이 바로 팀원들과 같은 실무자들이 하고 있는 일을 보고받고 코칭이라는 미명하에 실행 과정에 개입하는 일이다.

임원들은 팀원들의 업무 과정에 개입하라고 있는 자리가 아니라 팀원들이 프로세스대로 일하도록 프로세스를 설계하고 성과 창출 과정을 코칭하고 성과를 평가하고 개선하도록 하는 일련의 매니지먼트 역할을 하는 자리이다. 임원들은 팀장이나 팀원들의 상사나 윗사람이 아니고 팀장이나 팀원들은 임원의 부하나 아랫사람이 아니다. 서로 역할과 책임이 다른 동료들이다.

**5년 후 조직의
미래 먹거리를
발굴하라**

지금의 경영 환경은 한마디로 정의 내릴 수 없을 정도로 복잡미묘하다. 시장 내의 기술 발달 속도와 새로운 시장의 출현이 가속화되면서 우리 기업들은 끊임없는 압박과 도전 속에서 고객 욕구를 만족시키기 위해 부단히 노력해야 하는 상황에 직면했다. 기업들에게 3년 혹은 5년이라는 시간은 생존조차 장담하기 어려운 기간이 되었다.

따라서 예측이 어려운 복잡한 환경에서도 민첩하게 대응함으로써 원하는 비전과 성과 목표를 창출해 낼 수 있는 최적의 전략을 '선택'하고 '실행'하는 역량이 경쟁력의 화두로 떠올랐다.

그렇다고 해서 경기 침체와 복잡한 경영 환경 탓에 기업 경영이 어렵다고 포기할 수는 없는 노릇이다. 오히려 장기적인 경기 침체에 따른 불황이 추후에 닥칠 어려움에 대한 '면역력'을 생성시켜 줄 수 있다. 그러한 의미에서 오늘날의 치열한 경쟁을 미래의 중장기 성과를 위한 학습의 장으로 삼는 것도 좋은 방법이다.

우리는 그동안 앞만 보고 달리면서 정작 미래를 위한 준비에는 소홀하지 않았는지 반성해야 한다. 우리를 둘러싸고 있는 환경이 좋다, 나쁘다 평가하는 것보다 환경을 어떻게 활용하느냐가 중요하다. 미래의 어느 시점에서 '예전에 이렇게 준비해 두었으면 더 좋았을 것을……' 하고 습관적으로 후회만 할 것이 아니라, 아예 이 기회에 좀 더 거시적인 안목을 가져야 한다.

이를 위해 기업에서 그 누구보다 거시적인 안목을 키워야 하는 사람이 바로 임원이다. 임원이 되면 처우가 달라지고 조직의 기대를 한몸에 받게 된다. 때문에 신임 임원의 경우 기대에 부응하고 성과를 내기 위해 엄청난 의지를 내세운다. 하지만 사실 임원으로서 혁신해야 할 것은 의지가 아니라 자기 자신의 역할이다.

실제로 부장에서 임원이 되면 역할이 바뀌는데, 그 역할에 맞는 언행을 하지 못하고 심적 고충을 겪기도 한다. 그리고 여전히 중간관리자처럼 소소한 일에 간섭하기도 한다. 현명한 임원은 사장의 보좌가 아닌 '보완'의 역할을 수행한다. 사업이나 기능 부문의 총괄 책임자로서 본부나 실의 책임 경영자로서 조직의 문제를 발견하고 통합적 시각에서 문제를 해결할 수 있어야 한다. 특히 구성원들에게 함께 근무하는 것 자체가 행복과 배움을 줄 수 있는 존재여야 한다.

임원은 회사의 얼굴과도 같기 때문에 기업의 역량과 무관하게 한 기업의 생사를 좌지우지하기도 한다. 임원의 부적절한 언행은 내부 구성원들에게 생각보다 심한 피해를 입힌다. 따라서 임원은 회사의 전략을 책임지는 단위 조직의 장으로서 현재를 냉정하고 객관적으로 판단하는 눈, 미래 성과를 위한 '씨앗'에 해당하는 인프라를 구축하는 눈을 가져야 한다. 그러나 사장을 보좌하면서 길고 멀리 봐야 할 임원들이 구성원보다 더 심한 조급증을 보이고, 중장기 성과를 위한 투자를 '낭비'라고 생각하는 경우를 자주 목격한다.

예컨대 사업부의 매출이나 숫자 상황이 저조해지면 당장 비용이나 예산을 절감해 눈에 보이는 실적을 만들겠다는 임원들이 있다. 그들은 자기 본부의 인력 구조 조정까지도 서슴지 않는다. 이런 임원들의 머릿속에서는 인적 자원의 확보와 유지가 중장기적인 투자가 아닌 단기적인 소모성 비용으로 인식되어 있는 것이다.

당장 눈에 보이는 성과가 저조하니 가장 쉽게 비용을 절감시켜 이익을 보전하려는 극약 처방은 실행 주체인 구성원들에게는 물론, 임원 본인의 성과에도 긍정적인 영향을 주지 못한다. 달리기가 뒤처진다고 해서 자신의 다리를 잘라 버릴 수 없는 것처럼, 성과가 다소 좋지 않다고 해서 구성원들의 지원 요청을 나 몰라라 외면하는 것은 옳지 않다.

많은 임원이 과거의 경험이나 실적 그리고 사장의 의사결정을 중심으로 현재에 해야 할 일을 예측한다. 하지만 임원이 단기적인 성과와 과거에 얽매이면 궁극적으로 향후에 이루고자 하는 미래의 비전이나 중장기적인 성과 목표를 비판적으로 보거나 축소시킬 가능성이 크다. 또한 본부나 사업 단위의 나아가야 할 방향을 제대로 제시하지 못하고, 적시에 필요한 의사결정을 내리지 못한 채 그저 사장의 업무 지시에 따라 수동적으로 움직이면서 메신저 역할만 하게 되는 경우도 있다.

게다가 단기 성과에만 치우치는 임원은 구성원들이 가지고 있는 크고 넓은 시야마저 흐릴 가능성이 크다. 과거의 경험이나 실적 그리고 사장의 의사결정에만 근거하여 현재 해야 할 일을 예측하고, 문제가 발생하면 비로소 뒤늦게 대응책을 수립하는 임원이 꽤 많다. 임원은 무엇보다 회사의 3~5년 후 미래에 성장 동력으로 삼아야 할 먹거리를 발굴하는 데 혼신의 노력을 기울여야 한다.

미래의 중장기 성과를 담보하기 위해 마땅히 앞서 준비해야 할 자리임에도 불구하고 이를 방해하는 사람은 임원으로서의 자격이 부족한 것이다. 진정한 임원이라면 3~5년 후, 미래에 담당 본부가 되어야 할 모습과 미래 사업을 먼저 고려하고 이를 바탕으로 소속 본부와 하위 조직 팀들에게 중장기적인 성과 목표를 부여해야 한다.

나아가 근시안적인 안목으로 현재에만 몰두하고 있는 구성원들의 의식을 깨우쳐 주고, 중장기적인 관점에서 입체적 시각을 가질 수 있도록 해야 한다. '과거에 하던 대로 하면 되겠지', '열심히 하다 보면 어떻게든 되겠지'라고 생각하며 미래와 내일에 대한 목표 없이 시간을 흘려보내는 임원이 되어서는 안 된다.

3~5년 후에 되고자 하는 바람직한 미래상을 생생하게 그려 놓고 이를 기점으로 역계산하여 오늘 우리 본부가, 우리 팀이 무엇을 어떻게 해야 할지 고민해야 한다. 그래야 비전과 중장기 목표를 달성하게 만드는 에너지를 품을 수 있다.

눈에 보이는 재무적인 성과나 고객들에 대한 성과가 좋아지면 외부 환경이 갑자기 좋아졌다거나 리더 본인이 잘해서라고 생각할 수도 있다. 그러나 곰곰이 따져 보면 수년 동안 업무 프로세스를 개선했다거나 구성원들의 행동 발휘 수준을 높여 놓았다거나 성과를 낼 수 있는 인프라 개선에 많은 공을 들여온 것이 이제야 꽃을 피웠음을 알 수 있을 것이다. 임원이라면 구성원들을 잘 이끌어 단기 성과와 더불어 중장기 미래 성과를 도모할 수 있는 미래 사업거리 발굴에 우선적으로 자신의 역량을 집중해야 한다. 그 씨앗은 몇 년 후 최고경영자가 된 당신의 손 안에서 고스란히 값진 열매로 탈바꿈할 것이다.

억대 연봉 받으면서
알바 노릇하지 말라

임원이 단위 조직을 잘 경영하고 탁월한 성과를 창출하는 것은 초대형 군함을 조종하는 일에 비유할 수 있다. 훌륭한 선장은 국내 여객선만 운항하는 것이 아니라 전 세계를 돌아다니며 장거리의 험난한 바닷길을 무리 없이 잘 운항한다. 그의 임무는 고객이 정해진 시간 내에 원하는 목적지까지 안전하게 도착하도록 하는 것이다. 따라서 폭풍우나 해일과 같은 거대한 위험에도 맞서 싸워 이겨야 한다. 그 과정에서 눈앞의 제반 사항뿐 아니라 항로 저 멀리 있는 돌발 상황까지 함께 점검하지 않으면 안전 운항을 보장하기 어렵다. 임원도 마찬가지이다. 성과와 관련된 여러 이해관계자들, 그중에서도 구성원들이 성과를 이루어 낼 수 있도록 사업본부나 실의 전략을 제대로 실행하게 만들어야 한다. 그런 의미에서 임원이 구성원과 함께 목적지까지 무사히 가기 위해서 가장 필요한 것은 바로 '과연 임원으로서의 역할을 얼마나 제대로 수행하고 있는가?'라는 인식이다.

그럼에도 불구하고 많은 임원이 소위 '먹튀'가 되어 가고 있는 것이 현실이다. 억대 연봉을 받으면서도 선장의 역할이 아닌 갑판원의 역할을 하고 있는 임원들, 항해사의 역할을 하는 임원들이 있다. 이는 비단 국내 기업에서만 일어나는 현상이 아니다.

일본의 저명한 경영 컨설턴트 이치쿠라 사다무는 실제 조직 내에서 일어나고 있는 현실에 대해 다음과 같은 일침을 남겼다.

"전망이 없는 기업은

임원이 부장이 해야 할 일을 하고

부장이 과장이 해야 할 일을 하며

과장이 대리가 해야 할 일을 하고

대리가 평사원이 해야 할 일을 한다.

그렇다면 평사원은 무슨 일을 할까.

평사원은 기업의 미래를 걱정한다."

임원은 중장기 성과를 책임지는 사람이면서 동시에 조직 경영의 의사결정을 담당하고 있는 사람이다. 무엇보다 몸값에 맞는 밥값을 해야 한다는 것을 잊지 말아야 한다. 임원은 내일의 성과를 위한 선행 과제를 미리 그려 낼 줄 알아야 하고, 고객과 시장의 흐름을 통찰력 있게 조망하면서 미래를 대비할 수 있는 중장기 전략을 제시해야 한다. 전반적인 경영 성과는 물론 담당하는 각 부문의 효율적인 운영도 책임져야 한다.

그럼에도 불구하고 팀장이나 팀원으로 일할 때처럼 '열심히 하다 보면 어떻게 되겠지'라고 생각하며 의미 없이 하루를 보내는 임원도 있다. 임원으로서 해야 할 역할을 제대로 이해하고 있지 못하기 때문이다. 임원이 임원답게 생각하고 행동하지 못한다면, 굳이 임원이 있을 필요가 없다.

실제로 기업 컨설팅이나 코칭과 강의를 하면서 많은 사람을 만나 보았다. 그들은 자사 임원들에 대해 한결같은 불만을 터뜨렸다. 임원들이 구성원의 의욕을 고취시키는 게 아니라 오히려 기를 죽인다고 말하는 사람도 있었고, 심지어는 임원이 대리보다 못하다고 말하는 사람도 있었다. 오죽하면 '임원들의 특기는 사람 달달 볶기요, 취미는 부하를 쪼고 압박하기'라는 우스갯소리가 있을까.

사기를 북돋아 주거나 실행 방법을 과감히 위임한다면 소신을 갖고 업무에 임하겠다는 구성원이 많은데, 임원이 그런 분위기를 만들어 주지 못한다는 것이다. 그나마 최근에는 많이 나아지고 있다고 하지만, 아직도 많은 기업이나 일반 행정조직에는 구성원들의 업무에 개입하고, 회의를 진행하고, 최고경영층에 보고하는 것이 주요 업무인 임원이 많다. 그러한 임원들은 다단계의 관리 감독과 품의, 결재를 통해 '인치(人治)' 경영을 한다. 이것이 일반 기업에서 흔히 볼 수 있는, '상사'에 의해 통제되고 감시되는 조직 운영 방식이다. 이렇게 제 역할을 하지 못하고 알바처럼 일하는 임원의 경우, 근시안으로 조직을 운영하다가 정작 도달해야 할 목적지로 가는 길을 잃게 만든다.

물론 규모가 작은 중소기업이나 특수한 프로젝트를 담당하는 임원의 경우에는 팀장처럼 어느 정도 실무에도 자주 관여하면서 중간관리자로서의 역할도 병행할 수 있다. 더 나아가 실무자가 해야 하는 일까지 커버해야 하는 경우도 있다.

그러나 아주 예외적인 상황을 제외하고 임원은 사업 구조와 비지니스 모델을 혁신한다든가 미래 먹거리 사업을 지속적으로 발굴한다든가 하는 굵직한 중장기 과제 추진에 더 많은 노력을 기울이고 몸값에 맞는 밥값을 제대로 할 수 있는 역할 수행에 매진해야 한다. 또한 임원이라면 실행이 비교적 쉬운 고정변수 쪽의 업무나 목표는 팀장이나 구성원에게 과감히 위임하고, 여러 가지 험로가 예상되는 변동 변수 성격의 어려운 업무나 목표를 맡아 더욱더 가치 있는 성과를 창출하는 데 앞장서는 것이 바람직하다.

억대 연봉을 받는 임원의 자리는 내부 구성원에게 진정한 만형으로 인정받아야 하는 막중한 사명이 있다. 가까운 곳에 있는 사람에게 인정받는 일이 가장 어려운 법이다. 이름만 들어도 아는 유명 인사들이 자신의 가족에게는 경멸의 대상인 경우를 많이 봐 왔다. 밖에서는 인기가 많고 존경을 받는데, 집에 가서는 외톨이 신세가 되는 것이다. 누군가의 마음을 얻는다는 것이 쉬운 일은 아니지만 임원은 부단히 노력하여 다른 사람들이 아닌 한솥밥을 먹는 팀장과 구성원들에게 따뜻하고 믿음직한 만형이 되어 주어야 한다.

그렇기 때문에 구성원들을 통제하고 감시하거나, 구성원들은 나 몰라라 한 채 본인이 해야 할 일에만 빠져서 주변을 챙기지 못하는 오류를 범하지 말아야 한다. 진정한 임원이라면 구성원 스스로 미션과 비전을 갖고 역할과 책임에 몰입해 역량을 발휘하고픈 마음이 들도록 만들어야 한다. 또한 구성원들이 성과 목표를 실행하는 과정을 끊임없이 지원하고 코칭하며 더욱 성장할 수 있도록 정기적으로 평가하고 피드백해 주어야 한다. 이러한 과정을 통해 임원은 구성원들에게 새로운 동기를 불어넣어 줄 수 있다. 이것이야말로 임원이 해야 할 역할이다.

애벌레가 누에고치 시절을 거치면 나비가 될 수 있듯이, 임원은 구성원들이 장기적 관점에서 현재의 성과뿐 아니라 미래의 성과 창출을 위한 역량과 의지를 키워 갈 수 있도록 해야 한다. 그것이 몸값을 뛰어넘어 부가가치를 발생시켜야 하는 임원의 역할인 것이다.

앉아서 답을 찾으려
하지 말라

강의나 코칭, 컨설팅을 위해 기업체 사장들을 만나면 하나같이 외부 경영 환경과 내부 역량에 대해 근심 어린 걱정을 많이 한다. 특히 임원들의 변화와 혁신에 대해 많은 주문을 하는데 많은 분들이 "임원들이 현장을 모른다"라고 말했다.

여기서 최고경영자들이 말하는 '현장'은 과연 어디일까?
또한 현장은 모두에게 다 같은 현장일까?

쉽게 말해서 현장은 '거래가 이루어지는 곳'이다. 고객과 판매

사원이 만나는 매장도 현장이고, 건설 인부와 현장 소장이 만나는 건설 현장도 현장이다. 그러나 이와 같은 곳만 현장이라고 한정 지어서는 안 된다. 현장은 거래가 이루어지는 곳에서 한 발짝 더 나아가 '성과'가 창출되는 곳이기도 하다. 사장이 원하는 성과, 임원이 원하는 성과, 팀장과 팀원이 원하는 성과가 다르기 때문에 사장의 현장, 임원의 현장, 팀장과 팀원의 현장이 각각 다를 수 있다.

예를 들어, 후계자 양성이라는 역할을 수행해야 하는 사장의 현장은 글로벌 최고 기업들의 연수원이 될 수도 있다. 또한 인사 담당 임원의 현장은 만 명을 먹여 살릴 만한 핵심 인재 한 명을 찾기 위해 누벼야 할 글로벌 대학이나 인재가 숨어 있는 경쟁사의 어느 공간일 수도 있다. 그리고 팀장의 현장은 단기적으로 매출과 영업 이익이 발생하는 곳일 수도 있다.

많은 최고경영자들이 "임원이 현장을 모른다"라고 하는 말은 그 회사만의 문제라고 한정 짓기 어렵다. 많은 임원이 실제로 자신의 성과가 이루어지는 곳이 어디인지 잘 알지 못하는 경우가 많다. 자신의 역할이 무엇인지 알지 못하기 때문에 임원으로서 책임져야 할 성과가 창출되는 곳인 현장의 위치를 제대로 파악하지 못하는 것이다. 오히려 있어야 할 자리에 있지 않고 없어도 될 자리, 심지어 있어서는 안 될 자리에 가서 서성거린다. 그리고 큰소리로 명령만 하는 것을 자신의 역할이라고 착각한다.

'우문현답(愚問賢答).' 이는 '어리석은 질문에 대한 현명한 대답'이라는 뜻의 사자성어이다. 그러나 최근에는 이 우문현답의 뜻이 또 다른 의미로 사용되고 있다. 어느 시중 은행장의 말에서 비롯한 뜻으로 '우리들의 문제는 현장에 답이 있다'는 것이 바로 그것이다. 이는 고객이 시장을 주도하기 시작하면서 기업의 수익 창출이 더 이상 소수의 최고경영층이 아니라 고객 접점에서 근무하는 실무자들에 의해서 이루어지게 되면서 바뀐 양상이다. 고객 접점의 실무자들에 의해 기업의 성패가 좌우되기 때문에 기업의 경영 관리 정책은 현장 중심의 책임 경영이 될 수밖에 없는 것이다. 조직이 직면하는 모든 문제의 답은 현장에 있다. 따라서 임원은 자기 자리를 무거운 엉덩이로 지키고 있는 터줏대감이 되어서는 안 된다.

《식객》은 자타가 공인하는 맛을 소재로 한 대한민국 최고의 만화이다. 이 만화는 영화와 TV 드라마로도 제작될 정도로 큰 인기를 얻었다. 이 작품의 작가는 허영만 화백이다. 《식객》은 그의 수많은 명작 중에서도 다채로운 음식과 음식에 얽힌 재미있는 이야기, 감동 어린 추억을 풀어 놓은 수작(秀作) 중의 수작으로 평가받고 있다.

《식객》이 최고의 만화로 인정받게 된 가장 큰 이유는 작가가 수년 동안 정성을 다해 조사한 실제 현장의 자료를 기반으로 창작이 이루어졌기 때문이다. 현장에 답이 있다는 사실을 정확히 꿰뚫은 허영만 화백이 현장 속에서 답을 찾아 대작을 완성한 것이다.

허영만 화백은 2년 동안 전국의 맛집을 찾아다니며 자신의 느낌과 생각, 고민, 음식들에 대한 소개를 곁들인 '취재 일기'를 꼼꼼하게 작성했다. 그는 A4지에 1만 장 이상의 스케치를 했고, 그가 촬영한 사진만 사과 박스로 3개나 되었다. 이는《식객》이라는 작품을 탄생시키기 위해 허영만 화백이 현장에서 얼마나 많은 공을 들였는지를 잘 대변한다.

"완벽한 재료 없이 제대로 시작하는 일은 불가능합니다.《식객》을 위해서는 몸으로 뛰고 직접 움직일 수밖에 없었습니다. 인터넷에 나와 있는 자료를 인용할 수도 있었겠죠. 하지만 그것들은 다른 사람들이 찾아 놓은 자료, 여러 사람이 가지고 있는 자료이지 나의 관점에서 찾아낸 나만의 자료는 아닙니다. 게다가 내가 쓰고자 하는 목적에 부합되는 자료인지도 확실하지 않습니다. 음식점의 내부를 그릴 때에도 제가 그릴 수 있는 부분은 한계가 있기 때문에 그리려고 하는 대상의 명확한 실체와 느낌을 표현하기 위해 손수 찍은 사진을 자꾸 자꾸 관찰하면서 머릿속에 훤하게 이미지를 담아 두며 작업에 몰두했습니다."

허영만 화백은 땀과 발품으로 만든 이 취재 일기를 작품 중간 중간에 집어넣어 독자들에게 또 하나의 별미를 제공했다. 《식객》은 맛의 탐미로 끝나는 말초적 본능인 식탐으로 그치지 않고 맛의 뿌리를 찾아가는 '로드무비'로 발전한다. 허영만 화백은 대게를 그리기 위해 직접 배를 타고 바다로 나가 강한 바닷바람과 풍랑을 맞으며 게를 잡아 올렸다. 그리고 대게를 그려야 하는 순간이 되면 자신이 게를 잡아 올렸던 과정을 머릿속으로 하나씩 되새기며 어떻게 그림을 그려야 할지 생각했다.

이렇게 현장에 대한 심도 있는 조사와 탐구가 있었기 때문에 허영만 화백은 우리 음식에 대한 문화를 세밀하게 그려 낼 수 있었고, 만화를 보는 독자들에게 눈앞에서 싱싱한 음식을 직접 보는 듯한 느낌을 선사할 수 있었다.

기업에서 임원의 역할도 마찬가지이다. 고객과 접점에 있는 실무자뿐 아니라, 임원 역시 자신의 현장, 고객과 대면하는 현장을 그 누구보다 잘 알고 있어야 한다. 현장을 알지 못한 상태에서 무조건 "성과를 내라", "열심히 일해라", "고객을 만족시켜라"라고 외치는 것은 허공에 외치는 공허한 메아리에 지나지 않는다.

기업을 둘러싼 환경이 바뀜에 따라 경영에서 중시되는 요소 역시 변화하고 있기 때문에 임원들 또한 생각하는 방식과 일하는 방식을 계속해서 혁신해야 한다. 고즈넉한 임원실에서 한가하게 앉아 있을 것이 아니라 성과가 이루어지는 곳, 즉 현장을 수시로 찾아다니며 현장의 분위기를 파악하고 앞으로 어떻게 변화할지를 공부하는 탐험가가 되어야 한다.

임원 방을
고객 소통의 장으로
활용하라

기업 여건에 따라 별도의 방이 있는 임원도 있고, 다른 구성원들과 같은 공간에 칸막이만 쳐서 독립성을 확보한 뒤 일하는 임원도 있다. 그런데 최근 들어 많은 기업에서 경영진과 팀장이나 파트장의 경우, 칸막이가 없는 개방된 공간에서 구성원들과 함께 업무할 수 있는 공간적인 배치로 바꾸는 변화가 생기고 있다.

간혹 현장을 방문하는 날짜를 정해 놓고 현장의 구성원들과 접촉하고 그들의 고충이나 제안 사항들에 귀를 기울이는 '현장경영'을 시도하는 임원도 있다. 그러면서 구성원들에게 "일하다 힘든 점이 있으면 언제든지 내 방으로 찾아 와. 내 방은 언제든지 열려 있으니까 부담 갖지 말고"라고 말한다. 하지만 이렇게 말하는 임원들의 방에 부담 없이 찾아가는 구성원은 상당히 드물다. 왜일까? 말은 그렇게 했어도 임원들의 방문은 대부분 굳게 닫혀 있기 때문이다.

임원들 중에 종종 이렇게 말하는 분들이 있다.

"다른 임원들은 자기 방을 꽁꽁 닫아 놓고 나오질 않죠? 저는 그렇지 않습니다. 제 방은 항상 열려 있습니다. 실제로 저는 방문을 닫지 않아요. 제가 자리에 있으면 언제든지 찾아와 사업과 관련된 아이디어를 말씀해 주세요. 업무를 추진하면서 겪는 어려움에 대해 이야기해 주셔도 좋습니다. 제가 할 수 있는 모든 범위에서 여러분을 돕겠습니다."

그러나 임원실을 쉽게 방문하는 구성원이 있을까? 예전과 같은 고압적인 자세, 권위적인 태도가 남아 있는데 입으로만 열린 문화를 강조한다고 해서 그 사람을 따를 사람이 생기겠는가.

조직은 규모가 커질수록 구성원들의 사고와 행동을 조직 내 규범과 규칙 등에 가두어 두려는 경향이 있다. 과거 고도성장 환경에서는 최고경영층 중심의 획일적이고 집단주의적인 경영 방식이 필요한 경우도 있었다. 하지만 지금의 경영 환경에서 기업이 생존하고 경쟁 우위를 선점하기 위해서는 비전과 중장기적 목표를 바탕으로 구성원들의 잠재적 역량을 끄집어내 적극적으로 실행할 수 있도록 지원해야 한다.

임원은 현장의 목소리를 직접 들으며 답을 찾고, 그 결과를 현장에 가서 확인하면서 변화를 읽어 내려고 노력해야 한다. 그런데 문제는 우리가 흔히 볼 수 있는 조직의 피라미드식 구조에서는 임원들이 현장과 가까워지기 어렵다는 것이다. 더욱이 수직적 계층이 겹겹이 쌓여 있는 피라미드 형태의 조직 구조에서는 구성원들의 잠재적인 역량과 적극적인 참여를 끄집어내기 어렵다. 실행 통제 중심의 조직도에서는 정점에 사장과 임원이 위치하기 때문에 의사결정 자체가 수직적인 내부 관점에서 처리될 수밖에 없다. 그래서 구성원들의 업무 실행 과정을 통제하고 커뮤니케이션을 저해하는 요소가 곳곳에 도사리고 있는 구조에서는 구성원들이 자신의 소신과 자율성을 발휘하기 어렵다.

시장의 주도권이 고객에게로 넘어간 지금은 기능 중심의 수직적 조직 구조 형태가 맞지 않다. 스포츠 구단 조직처럼 역할을 중심으로 한 수평적 조직 구조로 형태가 바뀌어야 한다. 스포츠 구단에서 선수들은 각자 책임지고 의사결정을 하여 소신 있는 플레이를 하거나 필요한 경우에는 팀의 승리를 위해 다른 선수들과 협업 플레이를 해야 한다. 그리고 감독이나 코치는 선수들이 승리를 위해 지속적인 파트너십을 가지는 데 유기적으로 협조하는 관계의 역할을 맡는다. 이를 위해 가장 혁신적으로 바꿔야 하는 상징적인 곳이 바로 임원 방이다. 임원의 방은 권위적인 자리여서는 곤란하다. 일선에서 뛰고 있는 실무자들과 현장의 고객, 경쟁자들의 목소리를 진지하고 가감 없이 들을 수 있는 '고객 상담실'이 되어야 함을 잊지 말아야 한다.

같은 방식으로
다른 답을
기대하지 말라

운동경기를 치르기 전에 선수들이 훈련을 거듭하는 동안 감독과 코치들은 어떠한 일을 하고 있을까? 그들은 한 해 리그를 앞두고 선수들과 팀을 어떻게 꾸릴 것인지에 대한 구체적인 목표와 전략을 수립한다. 그리고 시즌 중에는 매 경기마다 상대 팀을 분석하고 팀 내부 여건을 매칭시켜 필승의 작전을 세운다. 마침내 경기가 시작되면, 선수들은 감독과 코치들의 작전대로 일사불란하게 움직인다. 언제, 어디서 상대 팀을 만나더라도 최고의 역량을 발휘해서 승리를 거머쥘 수 있도록 전략을 세우고 선수들을 조련하는 것! 이것이 바로 감독과 코치, 즉 리더가 완수해야 할 최우선 과제이다.

그렇다면 우리 조직의 임원들은 어떻게 일하고 있을까? 일반적인 조직에서 임원들은 '감독과 코치'의 모습이라기보다 '잔소리꾼'에 가깝다. 실제 현장에서는 임원들이 구성원들을 닦달하며 "이것 좀 해 봐", "왜 제대로 못 하는 거야"와 같은 잔소리를 쏟아 내기도 하고, "내가 젊었을 때는~"처럼 꼰대같이 하루에도 수차례 자만하는 왕년의 이야기를 늘어놓기도 한다. 이 모든 이야기의 결론은 과거에 이미 모든 것을 경험해 봤기 때문에 자신이 시키는 대로 일을 하라는 것이다.

사실 조직 내에서 최고의 자리에 오른 많은 임원이 수많은 시련과 고통을 이겨 냈을 것이다. 화장실에 갈 시간도 없이 일에만 몰두하다가 자정을 훌쩍 넘긴 적도 있을 것이고, 그로 인해 가족들과의 관계가 소원해지기도 했을 것이다. 물론 그러한 노력과 희생이 있었기에 지금의 자리에 오를 수 있었으리라.

하지만 문제는 과거의 경험담에 매몰되어 변화된 환경을 제대로 읽지 못하고 새로운 관점으로 일을 바라보는 시각이 부족해진다는 것이다. 이러한 임원들은 공통적으로 현장의 현재 상황을 바라보는 관찰력이 부족하고 근본적인 문제 의식이 부족하며 개선하고자 하는 의욕이 약해 번뜩이는 아이디어를 기대할 수 없다. 제아무리 왕년에 유명했던 사람이라 해도 눈과 사고가 경직

되어 버리면 한때 잘나갔던 과거형의 인물이 되어 버린다. 현재 상황에 대한 관찰력, 문제 의식, 개선하고자 하는 의욕을 가지고 꾸준히 실력과 역량을 갈고닦지 않으면 최고의 자리를 지켜낼 수 없다.

임원은 구성원들이 목표를 달성하고자 할 때 다양하고 입체적인 관점에서 전략을 조언해 줄 수 있어야 한다. 단순히 성과나 업무 결과만 바라보고 팀장과 구성원을 판단할 것이 아니라, 실패 원인에 대한 냉철한 분석과 의미있는 피드백을 해 줘야 한다. 그리고 과거의 경험이나 기존 방식만을 고수하지 말고 지금의 현실을 잘 반영한 프로세스를 바탕으로 분석적으로 코칭해 줄 필요가 있다. 가치 있는 피드백을 주고받는 것이 성과를 창출하기 위한 결정적 요소임을 인식하고, 지속적인 리얼타임으로 피드백하는 것이 중요하다.

임원의 훌륭한 코칭은 구성원들의 실행 역량을 높여 준다. 이는 도전적인 성과를 창출하는 것은 물론, 서로 간의 긍정적인 관계 형성을 위해 임원과 구성원 사이에 발생하는 의사소통 과정을 의미하기도 한다.

임원은 팀장이 성과 목표를 실행하는 과정을 지켜보면서 각 팀이 가진 장점과 가능성을 발견해 개발시켜 주고, 자신감을 가질 수 있도록 지원하며, 용기를 주는 긍정적 지원을 제공해야 한다. 또한 전체를 보되 부분적으로 개선해야 할 부분에 대해서도 코칭해 줌으로써, 팀 성과 목표를 달성하는 험난한 업무 과정을 제대로 헤쳐 나갈 수 있도록 조언해 주고 필요한 자원이나 경험, 통찰력을 동원해 실행 방법을 지원하는 등 종합적인 의사소통 활동을 수행해야 한다. 그렇게 함으로써 팀의 잠재력을 일깨우고 창의성을 부추겨 팀과 그 팀의 구성원들이 성장할 수 있게 도와주어야 한다.

그러므로 임원은 기존의 업무를 미래와 회사라는 전체 입장에서 내려다보고 좀 더 다른 방식으로 접근하기 위한 단초를 제공해 주어야만 한다. 임원은 자신이 원하는 바를 최대한 상세히 알려 주어야 하고, 팀장과 구성원은 임원이 원하는 바가 무엇인지를 질문하고 확인해야 한다. 이러한 창조적인 상호작용이 물 흐르듯 원활하고 자유롭게 이루어지기 위해서는 임원이 먼저 물꼬를 터야 한다. 팀장과 구성원에게 임원은 기꺼이 의논하고 싶은 창의적인 코치로 각인되어야 한다.

그렇기 때문에 임원은 과거의 지시적 관점, 즉 일을 시키는 사람의 생각대로 일이 진행되기를 기대하는 일방적이고 배타적인 시각을 가져서는 안 된다. 철저하게 단기적인 성과를 달성하기 위해 실행하는 팀이 '어떻게 창의적인 방법을 찾을 수 있는가'라는 관점에서 출발해야 한다. 팀장이 임원이 기대하는 성과 목표를 명확하게 파악하고 달성해야 할 성과 목표에 대해 자발적으로 실행 전략과 방법을 수립하면, 임원은 그에 대해 최대한 실행의 단초를 다른 관점에서 제안하는 입장을 유지하되 실행 전략과 방법을 결정하는 부분에 대해서는 실행의 주체인 팀장이 선택할 수 있도록 함으로써 '일하는 방식의 혁신'을 추구해야 한다.

성과 창출 인프라를 고객 중심으로 구축하라

임원은 조직을 운영할 때 한두 사람에 의해 좌지우지되는 것이 아닌 시스템적으로 운영되게끔 만들어야 한다. 그래야 조직의 지속적인 성장이 가능하다. 따라서 임원에게는 사업본부에서 달성해야 할 중장기적인 성과 목표의 전체적인 구조를 꿰뚫어 보고 이를 달성하기 위해 시스템적으로 준비해야 할 것이 무엇인지를 제대로 파악하는 역량이 필요하다. 즉 환경 변화에 대응하여 조직의 혁신을 추구하는 방향과 이를 실현할 시스템을 갖추게 하는 것이 임원의 중요한 역할이다. 왜냐하면 외부 경영 환경과 내부 역량의 급격한 변화에 따라 지속적으로 체질을 개선해 주어야만 조직 경쟁력을 계속 유지할 수 있기 때문이다.

물론, 임원 개인의 역량이 탁월해서 스스로 성과를 낼 수도 있다. 하지만 기업의 영속성 관점에서 봤을 때 임원 혼자만 성과를 잘 낸다고 해서 해당 조직에 도움이 될 수 있을지 깊게 생각해 볼 필요가 있다. 절대 개인기로 일하지 말고 프로세스로 일해야 한다. 임원은 무엇보다 자신이 맡고 있는 본부의 성과가 지속적이고 반복적으로 창출될 수 있도록 일의 원리를 구성원에게 알려 주고 구성원들이 제 역할을 할 수 있도록 이끌어야 한다. 이를 위해서는 시간이 좀 걸리더라도 미래 성과 창출을 위한 인프라를 구축하는 데 많은 시간을 투자해야 한다.

예를 들어 새롭게 발생한 신규 업무의 주체가 불명확하면 분명하게 주관 팀을 결정해 주고, 업무 프로세스가 제대로 정립되어 있지 않으면 이를 체계적인 흐름으로 볼 수 있게 해 주어야 한다. 또한 사업부 성과 목표 달성을 위한 기초 데이터가 없으면 이를 축적할 수 있게 DB 구축 프로세스를 정립하도록 이끌고, 사업부의 미래 사업을 위해 구성원 스스로 필요한 역량을 향상시킬 수 있도록 신경 써야 한다.

이렇게 갖추어진 성과 창출 인프라에서 전략을 수립하고 각자의 역량을 발휘함으로써 성과를 달성해 내기 위해 그들이 제대로 일할 수 있는 환경을 만들어 주는 것이 임원의 역할이다. 전투에서의 승리는 선두에 서 있는 리더 혼자만의 역량으로 되는 것이 아니다. 군대조직을 구성하는 모든 멤버의 긴밀한 협력과 완벽한 전술 체계를 통해 오합지졸이 아닌 정예부대가 되어야 전투에서 승리할 수 있다. 이는 곧 임원의 역할을 제대로 수행하기 위해서는 업무에 대한 전문 지식도 기본적으로 필요하겠지만, 구성원들이 스스로 자신의 업무에 몰입하도록 만드는 조직의 '성과 창출 인프라' 구축에 반드시 기여해야 한다는 의미이다.

많은 기업이 성과 관리의 결과가 미흡하거나 실패하는 근본적인 이유를 따져 보고 제도와 시스템을 도입하고자 노력하지만, 이를 실행하는 주체인 리더, 특히 임원들의 시도가 부족했기 때문에 그동안 좋은 결과를 내지 못한 경우가 많다. 게다가 아직까지도 많은 임원이 각 팀의 성과 창출을 위한 인프라를 구축하고 그들에게 동기를 부여하는 모티베이터로서의 역할이 아니라, 행동 하나하나를 따지고 재고 점검하는 체크맨의 역할을 자신의 올바른 역할인 것처럼 오해하고 있다. 이는 성과 창출 인프라의 본질적인 목적이나 효과성을 간과한 채, 성과 창출을 위한 인프라를 정착하는 과정을 '귀찮고 힘든 것' 쯤으로 치부하기 때문이다.

현재의 업무 프로세스를 다른 관점에서 바라보고 성과 창출 인프라를 새롭게 구축한다는 것은 과거와 달리 치열하고 새로운 시각에서의 일 처리 방식을 요구하기 때문에 솔직히 부담스럽고 피곤할 수는 있다. 하지만 조직이 성장하고 발전하기 위해서는 임원과 구성원들이 성과 목표 중심의 성과 창출 인프라를 고도화하고 이를 끊임없이 체질화해야 한다. 더불어 이를 실행했을 때 성과 창출이 가능하다는 이치와 원리를 깨달아야 한다. 그럼에도 불구하고 임원이 그저 앞서 이야기한 체크맨의 역할만 담당한다면 결코 구성원들에게 동기를 부여할 수 없고 자신의 사업본부도 발전하기 힘들다.

임원이 주도해야 할 '성과 창출 인프라 구축'의 궁극적인 목적은 고객에게 새로운 가치를 제공하는 것이다. 그렇기 때문에 성과 창출 인프라의 포커스는 '고객'에 맞춰져야 한다. 궁극적이고 지속적으로 고객에게 새로운 가치를 제공하기 위해 단기뿐 아니라, 중장기적으로 내부 업무 프로세스를 효율화하고 사업본부나 실의 경쟁력을 강화하는 차원에서 중장기적으로 인재를 육성하며, 각 사업본부의 객관적인 근거 자료를 바탕으로 이와 관련된 시스템을 구축할 수 있도록 성과 창출 인프라를 만들어야 한다.

모든 일에는 기초가 중요하다. 기초가 튼튼하지 못하면 무슨 일을 하든지 사상누각(沙上樓閣), 즉 모래 위에 지은 집처럼 쉽게 무너질 뿐이다. 성과를 창출하는 과정에서도 기초가 중요하다. 사실 조직이 하나의 제품, 하나의 서비스를 만들어 내기 위해서는 수많은 노력이 필요하고, 이들을 하나로 묶어 주는 밑바탕이 튼튼해야 한다. 저력이 있는 조직이라는 것은 결국 밑바탕, 즉 성과를 창출하는 기본 토양이 튼튼하고 비옥하다는 말이다. 10년후, 20년 후를 내다보고 나무를 심는 사람처럼 당장의 성과보다는 3년 후, 5년 후의 성과를 만들어 내기 위한 기반을 다지는 일이 바로 임원의 역할이다.

성과 창출 인프라를 구축하기 위해서는 구성원들이 성과를 창출하기 위해 필요한 작업들을 원활하게 해 주어야 한다. 그리고 그 역할은 임원이 궁극적으로 기대하는 바를 구성원들이 명확하게 인지할 수 있도록 구체적인 기준을 제시하는 일에서 시작된다.

이때 단순히 실행하거나 열심히 하는 것에 무게중심을 두지 말고, 구성원들에게 과제 수행을 통해 도달해야 하는 명확한 성과 기준을 제시함으로써 구성원들이 쓸데없는 일에 많은 에너지를 투여하지 않고 핵심 과제에 자원을 집중하도록 이끌어야 한다.

하루 종일 정신없이 뛰어다니지만 정작 제대로 된 슛 한 번 날리지 못하는 구성원들을 만드는 경우와 단 1시간을 일하더라도 화려한 골을 넣은 뒤 멋진 세리머니를 할 수 있는 구성원을 만드는 경우의 차이는 바로 임원이 성과 창출 인프라를 구축하는 일에 성공하느냐 실패하느냐에 따라 달라진다.

구성원 스스로 능동적인 자세로 움직이고 기업가 정신으로 무장하여 열정에 찬 모습으로 업무에 임하는 모습을 기대한다면,

임원이 먼저 자율 책임 경영이 가능하게끔 기반을 튼튼하게 만들어 줘야 한다. 구성원이 일 자체를 실행하는 데 급급하기보다 당초 임원이 이루고자 하는 목표를 달성하는 데 전략적으로 접근하고, 구성원들이 자신의 역량과 노력을 집중할 수 있도록 기반을 구축해 주어야 한다.

한정된 자원을 적재적소에 전략적으로 배분하라

간혹 직장인들과 대화를 나누다 보면 "팀장이 있는데 굳이 임원이 필요하냐"고 질문하는 사람들이 있다. 이렇게 말하는 사람들은 아마도 팀장과 임원의 역할을 정확하게 구분하지 못하는 사람임이 틀림없다.

팀장 역할을 그대로 확대한 것이 임원의 역할은 아니다. 임원과 팀장이 책임져야 할 성과 목표나 과제는 다르다. 그렇기 때문에 회사에서도 임원이 되면 연봉, 복지 등에 대해 이전과 비교가 되지 않을 정도의 혜택을 제공하는 것이다. 회사에서 그만큼의 비용을 들이며 임원을 대우해 주는 이유는 그 자리에 오르기까지 고생했으니 앞으로 편안하게 일하라는 의미가 아니다. 지금까지 뛰어난 성과를 보여 준 것처럼 앞으로도 회사에 큰 기여를 해 달라는 뜻, 팀장과 팀원들의 역량을 이끌어 달라는 뜻이 담겨 있다.

현실적으로 성과 목표를 달성할 때 실행의 주체인 팀원이나 팀장의 개인 의지만으로 일을 완수해 내는 경우는 극히 드물다. 자원을 제공해 줄 누군가의 도움이 필요하다. 필요한 자원 제공, 자신감에 대한 지원, 전략에 대한 코칭 그리고 무엇보다 목표에 대한 집념을 유지할 수 있도록 누군가가 도와주면 모든 구성원이 자신과의 싸움에서 이길 수 있는 가능성이 한껏 높아진다. 바로 이 역할을 임원이 해 주어야 한다.

그렇다면 임원이 구체적으로 무엇을 도와주어야 할까? 지금은 임원들이 일선 현장에서 벌어지고 있는 업무의 세부 실행 방법에 대해 간섭하고 싶어도 할 수가 없다. 업무 환경이 워낙 디지털화되고 전문화되고 고도화된 데다 업무 추진 과정도 너무 복잡해졌기 때문이다. 변화된 환경 속에서는 임원이 각 팀에 성과 목표를 부여하고, 이에 대해 서로 합의하고 나면, 세세한 실행 방법은 현장 구성원들이 찾을 수 있도록 힘을 실어 줘야 한다. 그리고 현장의 구성원들이 성과 목표를 달성할 수 있도록 필요 자원을 사전에 명확히 알려 주고, 제한된 자원을 적재적소에 배치하여 최고의 성과를 이끌어 내도록 해야 한다.

전략은 실행 단계에서 항상 자원의 영향을 받는다. 어느 조직이나 시간, 예산, 인력 등의 자원은 한정되어 있고, 한창 일하다 보면 마감은 코앞이고, 예산은 부족해지기 십상이다. 처음에 계획을 세울 때는 충분할 것 같았는데 일을 하다 보면 자원은 언제나 부족하다. 그래서 자원의 한계를 미리 파악하는 것이 매우 중요하다. 자원을 얼마나 제공받을 수 있는지 알아야 100만 원에 맞는 또는 1억 원 한도 내에서 실행할 수 있는 현실적인 실행 전략을 수립할 수 있기 때문이다.

그렇기에 임원은 각 부문의 구성원들이 전략을 구상하기 전에 투입 가능한 예산 범위를 제시하고 비용을 참고하여 수립할 수 있도록 해 줘야 한다. 그런 의미에서 임원은 구성원에게 부여할 수 있는 시간, 예산, 인력, 정보 등의 자원에 대해 사전에 알려 주고, 이를 이용해 선택 가능한 전략을 수립하도록 코칭해 줄 필요가 있다.

실제로 탁월한 성과를 창출하는 기업의 임원들은 업무 수행을 통해 도달해야 할 목적지인 성과 목표를 구체적으로 각 팀에게 제시하고, 목표 달성 전략에 대해 각 팀과 치열한 토론을 벌인다. 이 과정에서 가장 적은 비용으로 가장 빠른 시간 내에 목적지에 도달할 수 있는 창의적인 아이디어를 도출해 내며 일하는 방식을 지속적으로 혁신해 나간다.

이를 위해서는 무엇보다 일을 시작하기에 앞서 첫 단추를 잘 꿰는 것이 중요하다. 자원을 효율적으로 활용하는 임원은 자기 조직의 역량과 자원을 성과 창출에 결정적인 영향력을 미칠 수 있는 상위 20%의 전략적 활동에 우선 투자한다. 우리가 달성해야 할 목표는 높고, 성과 달성을 위해 해야 할 일은 항상 많다.

하지만 우리를 둘러싸고 있는 환경적인 제약과 보유하고 있는 자원적인 한계 때문에 우리는 필연적으로 선택과 집중을 할 수밖에 없다. 특히 우리에게 주어진 대표적인 자원인 시간과 예산은 항상 부족하다. 그러니 80%의 성과 창출에 결정적인 영향을 미치는 20%의 과제를 찾아내고, 그 안에서 우선적으로 자원을 투입해야 할 부분을 확인한 뒤 그것에 집중하는 것이 대단히 중요하다. 이것이 임원이 늘 잊지 말아야 할 자원 조달자로서의 역할이다.

숨어 있는
진주를 발굴하라

임원은 팀이라는 단위 조직을 통해 사업본부의 성과를 지속적으로 창출해 내야 한다. 그 과정에서 본부가 보유한 인적·물적 자원과 정보 제공을 최대한 가동하는 것은 물론, 필요시 추가적으로 어떻게 더 조달할 것인지를 지원해 줄 수 있어야 한다. 그래야 구성원들이 일할 맛이 생긴다.

팀 조직이 실행 조직이라면 사업본부나 실 조직의 경우 전략 조직의 성격인데, 비교적 규모가 크고 고객 가치를 추구해야 하는 성격이 강하다. 따라서 기업의 존재 목적 달성을 위해 동원할 수 있는 기업 외부적 인적 물적 자원과 인적 네트워크가 상당히 중요시된다.

특히 그중에서도 가장 우선시되는 것이 바로 인적 자원이다. 어느 한두 해에만 회사가 성과를 내고 끝내는 것이 아니기 때문에 임원은 지속적으로 성과를 창출할 수 있는 역량 있는 팀장과 팀원을 육성해야 한다. 그래야만 내년, 후년에도 계속되는 치열한 경쟁자들과의 승부에서 승리할 수 있는 원동력을 유지할 수 있다.

임원은 각 자리에 적합한 인재를 배치하여 독수리의 눈처럼 예리하게 구성원들의 성과 창출 과정을 관찰하고 분석해야 한다. 일상 업무 외에 특정 프로젝트를 수행할 때도 직위나 연공서열 순서가 아니라 구성원들의 능력과 역량을 고려해 역할을 나눔으로써 최고의 성과를 도출해 낼 수 있도록 해야 한다.

리얼리티 서바이벌 프로그램의 원조는 영국의 TV 프로그램 '브리튼즈 갓 탤런트(Britain's Got Talent)'라고 할 수 있다. 2007년에 시작된 이 프로그램은 영국 각지를 돌아다니며 숨어 있는 재주꾼들을 발굴하는데, 우승자에게는 10만 파운드의 상금이 수여된다. 미국의 '아메리카 갓 탤런트', 한국의 '코리아 갓 탤런트' 등도 이 프로그램을 효시로 하여 방영되었다고 할 수 있다.

브리튼즈 갓 탤런트를 통해 꽤 많은 스타가 배출되었다. 그중 대표적인 사람이 원년 우승자 폴 포츠(Paul R. Potts)이다. 무대에 오른 폴 포츠의 표정에는 고생한 흔적이 역력했고, 자세 역시 상당히 주눅 들어 있었다. 심사위원과 청중들은 그런 폴 포츠에게 눈길을 주지 않았다.

그러나 그가 노래를 시작하자 모든 사람의 눈이 휘둥그레졌다. 외모와 전혀 어울리지 않는 아름다운 목소리가 부드러우면서도 강렬하게 울려 퍼졌다. 고개를 숙인 채 딴짓을 하던 심사위원들은 놀라움을 감추지 못한 채 폴 포츠의 노래를 경청했고, 청중들은 숨겨진 보석을 발견한 것처럼 환호했다.

예선과 본선 그리고 결선을 거쳐 마침내 폴 포츠는 우승을 일구어 냈다. 가난한 환경에서도, 대형 교통사고를 겪은 참담한 현실에서도 폴 포츠는 꿈을 포기하지 않았다. 오페라 가수가 되어 사람들에게 감동을 주는 노래를 부르겠다는 그의 바람은 어려운 종양 수술 앞에서도 꺾이지 않았다. 그는 비좁은 가게에서 휴대폰을 팔아 어렵게 모은 돈으로 비싼 수업료를 지불하고 이탈리아로 가서 성악 수업을 받았다. 무대에 올라 사람들에게 감동을 주는 노래를 선사하는 자신의 모습을 상상할 때마다 그의 가슴은 뛰고 또 뛰었다.

'브리튼즈 갓 탤런트'에서 우승한 이후 데뷔한 폴 포츠는 1집 앨범 〈One Chance〉를 발매하여 전 세계적으로는 500만 장 이상의 판매고를 기록했고, 이후 2집 앨범 〈Passione〉, 3집 앨범

〈Cinema Paradiso〉을 내며 계속해서 호평을 받고 있다.

인재를 발굴하고 키우는 일이야말로 임원의 가장 큰 역할이다. 그런데 많은 임원이 인재 양성에 임하는 자세는 흡사 로또를 사서 당첨되기를 바라는 모습과 비슷해 보인다. 폴 포츠 같은 인재를 찾아내기 위해 베팅을 하듯 사람을 뽑고, 원하는 인재가 아니라고 생각되면 미련 없이 버리는 것이다.

사람을 키우는 일이 임원의 몫이라는 말은 단순히 좋은 사람을 식별할 수 있는 안목만을 의미하는 것이 아니다. 임원은 좋은 인재를 구분할 수도 있어야 하지만, 지금 당장은 인재가 아니더라도 훌륭한 인재로 키울 수 있는 안목과 구체적인 육성 방법에 대해서도 정통해야 한다.

같은 교실에서 똑같은 공부를 했던 초등학교 친구들이 서른 살 전후가 되면 각자 다른 모습으로 삶을 영위하듯, 같은 회사에서 직장 생활을 시작했지만 5년 후, 10년 후, 20년 후가 되면 꽤 다르게 변신해 있는 모습을 보게 된다. 처음 입사한 회사에서 오랫동안 일해 훌륭한 인재로 발전한 사람도 있을 것이고, 이직을 한 새로운 직장에서 자리를 잡은 사람도 있을 것이다. 또한 사업을 시작한 사람이 있을 수도 있고, 몇 년 동안의 직장 생활을 정리한 뒤 다시 배움의 길로 접어든 사람이 있을 수도 있다.

사실 어떤 삶을 살아야 하느냐에 대한 정답은 없다. 다만 중요한 것은 자신의 인생 방향과 삶의 가치에 맞게 조직 내에서도 성장이 함께 이루어지는 것이 바람직하다는 점이다. 그런 면에서 임원은 회사가 나아가고자 하는 비전, 미션과 일치하며 역량이 뛰어난 숨은 인재를 발굴함으로써 조직에 기여해야 한다. 임원에게 있어서 인재 양성의 역할은 성과를 지속적으로 창출할 수 있는 역량이 중요해지는 추세에 따라 더욱더 중요시되고 있다.

아울러 조직 내 성과 향상에 도움을 줄 수 있는 숨은 정보들을 발굴해 내는 데에도 주력해야 한다. 정보가 있어야 의사결정을 할 수 있다. 정보는 사람과 조직을 움직이게 하는 기본적인 힘이다.

그런데 몇몇 임원은 이 점을 악용하여 일부 본부나 팀에게 상세한 정보를 제공해 주지 않는다. 그로 인해 조직은 큰 낭패를 당하게 된다. 이런 몰상식한 방법으로 자신의 권위를 지키려고 하는 것이다. 이는 임원으로서 조직을 이끌어 나가야 할 판단력과 도덕성이 손실되어 결국에는 최악의 상태로 몰고 가는 결과를 초래한다.

숨어 있는 진주 같은 인재를 찾아내는 일, 그 진주를 멋진 보석으로 만드는 일이 임원의 중요 역할임을 기억하고, 사람에 대한 통찰력과 정보력을 갖추기 위해 노력해야 한다.

3장

팀장의 일

팀에 비전을 제시하여 팀을 혁신하고
팀원들의 성과 창출 프로세스 단계별로 성과 코칭하며
팀원들이 자기완결적으로 실행하도록 델리게이션해
팀 성과 창출의 변동 변수를 해결한다.

팀장은 기업의 성과를 창출하기 위한 실행 조직의 리더이다. 팀장은 올해 사업 계획의 실현을 통하여 팀 성과를 책임지는 사람이다. 팀장은 팀원의 성과를 코칭하고 팀원들이 자기완결적인 성과 책임자가 될 수 있도록 해야 하는 중요한 역할을 맡고 있다. 회사의 연간 사업 계획에 따라 팀 단위로 성과 목표가 부여되면 팀장은 팀원들과 상태적 목표와 달성 전략을 수립하고 팀원들에게 역할과 책임의 기준을 과제와 성과 목표의 형태로 배분한다. 연간 성과 목표를 바탕으로 분기, 월간, 주간 단위로 과정 목표를 캐스케이딩하고 팀원들이 해결하기 어려운 변동 변수에 대해서는 전략을 수립하여 상위 임원의 코칭을 받아 실행한다. 팀원들이 역할과 책임을 수행하기 위한 능력과 역량이 부족하기 때문에 팀 내 동료들이나 타 부서의 구성원들과 수평적인 협업을 잘할 수 있도록 코칭해야 한다. 특히 최소 월간 단위로 성과 목표 설정과 달성 전략 수립과 관련된 성과 프리뷰 워크숍, 성과 평가와 피드백과 관련된 성과 리뷰 워크숍을 월말에 실행하는 것이 굉장히 중요한 역할이다. 단순히 팀원들로부터 전월 실적과 익월 계획을 보고받고 수정해 주는 소극적인 관리는 금물이다.

팀장이 매월 팀원들과 연간 성과 목표를 바탕으로 성과 리뷰와 성과 프리뷰 워크숍과 코칭을 퍼실리테이팅(facilitating)하는 역할이 팀원들로 하여금 회사 전체의 경영 목표와 팀원들의 성과 목표가 어떻게 연계되어 있고 팀원들 자신의 역할과 책임의 의미를 깨달을 수 있기 때문이다. 팀장은 팀원들에게 팀원들의 역량에 따라 2~3일 단위, 일주일 단위, 2~3주 단위로 델리게이션할 수 있어야 한다.

예전처럼 주간 업무 회의를 통해 시시콜콜하게 이래라저래라 팀원들의 업무 실행 과정에 개입하는 것은 하지 말아야 한다. '주간 업무 회의'도 '주간 성과 코칭'으로 바꾸고 '계획 대비 실적'도 '목표 대비 성과'로 바꾸고 '주간 업무 계획'도 '주간 성과 기획'으로 바꾸는 게 바람직하다. 팀원들을 대상으로 매월 전부 하지는 못하겠지만 개인별로 저성과자들에 대해서는 성과 코칭을 반드시 실시해야 한다. 매월 핵심 과제와 성과 목표에 대해서는 팀 단위로도 성과 평가와 피드백의 형태로 성과 리뷰를 해야 하고 팀원별로도 성과 평가와 피드백을 할 수 있도록 해야 한다. 그래야 반기 성과 평가나 연간 성과 평가를 객관적으로 실행할 수 있다.

상위 조직에 기여할 가치를 실현하라

운동경기가 진행되는 경기장에는 선수들만 들어갈 수 있다. 그곳에 감독이나 코치가 뛰어들면 비신사적 행위로 바로 징계를 받는다. 이를 기업에 비유하면 팀장은 경기장을 뛰어다니는 선수가 아니라, 선수들이 승리할 수 있도록 그 경기의 전술과 전략을 개발하고 선수들을 육성하는 코치라고 할 수 있다. 즉 팀장은 구성원들로 하여금 치열한 경쟁에서 승리할 수 있도록 만드는 사람이다. 물론 선수들의 역량이 부족하다면 플레잉코치의 역할도 상황에 따라 할 수 있다.

사장과 임원이 전략 조직을 담당한다면 팀장은 실행 조직의 책임자라고 할 수 있다. 이러한 관점에서 팀장으로서 해야 할 역할은 무엇일까? 팀원들로 하여금 탁월한 성과를 창출할 수 있도록 만드는 것! 그것이 팀장이 팀에 기여해야 할 가장 중요한 가치이다. 그렇다면 어떻게 팀원들이 성과를 창출하도록 이끌어 낼 수 있을까?

이에 대한 답변은 명확하다. 우선 상위 조직에 기여해야 할 주요 성과 책임이 무엇인지 분명하게 인식하고 찾아내야 한다. 상위 조직의 성과 목표를 달성해 내는 데에는 한정된 자원이라는 제약 조건이 반드시 있게 마련이다. 그렇기 때문에 제약 조건 안에서 팀의 역량을 최대한 발휘해야 성과에 도달할 수 있는데, 쓸모없는 일에 시간과 열정을 분산시키면 원하는 성과가 나오지 않을 확률이 높다.

그런데 문제는 팀장이 스스로 중요하다고 생각했던 팀의 전략 과제가 과연 사업본부와 같은 상위 조직이 달성해야 할 성과 목표와 얼마나 밀접한 타당성을 가지고 전략적으로 연계되어 있느냐 하는 것이다.

수많은 조직을 경험해 본 바에 따르면, 대부분의 팀장은 본인이 생각하기에 중요하다고 판단하는 일을 자신의 팀원들이 정말 열심히 수행하고 있다고 생각한다. 더욱이 그들은 자신의 팀이 다른 팀에 비해 상대적으로 힘든 일을 하고 있어 성과 목표를 달성하기 어렵다고 생각한다. 상위 조직의 성과 목표 달성에 기여한다는 생각보다 단지 개인적인 관점에서 해야 할 일의 경중을 따지기 때문에 이러한 현상이 발생하는 것이다.

팀이 한 해 동안 전략적으로 매진해야 할 과제들이 상위 조직의 성과 목표 달성에 도움이 되지 않는다면 결국 그 팀은 곤경에 처하게 된다. 따라서 팀장은 상위 조직의 성과 목표와 전략을 먼저 확인하여 팀의 업무와 연계된 전략 과제들이 무엇인지 구체적으로 파악하고 상위 조직의 성과 목표를 달성하는 데에 기여할 전략 과제를 치열하게 고민해야 한다. 그리고 팀원들과 함께 그 전략을 제대로 실행할 수 있는 일에 매진하는 것이 더욱 바람직하다.

이처럼 팀장이 상위 조직의 성과 목표를 달성하기 위해 선행적으로, 인과적으로 책임져야 할 전략 과제를 찾아내는 과정은 팀장과 팀원 사이에서도 마찬가지이다. 팀장은 팀의 성과 목표를 달성하기 위해 팀원들이 어떠한 과제를 선행해야 하고, 어떤 과제가 팀의 성과 창출에 가장 인과적으로 기여할 수 있을지에 대한 방향성을 제공해야 한다. 즉 팀원들의 성과 목표와 팀의 성과 목표를 인과적으로 연계시킴으로써 팀장과 팀원들이 모두 각자의 상위 조직에 기여할 수 있는 가치를 실현하도록 만들어야 한다는 의미이다.

다음으로는 팀원들의 '자율성'을 북돋우는 것을 꼽을 수 있다. 누군가가 시켜야 겨우 움직이는 사람과 스스로 자신의 길을 찾아가는 사람이 이루어 낸 결과물의 차이는 엄청나다. 리더로부터 책상이 지저분하다며 정리 좀 하라는 잔소리를 듣고 청소를 한 사람의 책상과 스스로 청소를 한 사람의 책상은 슬쩍 보기만 해도 차이가 분명하다. 게다가 정리하는 데 걸리는 시간도 확연히 차이가 난다. 책상 주인이 스스로 정리하고 싶다는 의지로 치운 책상은 짧은 시간을 활용했음에도 불구하고 책상 위의 물건들이 규칙적으로 정리되어 있어 깔끔하다는 인상을 준다. 하지만 남이 시켜서 마지못해 청소한 책상은 억지로 정리한 티가 난다.

주위를 둘러보면 역량은 있으나 열정이 없어서 남이 시키는 대로 대충 맞춰 가는 사람들이 있는데, 탁월한 성과를 창출하려면 억지로 일하는 수동적인 존재가 되어서는 안 된다.

자신이 해야 할 일을 스스로 챙기고 누가 거들어 주지 않더라도 의욕을 불살라 목표를 성과로 창출해 내는 팀원들로 가득 차야 팀원은 물론 팀도 경쟁력을 가질 수 있다. 그러기 위해 무엇보다 필요한 것은 팀원들이 자발적으로 일에 몰입하도록 만드는 내적 동기를 키워 주는 것이다. 그것이 팀장으로서 기여해야 할 가장 중요한 가치이다.

심리학자 미하이 칙센트미하이(Mihaly Csikszentmihalyi) 박사는 내적 동기가 발동되어 자발적으로 일에 몰입하는 사람들에 대한 연구를 통해 내적 동기 유발에 필요한 3대 조건을 발견했다. 그것은 다음과 같다.

1. 뚜렷한 목표
2. 목표를 달성하는 과정을 스스로 알 수 있는 즉각적 피드백
3. 역량에 부합하는 도전

조벽 교수는 컴퓨터 게임이 요즘 청소년들에게 인기가 있는 이유를 이 주장을 근거로 설명했다. 그에 따르면 컴퓨터 게임이야말로 청소년의 가장 강력한 내적 동기를 발동하게 한다. 먼저 게임은 목표가 뚜렷하다. 전체 게임은 물론 전체를 구성하는 한 판 한 판도 뚜렷한 목표를 가지고 있다. 이 목표를 달성해야 다음 판으로 넘어갈 수 있고 이것들을 축적하는 과정을 통해 더 크고 뚜렷한 목표를 계속해서 갖도록 설계되어 있다.

또한 컴퓨터 게임은 게임을 하는 과정마다 자신이 잘하고 있는지 그렇지 않은지에 대해 실시간으로 피드백을 해 준다. 예를 들어, 서로 싸우는 게임이라면 내가 날린 펀치나 킥을 통해 나의 에너지는 얼마가 빠져나갔고, 상대방의 에너지는 얼마나 줄었는지 모니터에 나오는 그래픽들을 통해 분명하게 볼 수 있다. 또한

내가 수립한 전략을 실행함으로써 아군은 아이템을 몇 개나 얻었고, 상대방에게는 얼마만큼 타격을 주었는지도 정확히 알 수 있다.

게다가 컴퓨터 게임은 보통 참여자가 각자의 역량에 부합하는 도전을 지속하도록 만들어져 있다. 3단계를 통과하면 다음 4단계가 게이머를 기다리고 있고, 4단계를 통과해서 5단계로 가기 위해서는 3단계 때보다 조금 더 높은 실력을 갖추어야 한다. 이를 통해 게임 참여자들은 자연스럽게 게임을 잘해야겠다는 내적인 동기를 스스로 부여하고 강화하고 증폭시킨다.

게임에 빗대어 알아본 것처럼 팀장은 팀원들에게 명확한 목표를 부여하고 목표를 실행해 나가는 과정에서 정확한 코칭과 피드백을 주는 것은 물론, 자신의 역량에 적합한 도전을 통해 성취감을 느끼게 해 주는 것이 중요하다. 무엇보다 팀원들의 내적 동기를 자극하여 자발적으로 일에 몰입하게 만드는 데에는 팀장의 명확한 '성과 목표' 제시가 중요한 역할을 한다.

그런데 만약 팀장조차 팀이 궁극적으로 이루어 내야 할 성과 목표를 명확하게 모른다면 어떻게 되겠는가? 우리 팀이 왜 일을 해야 하는지, 무엇을 해야 하는지 방향조차 잡지 못한다면 팀원들이 어떻게 목표를 세분화하고 책임을 배분하겠는가? 목표가 없는 조직에서는 열정도, 사명감도, 로열티도 기대할 수 없다. 그리고 그 조직과 구성원들에게서 '자율성'을 찾아보기 어렵다. 시키는 대로, 남들이 하는 대로 행동하는 것에 익숙하기 때문이다.

팀장으로서 팀원들의 '자율성'을 더욱 키워 줄 수 있는 현실적인 방법이 있다. 우선적으로 해야 할 일(job) 중심의 '업무 분장' 대신 성취해야 할 목적지(performance) 중심의 '성과 책임'으로 일에 대한 생각을 과감하게 바꾸는 것이다. 많은 팀장이 해야 할 업무 과제를 기계적으로 나눠 팀원들에게 배분한다. 그러나 업무를 투입 중심의 직무 기준으로 편성하고 분류하는 것은 전혀 미래지향적이지 못하다. 투입 위주로 해 왔던 업무 분장은 일의 단순 반복을 낳을 뿐이다. 이는 열심히 일만 하면 되었던 과거에나 쓸모 있었던 방식이다.

지금 우리에게 중요한 것은 우리 조직이 달성해야 할 '열매(果)'이고 그 열매가 얼마나 우수한 품질로 많이 '수확되었느냐(成)'의 여부이다. 이러한 관점의 연장선상에서 팀장은 팀원들이 도달해야 할 목적지, 즉 객관적이고 도전적이고 구체적인 성과지표를 기준으로 업무를 나누어야 한다. 일을 실행하기에 앞서 팀원별로 각각의 일에 대해 누가 책임을 지고 그 업무를 완수해 낼 것인가 하는 '성과 책임'을 명확히 밝혀 주어야 한다는 것이다.

따라서 팀장은 팀원들이 '내가 왜 이 일을 해야 하는지' 그리고 '그 일을 통해 어떠한 결과물을 책임지고 이루어 내야 하는지'

를 알려 줌으로써 팀원들이 자발적으로 일에 몰입하게 만들어 조직에 기여할 수 있다.

하이에나처럼
날로 먹지 말고
인과적 실행 방법을
코칭하라

팀이 이루어 내야 할 성과 목표를 설정하고 그에 따라 각각의 팀원에게도 성과 목표가 부여되었다면, 어떻게 인과적 달성 전략과 방법을 수립할지 고민해야 한다. 팀이 한 해 동안 이루어 내야 할 성과 목표와 일상적인 업무 수행 사이에 전략적 연계성이 없다면 지금까지의 모든 프로세스는 물거품이 되고 만다. 아무리 훌륭한 기획과 계획이라도 실행되지 않으면 소용이 없고, 아무리 잘 실행되었다 하더라도 애초에 의도했던 성과가 나타나지 않았다면 팀장이 역할 수행을 잘못한 것이다.

그런데 많은 기업이 이 부분을 간과하고 있다. 그동안 여러 기업을 컨설팅하고 코칭한 경험에 따르면, 일반적으로 팀장들은 업무의 성과 목표와 전략 방향을 '제시(plan)'하는 데 20% 정도, 업무 진행 과정에 대해 지시하고 보고받고 의사결정하고 자원을 '통제(control)'하는 데 70% 정도, 마지막으로 업무 수행 결과를 평가한 뒤 다음 계획을 수립하고 '피드백(see)'하는 데 10% 정도 의 역량과 시간을 배분한다.

이는 팀원들이 일정 시점에 이루어야 할 성과 목표를 제시하고 전략을 코칭해 주는 역할보다 실행 과정에 개입하고 모니터링하는 역할에 머물고 있다는 사실을 여지없이 보여 준다. 팀장이라는 위치에서는 팀원들이 목표를 달성하는 데 있어서 열정적으로 전략과 방법을 찾아낼 수 있게 지원하고 격려하는 것에 힘을 더 기울여야만 한다.

팀의 연간 성과 목표는 기업의 비전이나 중장기 목표를 실현시키기 위해 한 해 동안 반드시 달성해야 할 '배수진'이다. 따라서 팀에서 한 해 동안 실행해야 할 전략은 팀이 추구하고자 하는 목적지, 즉 성과 목표를 향해 있어야 한다. 철저하게 성과 목표를 겨냥하여 공략할 수 있는 타깃(Target)이 정해져야 한다는 말이다.

그런데 평균적으로 공략할 타깃의 특성에 따라 어떠한 전략을 구사할지를 미리 계획하는 역량이 상당히 취약하다. 대부분 '해야 할 일'들을 나열하는 경우가 많다. 성과 목표를 달성하기 위해 우선적으로 필요한 것은 타깃별 전략이지 업무 중심의 계획이 아니다. 실제로 매년 4분기가 되면 '내년에는 무슨 일을 하겠다'라는 식의 업무 추진 과제를 줄줄이 나열하고 일정순서를 짜는 팀장들이 있다. 그러고서 대략적인 소요 예산을 산출한 뒤, 한 해가 시작되면 필요할 때마다 수시로 팀원들을 소집하여 회의를 하곤 한다. 심지어 일단 떠오르는 대로 실행 계획부터 나열한 다음, 목표와 전략을 그에 끼워 맞추는 어처구니없는 경우도 심심찮게 볼 수 있다.

이런 식으로 해야 할 일이나 과제를 모아 놓은 '단순 업무 추진 계획'은 문어발식 과제의 종합선물 세트에 지나지 않는다. 정해진 시간 동안 해야 할 일들은 넘쳐 나고, 팀의 성과 목표를 달성하기 위해 제공되는 자원의 한계도 인식하지 못하는 계획은 전략적 영양가가 별로 없다. 그렇기 때문에 실행 가능성도 거의 없다.

배우들이 영화나 드라마를 촬영하기에 앞서 수없이 대사를 외우고 가상의 상대방이 있다고 상상하며 자신의 감정에 몰입하여 연기 연습을 하는 것처럼 성과 목표를 달성해 내기까지의 수많은 과정을 되새기는 노력이 필요하다. 예전에 늘 해 오던 방식대로 써 내려가며 완성한 몇 장의 문서만을 믿기에는 팀의 성과 목표가 너무 중요하다. 팀이 성과 목표를 달성하기 위해서는 가고자 하는 경로에 대해 치열하게 토론하고, 수많은 변수를 생각하며 가장 중요한 타깃을 향해 충분히 시뮬레이션한 후에 출발해야 한다. 그래야 목적지에 도달할 확률이 높다.

타깃은 반드시 성과 목표를 달성하는 데 있어서 가장 핵심적인 공략 대상이다. 팀장은 팀원들이 이를 객관화된 수치로 명확하게 표현하도록 코칭해야 한다. '숫자'로 표현되지 않으면 제대로 실행되었는지를 판단하기 어렵고 또 잘못된 방향으로 나아갈 수도 있기 때문이다. '열심히', '최선을 다해'라는 용어는 팀장과 팀원이 서로 다르게 받아들일 수 있는 모호한 기준이다. 기준이 애매해지면, 일이 끝나고 났을 때의 결과를 받아들이는 반응도 사람마다 천차만별이다.

타깃은 그 팀의 구성원, 즉 팀장이든 팀원이든 누구나 받아들일 수 있는 객관적이고 구체적인 기준이 되어야 한다. 그 기준이 명확해야 팀원들도 자신 있게 업무에 몰입할 수 있기 때문이다. 타깃을 설정할 때에는 세 가지 과정을 명심하면 된다.

1. 목표 달성을 위해 어떤 고객(who)에게, 어떻게 집중할 것인가
2. 얼마만큼(how much)의 성과를 창출할 것인가
3. 어떻게(how to) 실행할 것인가

바로 이것이 성과 목표 달성 전략의 핵심이라고 할 수 있다. 또

한 성과 목표를 달성하기 위해 전략을 실행하는 것에 있어서 팀원들이 팀장보다 뛰어나다는 사실을 인정할 필요가 있다. 과거에는 팀장들도 실무에 일가견이 있었겠지만, 현재는 상품이나 서비스를 직접 구매하는 최접점 현장과 떨어진 상태에서 간접적으로 개입하는 역할을 맡기 때문에 팀원들의 실행 감각을 당해 낼 수 없다.

반대로 팀장이 팀원에 비해 뛰어난 점도 있다. 바로 직관력과 통찰력이다. 미래를 예측하고 전체 방향을 제시하는 역량은 팀장이 팀원들보다 탁월하기 때문에 팀원들이 각각의 개체인 나무라면, 팀장은 더 넓은 관점에서 숲에 비유할 수 있다.

따라서 팀장은 앞으로 일어날 일을 미리 그려 보고, 목표 설정 단계부터 성과 책임과 실행에 대한 권한 범위를 명확하게 함으로써 팀원 스스로 자율 책임 경영을 추진할 기본 바탕을 마련해야 한다. 그리고 이를 통해 팀원들은 성과 목표를 합의하고 실행 방법을 자율적으로 수립할 수 있게 된다.

이 과정에서 팀장은 팀원들과 끊임없이 커뮤니케이션해야 한다. 팀원들에게 팀이 가고자 하는 방향과 성과 목표를 제시하고, 팀원들이 요구하는 소요 자원이 무엇인지 의견을 수렴하여 서로 협의하는 과정을 거쳐야 추후 성과에 대해 평가할 때 팀원들을 납득시킬 수 있다.

'왜' 해야 하는지 이유부터 생각하게 하라

많은 팀원이 자신이 왜 맡은 업무를 수행해야 하는지 파악하지 못한 상태에서 열심히 일한다. 때로는 너무 바빠서 일하는 이유와 목적을 생각하지도 못한 채 일하기도 하고, 때로는 자신이 생각하는 이유와 목적과는 다른 현실을 개선할 수 없기 때문에 체념하면서 일하기도 한다. 그러나 사람이 삶을 살아가고, 직장인이 일을 하는 데 있어서 무엇보다 중요한 것은 '왜 그 일을 해야 하는가에 대한 이유가 분명한가'이다.

어떤 화가가 단지 그림을 그리는 일을 빨리 끝내려고 한다거나 캔버스를 채우는 것을 지겨운 일로 생각한다면 그는 결코 많은 사람에게 감동을 주는 그림을 그리지 못할 것이다. 화가라면 그림을 그리는 본질적인 가치와 목적을 깨닫고, 어떻게 하면 사람들에게 감동을 전달해 줄 수 있을지 항상 고민해야 한다. 운동선수이든, 예술가이든, 사업가이든, 정치가이든 자신의 분야에서 성공을 이루어 낸 사람들은 자신의 입신양명(立身揚名)보다 타인과 세상을 향한 사랑과 누군가에게 기여해 보고자 하는 생각을 바탕으로 숭고한 이유를 찾으려고 노력했다. 그리고 그 과정에서 의미 있는 이유와 목적을 찾아 숙명으로 여기고 그것을 실천하는 데 매진하여 좋은 결과를 얻었다.

팀장은 팀원 스스로가 '내가 맡은 업무를 통해 고객들에게 어떤 가치를 전달해 줄 것인가'를 고민하게 해야 한다. 이러한 고민은 업무의 궁극적인 방향성을 제시해 주고, 조직 내에서 본인의 존재 목적을 확신하게 해 주기 때문이다.

기업이 고객을 만족시켜야 하는 것은 상식 중의 상식이다. 여기서 말하는 '고객'은 기업에게 '바라는 것'이 있는 모든 조직과 사람이다. 이 법칙을 거부한다면 '시장'에서 도태될 수밖에 없다.

팀원들도 마찬가지이다. 팀원들은 자신에게 바라는 것이 있는 고객인 팀장, 동료, 사업부, 회사를 만족시켜야 한다. 그렇기 때문에 팀원의 일차 고객인 팀장은 팀원들이 업무를 수행할 때 해당 업무의 추진 배경과 목적을 명확하게 코칭해 주고 올바른 실행으로 연결할 수 있도록 최선을 다해 지원해 주어야 한다. 팀장은 팀원들이 이런 질문을 던지면 분명한 답을 할 수 있어야 한다.

"내가 정말 가치 있다고 생각하는 일은 무엇일까?"
"나는 누구를 위해 이 일을 하고 있는 것일까?"

그리고 팀원들이 이런 고민을 마음속에만 가지고 있는 것이 아니라 수시로 일깨울 수 있도록 도와주어야 한다. 예를 들어, 팀원들이 자신만의 '미션 선언서'를 만들어 보게 하는 것도 도움이 된다. 이는 팀원들이 조직 내에서 자율적으로 일할 수 있는 하나의 계기를 만들어 줄 수 있다. 자신이 기여하는 바에 대한 명확한 정체성을 가지고 있어야만 자부심과 자신감을 가질 수 있고, 다른 사람을 배려하며 더불어 일하는 자세를 견지할 수 있다.

또한 누구에게 기여할지를 생각하다 보면 자신이 달성하고자 하는 이유와 목적을 반드시 찾을 수 있게 되며, 이를 반드시 성취해야 하는 근본적인 이유까지도 깨닫게 된다. 급기야 목적을 반드시 이루어 내고 말겠다는 정신적인 힘과 대의명분을 제공함으로써, 스스로 자신의 직업에 대한 보람과 긍지를 갖게 만든다.

간혹 어떤 팀원은 '다른 사람에게는 관심 없어. 나만 잘 먹고 잘살면 되는 거 아냐?'라고 생각하고, 자신을 위해서만 모든 시간과 정성을 쏟는다. 물론 이것이 100% 잘못되었다고 말할 수는 없지만 '누구에게 어떻게 기여할 것인가'에 대한 의미 있는 생각이 빠져 있는 인생은 왠지 씁쓸하다.

반면 어떤 팀원은 "인생을 살아가는 데 있어서 생활 속의 불편함은 참을 수 있지만 불의를 보면 도저히 참지 못하겠다"라고 말하고, 또 어떤 팀원은 "나는 라면으로 끼니를 때운다 해도 경제적 약자들을 위해 조금이라도 기부를 해야 직성이 풀리고 행복하다"라고 말한다.

다양한 삶의 방식과 그 바탕을 이루는 가치관에 대해 일일이 평가하자는 것은 아니다. 다만 진정으로 자신이 원하는 것을 알아내고 삶의 의미를 찾기 위해 '나'만이 아닌 '타인'과 더불어 살아가려는 노력이 필요하다는 것이다.

이때 팀장은 팀원들이 스스로 일하는 이유와 목적을 분명하게 찾기 위해 몸부림칠 때 '누구에게 어떻게 기여할 것인가?'와 같은 '의미' 있는 명제를 중요시하는 생각 프레임을 제시할 수 있어야 한다. '누구에게 어떻게 기여할 것인가?'라는 물음은 개인이 직장 생활에서 가져야 할 궁극적인 목적을 정하는 데 있어서 지대한 영향을 미치기 때문이다.

따라서 구성원 개개인이 품고 있는 미션을 팀의 미션과 연관선상에서 인정하고 그들이 미션을 정확히 이해할 수 있도록 후원해 주는 멘토와 멘티 관계가 정립될 때, 팀원과 팀장은 팀이라는 하나의 공감대로 모아져 탁월한 성과를 창출할 수 있다.

실행 방법에 대한
선택권을 부여하라

팀의 성과는 곧 기업의 생존을 위한 핵심적인 성공 요인이다. 그런데도 여전히 단순히 팀끼리 또는 팀원들 간에 서로 '나눠 먹기식'으로 업무를 분류하고 실행하는 경우가 많다. 과거에는 그러한 방식이 통했을 수도 있다. 그래서 구성원들의 일하는 방법(일의 타깃)이 주로 '일을 얼마나 열심히 하는가'와 같은 노력(Input) 중심이었고, '업무 절차와 규정에 맞춰서 했는가'와 ' 윗사람이 시키는대로 했는가'에 초점이 맞춰져 있었다.

그러나 현재의 기업 경영 환경은 과거와 확연히 달라졌다. 지금도 매일매일 변화하고 있다. 이렇게 경영 환경이 바뀌고 있으니, 일하는 방식도 바뀌어야 한다. 이제는 달성해야 할 결과물인 성과를 중심으로 일을 해야 하며 이전에는 만들어 내지 못했던 가치를 창조하는 데 초점이 맞춰져야 한다. 성과 기준과 가치 기준을 먼저 설정하고 더욱 더 전략적으로 업무를 추진할 수 있도록 '일하는 방식의 혁명'이 이루어져야 한다.

일하는 방식의 혁명이 제대로 정착되기 위해 팀장에게는 팀원과 업무 실행의 상호관계가 계속해서 선순환을 그릴 수 있도록 도와주는 메커니즘이 필요하다. 성과 목표는 반드시 조직 단위별, 개인별로 구분하여 설정하고, 스스로 통제하고 관리하고 책임질 수 있어야 한다. 또한 성과 목표를 달성하기 위해 선택한 전략을 실행할 때에도 기존에는 주로 팀장들이 전략의 구체적인 실행 방법에 대해 꼬치꼬치 관여해 왔지만, 이제는 시장의 고객이나 경쟁자와 가까이에 있는 팀원을 중심으로 한 고객 접점 실무진이 실행 방법에 대한 자율적이고 주도적인 의사결정을 할 수 있도록 팀장의 역할을 혁신해야 한다.

따라서 팀 내에서는 성과 목표와 가야 할 방향에 대해 팀장과 팀원이 합의하고 팀원들이 자율적으로 전략을 실행할 수 있도록 실행 주체를 예전의 팀장 중심에서 팀원 중심으로 전환해야 한다. 물론 팀원들의 의견을 그대로 수용하라는 것은 아니다. 반드시 팀원들의 생각이 성과 창출 프로세스에 부합하는지 팀장이 검증하는 절차, 즉 코칭이 필요하다.

하지만 현실에서는 그러한 팀의 성과 관리 체계가 자리 잡히려면 여전히 갈 길이 멀다. 팀원들에게 실행 권한을 제대로 위임하지 못하고 시시콜콜한 것까지 직접 챙기는 팀장들은 보통 '대리' 같다는 비난을 받는다. 의외로 '대리' 같은 팀장들을 흔히 볼 수 있다. 이는 팀장이 진정 위임해야 할 것은 팀장이 해야 할 '업무나 과제'가 아니라, 팀원들이 성과를 창출하기 위한 전략을 자율적으로 선택하고 '실행 방법을 결정할 수 있는 의사결정 권한'이기 때문이다.

권한 위임(權限委任)에는 역할 위임(empowerment)과 책임 위임(delegation)이 있는데 진정한 의미의 권한 위임은 델리게이션이다. 델리게이션이란 팀장이 팀원에게 과제를 부여하고 팀원으로 하여금 기대하는 결과물에 대해 먼저 생각하게 하고 팀장이 검증하여 합의하고, 기대하는 결과물을 성과로 창출하기 위해 팀원들이 어떤 전략과 방법을 선택할지 기회를 주고 선택한 전략과 방법에 대해 팀장이 검증 과정을 통하여 코칭하고 실행 행위에 대해서는 실행 권한을 팀원에게 주고 실행에 따른 성과 책임은 스스로 질 수 있게 만드는 것이다.

어떤 사람들은 이렇게 말하기도 한다.

"그게 결국 팀장이 해야 할 업무를 팀원에게 분배하거나 내려

주는 것 아닙니까?"

하지만 진정한 의미에서의 권한 위임은 그렇지 않다. 팀장의 권한 위임은 피할 수 없는 현실이다. 앞서 이야기했지만 시장 환경 자체가 기존의 공급자 중심에서 수요자 중심으로 변하면서 소비자와 최종적으로 접촉하는 고객 접점의 구성원들이 중요한 의사결정을 원스톱(one-stop)으로 내릴 수 있는 델리게이션은 반드시 필요한 것이라고 할 수 있다.

제대로 된 권한 위임은 파급력 또한 크다. 팀장의 경우, 그동안 팀원들이 일을 얼마나 제대로 하는지 지켜보고 체크하는 데 들였던 시간과 노력을 상당 부분 줄일 수 있게 되어 더욱 중요하고 긴급하게 수행해야 할 전략적인 업무에 시간을 효과적으로 쓸 수 있는 기회가 생긴다. 그만큼 팀장은 본인이 원하는 성과를 얻을 수 있는 가능성을 높이게 되는 것이다.

팀원의 경우는 무엇보다 팀장에게 인정을 받고 신뢰관계가 형성되었다는 심리적인 효과가 매우 크다. 이는 팀원이 성과 목표를 달성하기 위해 선택한 전략과 실행 방법에 대해 팀장이 적극적으로 지원해 줄 것이라는 뜻이기도 하기 때문에 팀원들은 더욱 신바람 나서 일하게 된다. 아울러 권한 위임을 위해 팀장으로부터 전략적인 성과 목표를 부여받고 성과 목표를 달성하기 위한 전략에 대해 커뮤니케이션하는 과정에서도 실질적인 역량을 함께 축적할 수 있는 좋은 계기가 된다.

이렇게 권한 위임의 탁월한 기대 효과에도 불구하고 권한 위임을 가로막는 가장 큰 문제는 많은 팀장이 스스로 '주인공'이 되고자 하는 욕심을 품고 있다는 것이다. 그래서 팀원들에게 실행 권한을 주지 않으려고 한다. 자신이 가진 힘을 놓지 않고 팀원을 자신의 지시대로 통제하려고 하는 것이다. 심지어 코칭해 준다는 빌미로 자신이 원하는 스타일의 템플릿이나 글꼴 하나까지 지나치게 세부적인 항목들을 요구하고 간섭하는 팀장도 많다. 그러나 이러한 모습은 팀원에게는 물론 해당 팀의 성과에 방해만 되는 간섭일 뿐이다.

자신의 팀원들을 가장 믿어야 할 사람은 팀장이다. 팀장이 팀원들을 믿고 그들이 전략을 자율적으로 실행할 수 있도록 권한을 과감히 위임해야 한다. 그래야 탁월한 성과를 창출할 수 있다. 그런데 욕심을 버리지 못하니 조직이 어떻게 되겠는가. 그런 팀장들은 처음에는 팀원의 사소한 행동이 눈에 거슬려서 지적하기 시작한다. 그렇게 '잔소리'를 하다 보면, 어느새 그들의 일하는 방식까지 간섭하며 본인의 입맛대로 통제하게 된다. 그런 식으로 자신의 아바타를 만들어 가는 것이다.

이와 같은 팀장 때문에 팀원들은 '아이디어를 내 봤자 별수 없어. 팀장은 그저 자신이 원하는 대로 움직이길 원하니 그냥 시키는 대로 하는 게 가장 편한 것 같아'라고 생각한다. 이렇게 체념하는 팀원들에게 능동적인 성과 창출 의지를 기대하는 것은 상당히 어렵다.

구성원들이 창의적인 전략으로 탁월한 성과를 내기 바란다면, 팀장이 먼저 과거의 업무 방식을 버리고 새롭게 혁신해야 한다. 그중에서도 가장 큰 과제가 바로 권한 위임이다. 그중에서도 델리게이션 말이다. 델리게이션이 제대로 되기 위해서 팀장이 명심해야 할 점은 '성과 목표'와 '달성 전략'을 매개로 권한 위임이 이루어져야 한다는 것이다. 팀장이 부여한 성과 목표를 사전에 합의하고, 이를 달성하기 위한 전략과 방법에 대해 팀원이 고민한 내용을 팀장이 코칭 과정을 통하여 인정해 줄 때 비로소 제대로 된 권한 위임이 이루어졌다고 볼 수 있다.

팀장이 권한 위임이라는 역할 수행을 제대로 실천하기 위해서는 다음 사항들을 숙지해야 한다.

기대하는 성과 목표를 명확하게 컨펌하라

구성원들의 업무 수행을 통해 기대하는 성과 목표는 반드시 실행할 팀원들이 먼저 현장의 데이터 분석을 통하여 초안을 만드는 것이 필요하다. 팀장이 생각하는 업무 수행을 통해 기대하는 결과물을 팀원의 초안을 보고 구체적으로 검증해 주고 컨펌

해 주어야 한다. 일부 팀원들은 팀장이 목표를 설정해 주어야 한다고 하지만 팀장은 팀원의 과제 수행의 목표를 사전에 제시할 수 없다. 실무를 수행하는 사람은 팀원이기 때문에 팀원이 과제 현황 파악을 통하여 팀장이 기대하는 결과물의 초안을 작성하는 것이 타당하다.

성과 목표 달성을 위한 전략과 방법에 대해 코칭 프로세스를 작동시켜라

기대하는 결과물을 명확하게 합의해 주었으면 그다음에는 어떻게 실행할 것인지, 그 전략에 대해 사전에 공감대를 형성해야 한다. 특히 이때 팀원들의 맹목적인 실천 의지에만 의존하지 말고, 실제로 팀원들이 공략해야 할 타깃이 무엇이고 어떤 실행 방법으로 실천에 옮길 것인지 확실하게 객관적인 생각을 듣고 코칭해 주는 작업이 필요하다.

검증한 달성 전략과 방법의 실행을 믿고 맡겨라

실행에 앞서 기대하는 결과물과 달성 전략에 대해 코칭한 뒤 큰 틀에서 문제가 없다는 판단이 섰다면, 그때 비로소 실행 행위에 대한 모든 의사결정 권한을 넘기고 성과가 나올 때까지 믿고 맡겨야 한다. 팀장 자신만이 이 일을 해 낼 수 있다고 고집을 부리는 것은 어리석은 일이다. 무슨 일이든지 어느 정도의 위험은 감수해야 하고, 사람은 자신을 믿는 사람에게 믿음을 준다는 금언을 상기하며 권한 위임을 과감하게 실천해야 한다. 권한 위임이 있는 곳에 성과가 있다.

또한 권한 위임이 있는 곳에 신뢰가 생긴다. 신뢰의 핵심은 사람 자체를 믿는 것도 중요하지만 그 사람의 목표나 전략에 대한 '생각'을 믿는 것이다. 신뢰는 모든 인간관계의 바탕이 된다. 신뢰는 돈을 주고 살 수도 없고, 갖고 싶다고 해서 가질 수 있는 것도 아니다. 신뢰는 상대방이 줄 때만 얻을 수 있다. 신뢰를 주고 말고는 전적으로 상대방에게 달려 있다. 신뢰는 인간관계를 반석 위에 세운 집으로 만들어 준다. 직장에서는 리더가 구성원의 달성 전략과 방법에 대한 생각을 믿는 것이 신뢰의 본질이다.

아울러 신뢰는 사람과 사람이 만나 관계를 이룰 때 그 맨 꼭대기에 존재하는 인간관계의 최고봉이다. 두 사람이 서로를 온전히 신뢰한다면 그것보다 더 아름다운 것은 없을 것이다. 친구이든, 가족이든 서로를 완벽하게 믿을 때 사람들은 그 모습을 보며 감동한다. 저술가인 찰스 킹슬리(Charles Kingsley)는 이렇게 말하며 완전한 신뢰를 극찬했다.

"우리가 완전히 의지할 수 있고, 우리의 장단점을 속속들이 알고 있으며, 우리의 모든 잘못과 결점에도 불구하고 우리를 사랑해 주는 친구를 얻는다는 것은 대단한 축복이다."

사람은 누구나 상대를 믿는 만큼 자신을 드러낸다. 팀원들의 성과 창출을 돕기 위해서는 팀원들과 최대한 깊은 대화를 주고받을 수 있는 사이가 되어야 한다. 팀원들로부터 신뢰를 얻고, 자신 역시 팀원들을 신뢰해야 진정한 리더가 될 수 있다.

신뢰는 팀장과 팀원의 인간관계를 깊고 진솔하게 만드는 밑바탕이기 때문에 팀장은 신뢰를 통해 성과 창출을 위한 단초를 마련할 수 있다. 따라서 팀장은 신뢰를 최우선으로 생각해야 한다. 신뢰의 핵심은 사람 그 자체라기보다 엄밀하게 말하면 팀원의 생각이다. 팀장이 기대하는 결과물에 대한 생각, 달성 전략에 대한 생각이 구체적이지 않으면 신뢰할 수 없다.

치밀하게 관찰하고
눈높이로 표현하라

팀원이 자연스럽게 의견을 제시하고 커뮤니케이션할 수 있는 문화가 조성된 팀의 리더들은 직책의 한계를 넘어 '수평 소통'을 한다. 그들은 팀장, 팀원이라는 직책, 직위 차이로 절대 권력을 행사하는 것이 아니라 팀장이 팀원의 존재를 존중해 주고 그의 역할을 인정해 준다. 팀원 또한 당연히 팀장의 존재를 존중해 주고 팀장의 역할을 인정해 준다.

알렉산더 대왕은 정복자의 대명사와 같은 존재이다. 그는 마케도니아의 왕(재위 BC 336~BC 323)으로서, 그리스와 페르시아를 넘어 인도까지 정복해 그리스 문화와 오리엔트 문화를 융합

시킨 헬레니즘 대제국을 이룩했다.

알렉산더 대왕의 용맹함과 함께 잘 알려진 일화가 있다. 원정길에 나선 그의 군대는 음식은커녕 마실 물조차 없어 며칠 동안 고생하며 행군을 계속하고 있었다. 군사들은 극심한 갈증과 배고픔에 기진맥진했고, 이는 알렉산더 대왕 역시 마찬가지였다.

그때 한 소년 병사가 작은 가죽 부대에 담긴 물을 알렉산더 대왕에게 내밀었다. 자신이 숨겨 뒀던 물인데 이 상태로 가다가는 대왕이 탈진할 것 같아 바친다며 물을 공손히 전달했다.

알렉산더는 물을 벌컥벌컥 마시고 싶은 마음이 굴뚝같았지만 입술만 살짝 적신 뒤 이렇게 말했다.

"모든 군사가 똑같이 갈증을 겪고 있는데, 나만 물을 마실 수는 없다. 내가 입술만 적셨듯 다른 군사들도 입술만 적신다면 모든 군사가 새 힘을 얻을 수 있을 것이다. 그리고 그 힘으로 조금만 더 나아가면 우리는 마침내 진지에 도착할 수 있을 것이다."

대왕의 말에 군사들은 큰 감명을 받았고 모든 병사는 입술만 적신 채 다시 힘을 내어 결국 진지에 무사히 도착했다.

만약 알렉산더 대왕이 자신은 군사들과 위치가 다르다며 그들을 무시하고 혼자 물을 마셨다면 어땠을까? 또한 알렉산더 대왕이 자신이 가진 절대 권력으로 "왜 원정을 오는데 충분한 물과 음식을 미리 챙기지 못했느냐", "상황이 이렇게 악화될 때까지 왜 아무런 방법을 찾아내지 못했는가" 하며 호통을 치고 나무라기만 했다면 어땠을까? 그의 부대는 분명 진지에 도착하지 못했을 것이다.

회사에서도 마찬가지이다. 팀장과 팀원이 조직의 목표를 향해 서로 다른 역할을 수행하며 일을 하던 중에 팀원이 제대로 전략을 실행하지 못해 상황이 악화되었다고 가정해 보자. 이러한 상황에서 팀장은 어떻게 피드백을 해야 할까?

많은 팀장이 그러하듯이 큰소리로 호통치고 질책하는 것으로 피드백하면 문제가 해결될까? 그렇지 않다. 피드백은 결코 팀원들을 겁주기 위한 것이 아니다. 팀의 탁월한 성과를 인정하고 팀원들의 성장을 위한 하나의 툴이다. 많은 팀장이 별다른 피드백도 주지 않고 무조건 순위에 따라 팀원들을 줄 세우는 것에만 급급해한다. 해마다 정기적으로 진행되는 형식적인 이벤트라는 성격에 치중하기 때문이다.

그러나 진정한 평가와 피드백의 목적은 팀원이 더 나은 성과를 이루어 낼 수 있도록 '육성'하기 위한 것이다. 이제는 연말에 치러지는 '이벤트'가 아니라 시스템에 안착한 '평가 프로세스'를 체화해야 한다. 팀원들을 평가해 순위대로 나열하는 것에 목숨 걸지 말아야 한다. 그보다는 개선점을 보완하고 성과를 향상시킬 수 있는 방안을 찾아내야 한다. 이는 구성원을 지속적으로 성장시키기 위한 '육성형 피드백'을 해야 한다는 의미이다.

따라서 피드백을 하는 과정에서 팀장에게 필요한 모습은 팀원이 전략을 제대로 실행하지 못해 성과 목표를 달성하지 못했던 이유를 치밀하게 분석하고, 그가 실행했던 전략의 장단점을 피드백할 수 있어야 한다는 것이다. 팀장으로서 일의 결과에 대해 효과적인 피드백을 해 주는 것은 팀원, 동료, 리더가 서로에게 유익한 이익을 얻도록 해 준다. 그만큼 팀장이 조직을 운영하면서 꼭 필요한 것이 바로 팀원들에 대한 진심 어린 '피드백'이다. 경영학자인 피터 드러커(Peter Drucker)는 이렇게 말했다.

"인류가 발전할 수 있는 가장 효과적이고 유일한 방법은 피드백뿐이다."

물론 저조한 성과를 거둔 팀원에게 분명히 부족한 부분이 있을 것이다. 그러나 팀장이라고 해서 무조건 야단치고 큰소리치기 전에 어떤 부분이 잘못되었는지에 대한 전략 분석을 해 주고 다음에는 더 잘할 수 있도록 팀원의 눈높이에 맞춰서 피드백을 해 주어야 한다. 적당한 시기에 팀장이 보여 주는 피드백은 팀원들로 하여금 같은 실수를 반복하지 않고 어떤 점을 개선해야 하는지에 대한 명확한 기준을 찾게 해 준다.

바쁜 시간을 쪼개서라도 피드백을 해 주는 이유는 나중에 더 나은 성과를 내게 하기 위함이다. 잘한 것과 그렇지 못한 것을 따져 나중에 더 잘하도록 격려하고, 같은 실수를 반복하지 않도록 교정해 주기 위함이다. 또한 결과에 대해 이래라저래라 잔소리 하는 것이 아니라, 새롭게 학습해야 할 것이 무엇인지를 알려 주고 성장의 걸림돌이 되는 요인이 있다면 참고할 만한 정보를 제공해 주기 위함이다.

이 명확한 목적만 이해해도 피드백을 하는 마인드와 방식이 달라질 수 있다. 그러므로 팀장이 피드백을 할 때 과거에 연연하여 문제점만 지적한 채 끝내지 말고 미래의 해결책을 제시하는 '문제 해결 중심의 피드백'을 실천해야 한다. 또한 결과에 대한 명확한 분석을 통해 팀원들이 스스로 문제점을 파악하고 해결해 나갈 수 있는 '자기완결형 성과 책임자'로서 기반을 마련할 수 있도록 도와주어야 한다.

불필요한 말을 꺼내 분위기를 흐리거나 긴장 분위기를 조성하면 피드백 자체가 불가능해질 수 있다. 피드백을 하는 시간에는 오직 실행 부분에 대한 반성과 개선책에 대한 심도 깊은 논의가 이루어질 수 있도록 진지한 자세로 집중해야 한다.

만약 과거의 좋지 않은 기억 때문에 피드백에 대해 편견을 갖고 있는 팀원이 있다면, 피드백을 해야 하는 이유와 목적에 대해 충분히 설명하고 적극적으로 참여하도록 유도해야 한다. 이때 팀장은 미리 합의한 기준 목표와 실제 성과를 비교한 뒤 "내가 판단하기에 당신에게는 이러저러한 역량이 부족하고 이런저런 보완해야 할 점이 있으니, 앞으로 이런 역량을 이렇게 훈련하고 향상해 달라"는 피드백을 해 주는 것이 본연의 목적임을 명심해야 한다.

피드백은 팀장과 팀원이 일대일로 업무 결과에 대한 성과 여부를 판단하고 대화를 나누는 것인 만큼, 그 자체로 팀원들에게는 부담으로 다가올 수 있다. 피드백을 생산적으로 이끌어 가려면, 팀장이 먼저 팀원들의 경직된 마음을 헤아려야 한다. 차분하고 부드러운 분위기를 조성하고 팀원의 눈높이에 맞추어 표현해 준다면 그것만으로도 팀원이 일에 대한 열정을 갖게 되는 것은 물론, 동기부여 수준을 높이는 계기를 마련할 것이다.

그럼으로써 조직과 팀장의 성과를 창출하고, 팀원들을 '자율 책임 경영자'로 거듭나게 되는 것이다. 피드백은 이 모든 것을 가능하게 할 만큼 대단한 힘을 가지고 있다.

인격이 아닌 행동에 대해 코멘트하라

 피드백을 건너뛰거나 대충 넘어가는 팀장은 평가 시즌만 되면 매일 추가 시간을 투입해 일을 처리하느라 난리법석이다. 사전에 대상자와 합의한 기준이 애매모호하니 어떻게 해야 할지 몰라 매번 똑같이 허둥대며 시간만 낭비하는 것이다. 과연 이러한 피드백을 팀원들은 진심으로 받아들이고 신뢰할 수 있을까? 그러한 팀장이 과연 팀원들의 역량을 지속적으로 성장시키는 데 도움을 줄 수 있을까?

 팀장들이 피드백할 때는 명확한 근거가 바탕이 되어야 한다. 그 근거가 평가 대상자인 팀원들이 평가 결과에 대해 수용하게

끔 만드는 공정성과 객관성을 담보하기 때문이다. 따라서 팀장이 피드백의 근거를 마련하고 적용하는 것은 성과 목표를 설정하는 과정에서부터 절반 이상 결정되는 것이라고 해도 과언이 아니다. 그렇기 때문에 팀장의 모든 피드백 단계는 성과 목표 달성에 기여하고 구성원 개개인의 발전을 유도하는 것이어야 한다.

그럼에도 불구하고 많은 팀장이 피드백을 할 때 팀원의 인성이나 품성처럼 사람에 대한 기준들을 고정관념화하여 코멘트하는 실수를 범한다. 이는 자칫 팀원들에 대한 인신공격으로 비추어질 수도 있다.

많은 사람이 미리 자신의 경험과 지식에 기초한 생각을 바탕으로 상대방을 재단하여 믿을 사람과 믿지 못할 사람을 너무 쉽게 구분한다. 그 기준이 자신의 잘못된 고정관념과 편협한 사고, 별다른 근거 없는 억측에서 비롯된 것이라는 점을 인식하지도 못한 채 상대방을 무작정 믿거나 무조건 믿지 않는 것이다.

그러나 팀원을 믿을 수 있는가, 그렇지 않은가에 대한 판단을 하기 전에 자신이 가지고 있는 팀원에 대한, 상황에 대한 고정관념을 벗어 버리고 제로 베이스에서 시작해야 한다. 또한 판단을 시작한 이후에는 작은 사실을 근거로 확대 해석하는 침소봉대의 우를 범하거나 감정에 기인해 별다른 근거 없이 억측할 것이 아니라, 객관적인 근거와 사실관계를 바탕으로 합리적이고 현명한 판단을 하기 위해 신중하게 접근해야 한다. 고정관념과 억측에서 벗어나지 못하면 계속해서 팀원들을 잘못 판단할 수밖에 없다.

팀장은 팀원을 자질이 부족하거나 문제 있는 사람으로 취급해서는 안 된다. 팀원을 평가하거나 피드백할 때 팀원의 인격을 사전에 제시한 평가 기준의 달성 여부와 결부해서 평가하는 것은 바람직하지 못하다. 그러나 여전히 많은 팀장이 인격이나 주관적인 가치 판단으로 성과를 평가하고 있으며 객관적인 데이터를 기반으로 한 평가에는 익숙하지 못하다. 그렇게 되면 팀원을 평가해야 하는 팀장은 매년 똑같은 인사평가의 오류에 빠져서 홍역을 치를 것이다.

일하기 꺼려지고 얼굴 보기 싫은 팀원이라고 해도 팀의 일원으로서 함께 일하는 동안에는 객관적인 평가 기준을 제시하고, 그 기준에 따라 매번 투명하게 평가해서 코멘트해 주어야 한다. 그리고 팀장은 팀원들의 꾸준한 성장을 위해서 회사와 팀에서 제시한 인재상과 역량 모델을 바탕으로 어떠한 자질과 태도를 함양해야 하는지에 대해 설명해 주고, 바람직하지 않은 행동에 대해서는 코칭과 훈련을 통해 올바르게 바로잡아 주어야 한다.

성과와 역량 측면에서 최종 성과를 평가하려면 객관적 데이터를 근거로 팀원이 달성한 성과와 그동안 실행으로 옮겼던 행동을 따져 보는 것이 중요하다. 여기서 객관적 데이터란 팀원이 주별, 월별로 수립했던 전략 수립 내용과 전월 성과 분석 등의 내용을 가리킨다.

피드백을 할 때에는 '감정'이 아닌 '사실'이 바탕이 되어야 한다. 따라서 팀장은 팀원과 연초에 합의된 '성과 목표'와 '역량 목표'를 근거로 삼아야 한다. 말 그대로 기대하는 성과물이 목표한 대로 달성되었는지를 판단하는 것이다. 아울러 성과 목표 달성 전략을 어떻게 행동으로 옮겼는지에 대한 점검도 반드시 필요하다. 예를 들어, 어떤 팀원이 올해 달성해야 할 성과 목표를 '유아 고객 학습지 매출액 10억 원', 달성 전략을 '기존 고객 유지율 85%'라고 했을 때, 달성하기 위한 전략적인 행동으로서 '우수 학습지 고객 대응 강화'와 '신규 학습 콘텐츠 개발'을 꼽을 수 있다.

그리고 이러한 전략적인 행동을 제대로 실천하고 있는지를 판단할 수 있도록 핵심 지표를 '4~7세 영어 학습지 고객 마케팅 성공 사례 정리 매월 4건 이상'으로 설정하여 1년 동안 실천 여부를 평가해 볼 수 있다. 한편 이렇게 성과와 역량 측면에서 최종 성과를 평가하려면 객관적 데이터를 근거로 자신이 달성한 성과와 그동안 실행으로 옮겼던 행동을 따져 보는 것이 중요하다.

이처럼 팀이나 회사의 성과 목표를 달성하기 위해 각 팀원이 전략과 긴밀히 연계된 행동을 제대로 실천하고 있는지를 판단할 수 있는 기준이 없거나 불명확하다면, 팀장이 팀원에게 해 주는 코멘트가 추상적이고 실용성이 떨어질 수밖에 없다. 그렇게 되면 팀원은 성과 목표를 달성할 객관적이고 구체적인 행동 기준 없이 일하게 되고, 팀장은 애매하게 겉도는 코멘트만 일삼게 되어 결국에는 서로 간의 오해와 불신이 커질 가능성이 크다.

반대로 팀원이 행동해야 할 기준이 정해지면, 서로의 요구 수준을 정확하게 파악할 수 있다. 팀원의 경우는 자신이 어떻게 행동해야 할 것인가가 분명해지고 자신이 부족한 점을 업무를 수행하는 과정 중에서 모니터링하며 스스로 고쳐 나갈 수도 있다. 팀장은 사전에 정해진 기준에 맞춰 팀원의 행동을 객관적으로 취합하여 이를 평가하고 코멘트하면 된다. 이것이 평가와 피드백을 둘러싼 상호 불신과 오해에 발목 잡히지 않고 서로가 일에 대한 동기를 상실하지 않도록 만들어 주는 긍정적인 효과로 이어지게 된다.

제대로 된 팀장은
피드백이 다르다

리더십이란 상대방으로 하여금 정해진 기간 내에 리더가 기대하는 결과물을 이루어 내게 하는 제반 메커니즘을 말한다. 리더십이란 리더 개인의 경험과 개인에 기반한 개인기가 아니라 객관적인 데이터에 기반한 프로세스이다. 리더가 기대하는 결과물을 이루어 내게 하려면 무엇보다 먼저 일을 하기 전에 실행하는 조직이나 사람과 기대하는 결과물의 기준이 무엇인지 사전에 합의하는 프로세스가 핵심이다. 그리고 사전에 합의한 기대하는 결과물이 정해진 기간 내에 성과로 창출될 수 있도록 인과적(causal) 과정 관리를 해야 하며, 분기나 월간 단위로 과정 성과 평가와 피드백, 반기와 연간 단위로 최종 성과 평가와 피드백을 해야 한다.

피드백은 이러한 연장선상에서 통찰되어야 한다. 피드백이란 피드백 대상자가 연간이나 반기 혹은 분기나 월간, 과제나 프로젝트와 같은 역할과 책임을 수행한 결과에 대해 가치를 인정받고 개선해야 할 부분을 스스로 인식하게 하는 행위다. 상위 리더가 기대하는 결과물과 일을 하는 과정이 얼마나 상위 리더의 기대 수준에 부응했는지, 개선하거나 만회해야 할 사항이 무엇인지 실행자가 구체적으로 느끼도록 하여 향후 개선되고 나아지도록 하는 성장과 발전을 위한 자리이다.

피드백에는 크게 성과 피드백과 결과 피드백의 두 가지 종류가 있다. 성과 피드백은 피드백의 주체가 기준과 실행한 당사자이다. 일을 하기 전에 실행할 사람과 일을 지시한 사람 혹은 상위 리더와 합의한 결과물의 기준과 실행한 결과물의 기준이 얼마나 합의한 기준에 부합하는지, 실행 과정은 인과적으로 수행되었는지, 미흡하다면 원인은 무엇인지, 개선하거나 만회해야 할 과제는 무엇인지 실행한 사람으로 하여금 인식하게 하고 개선하도록 동기부여하는 일련의 프로세스를 말한다. 반면에 결과 피드백은 피드백의 주체가 결과와 상위 리더이다. 일한 결과가 좋은지, 좋지 않은지, 좋지 않다면 그 이유가 무엇인지 주로 상위 리더의 관점에서 상위 리더의 의견을 제시하는 일련의 프로세스이다. 일이 진행된 프로세스보다 결과적인 관점에서 진행되고 주로 주관적인 의견 중심으로 진행된다.

피드백의 목적은 실행 조직이나 실행한 사람들의 일한 결과에 대해 잘잘못을 따지는 것보다 일한 과정의 분석을 통해 앞으로 좀 더 제대로 성장하고 발전하게 하기 위함이다. 실행한 당사자의 성장을 돕고 다음 성과를 제대로 창출할 수 있도록 코칭하기 위한 것이 목적이다.

피드백의 목적에 제대로 부합하기 위해서는 피드백 방식에서 몇 가지 혁신이 필요하다.

첫째, 피드백 면담이 아니라 피드백 코칭이다

면담이라는 고정관념에서 벗어나 코칭으로 전환하는 것이 필요하다.

면담은 평가자가 자신의 경험과 지식 그리고 대상자의 업무 수행 과정을 관찰한 내용을 바탕으로 마치 선생님의 입장, 판사의 관점에서 훈계하고 훈수하는 형태이다. 코칭이란 피드백 대상자의 생각이 얼마나 성과에 대해 객관적으로 인식하고 있으며 보완되어야 할 능력과 역량에 대한 방법을 가지고 있는지 검증하여 스스로 해법을 찾을 수 있도록 자극해 주는 스킬이다.

면담은 평가자 중심이지만 코칭은 대상자 중심이다.

둘째, 피드백의 주체가 평가자나 상위 리더가 아니라 평가 대상자인 실행자가 되어야 한다

실행 당사자가 진심으로 부족한 부분을 느끼고 보완해야 할 능력이나 역량의 기준을 인식하고 개선하고자 하는 동기가 부여되도록 하려면 무엇보다도 실행 당사자가 자기주도적으로 생각하고 느낄 수 있어야 개선하고 만회하는 실행력이 담보된다. 대부분의 피드백은 팀장이나 본부장 등 평가자인 상위 리더가 중심인데 평가 대상자인 실행자 중심으로 피드백이 진행되어야 한다.

셋째, 피드백은 평가자의 개인기가 아니라 프로세스로 진행되어야 한다

개인기라는 것은 피드백을 하는 평가자의 경험이나 지식에 따라 진행되는 것이 아니라 성과 평가와 피드백의 본질을 구현할 수 있는 프로세스에 따라 진행되어야 한다는 것이다. 피드백이 제대로 진행되려면 크게 피드백 대상자에 의한 자기평가와 평가자에 의한 피드백 코칭 2단계로 이루어져야 한다. 자기평가는 사전에 상위 리더와 합의한 목표 대비 실제 창출된 성과를 비교하여 차이를 규명하고, 차이의 원인을 분석하여 개선 과제를 도출한다. 이때 표면적인 원인보다 근본적인 원인(root cause)을 찾아야 하는 데 대부분 리더의 코칭 역량이나 실무자의 실행 역량으로 귀결된다. 근본적인 원인을 해결하기 위한 개선 과제를 찾았으면 개선 과제 수행을 통해 기대하는 결과물의 기준을 설정하고 완료 일정(dead line)을 정한다. 그리고 미달성 목표에 대해서는 만회 대책을 세워서 역시 기대하는 결과물과 완료 일정을 정한다. 이와 같이 피드백 대상자인 실행자가 자기평가를 객관적인 프로세스로 진행하게 하려면 평가자는 사전에 양식(template)을 구체화하여 피드백 대상자로 하여금 객관적인 데이터를 바탕으로 작성하는 요령을 2~3주 전에 미리 안내해 주어야 한다.

이렇게 하여 자기평가가 1차로 끝나고 나면 평가자는 피드백 대상자가 작성한 자기평가와 피드백 내용을 근거로 피드백 코칭을 실시한다. 피드백 코칭을 실시할 때는 철저하게 피드백 대상자가 작성한 자료에 근거하여 질문하고 경독청해야 한다. 경독청이란 상대방이 글로 작성한 내용을 잘 듣는 행위를 말한다. 평가자의 주관적인 의견을 개입하여 훈계하듯이 이야기하는 것은 금물 중의 금물이다. 앞에서도 강조했지만 피드백의 목적은 평가자가 한 수 가르쳐 주는 것이 아니라 피드백 대상자가 자신의 역할과 책임의 결과에 대해 인정받고 존중받는 것이다. 그리고 부족한 부분에 대해 개선하고 만회해야 할 내용을 진심으로 인정하고 수용하게 하여 실천으로 이어지게 해서 성장하고 발전하게 하는 것이 최종 목적이다.

넷째, 평가자가 판사(judge) 역할이 아니라 퍼실리테이터(facilitator) 역할을 견지해야 한다

기존의 피드백 형태는 피드백 대상자가 잘한 부분과 잘못한 부분을 평가자가 지적해 주는 형태였다. 그러다 보니 피드백 대상들이 평가자인 상위 리더에게 마치 선생님에게 훈계를 듣거나 칭찬을 듣는 모양새가 되어 진심으로 반성하고 개선해야 할 것을 생각하기보다 불가피한 상황일 수밖에 없었던 핑계와 변명이 생각나고 자신은 열심히 일했으니까 잘못한 것이 없다는 생각이 들게 만든다. 피드백을 주관하는 상위 리더의 역할은 판사가 아니라 퍼실리테이터다. 퍼실리테이터는 프로세스를 진행하는 역할이기 때문에 프로세스의 기준대로 잘 진행될 수 있도록 모니터링하는 것이 역할이다.

다섯째, 연간이나 반기 단위의 이벤트 피드백에서 실질적인 월간 피드백으로 전환되어야 한다

현재 기업의 피드백 이벤트는 대개 상반기가 끝나고나 연말에 최종 피드백이 이루어진다.

피드백의 목적은 피드백 대상자의 성장과 발전이다. 연간이나 반기에 이벤트식으로 하게 되면 가물가물한 기억에 의존하여 주관적인 의견에 기댈 가능성이 많다. 과제가 완료될 때마다 약식 피드백이 있으면 좋겠지만 번거로울 수도 있고 현실성이 떨어지기 때문에 최소한 월간 단위로 월초에 상위 리더와 합의한 기대 결과물 대비 실제 달성한 결과물을 비교 분석하고 부족한 부분에 대한 원인을 분석하여 개선 과제를 도출하고 만회 대책을 수립하는 것이 필요하다.

최근에 코로나 펜데믹으로 인해 비대면 상황이 많이 생겼다. 특히 재택근무나 원격근무로 인해 일하는 방식의 변화가 획기적으로 필요해졌다. 비대면 근무 환경에서는 무엇보다 월간이나 주간 단위, 특히 주간 단위로 일을 하기 전 주초에 주간 단위로 실행할 과제와 과제 수행을 통해 기대하는 결과물의 구체적인 기준과 완료 일정, 예상 소요 시간, 기대하는 결과물에 부정적인 영향을 미칠 수 있는 변동 변수에 대한 대응 방안, 요일별 실행 계획을 상위 리더와 실행자 간에 공유하고 리더가 코칭하는 것이 필요하다. 그리고 주말인 금요일에 실행자가 주초에 상위 리더와 합의한 과제와 기대하는 결과물의 수행 결과물에 대해 자기 평가하고 개선 과제와 만회 대책에 대해 상위 리더에게 리포트하고 상위 리더가 피드백 코칭하는 것이 필요하다. 번거롭다고 월간 단위로 실행하려고 하는데 월간 단위는 멀다. 비대면 근무 환경에서는 월간 단위의 피드백도 당연히 필요하지만 실질적으로 주간 단위로 역할과 책임의 기준에 대해 주초에 코칭하고 합의한 후 주말에 피드백 코칭하는 것이 바람직하다.

많은 기업들이 소프트웨어를 사용하기 때문에 IT시스템 안에서 피드백하는 경우가 많다. 그런데 그 내용을 보면 조악하기 이를 데 없다. '열심히 노력하였으나 창의성이 부족하므로 더욱 분발하기를 요망함', '대체적으로 열심히 하고 있습니다. 더욱더 몰입해 주기 바람', '매출 달성이 저조합니다. 간절한 마음으로 반드시 필달할 수 있도록 해 주시기 바람' 등의 표현들이 피드백 사례로는 최악이다. 상위 리더 입장에서 바라본 느낌을 두루뭉술하게 표현해 놓은 것이다. 무엇을 개선하고 어떤 능력과 역량을 구체적으로 보완해야 다음 성과 창출에 긍정적인 영향을 미칠 수 있는지 기준과 근거가 아예 없는 경우가 대부분이다.

피드백 대상자가 성장하고 발전하려면 무엇보다 미리 준비되어 있어야 할 준비물이 자신의 역할과 책임을 수행하는 데 필요한 능력과 역량에 대한 구체적인 분석 진단 자료이다. 이러한 분석 진단 자료를 활용하여 자신의 역할과 책임의 수행 결과에 대해 자기평가와 피드백이 먼저 이루어져야 자신이 역할과 책임을 수행할 때 부족한 부분이 무엇인지 앞으로 어떻게 보완해야 할지 스스로 생각할 수 있다. 이유 여하를 막론하고 피드백의 결과물이 피드백 대상자의 능력과 역량에 대한 보완 계획이 아니라면 제대로 피드백이 이루어지지 않은 것이다.

피드백 스킬 부분에서는 무엇보다 기존의 면담에 대한 환상을 지우는 게 급선무라고 생각한다. 면담이라는 개념의 편견 때문에 훈계하고 한 수 가르쳐 줘야 하고 지적해 줘야 한다는 생각을 하는 것이다. 피드백 면담이 아니라 피드백 코칭이다. 코칭이란 대상자로 하여금 스스로 해법을 찾을 수 있도록 대상자의 생각이 기준에 부합하는지 검증해 주는 프로세스를 말한다.

인간은 인정받고 존중받는다는 인식이 들 때 진정한 동기부여가 생기고 부족한 부분을 보완하여 더 잘해야겠다는 생각이 든다. 여태까지 피드백이라고 하면 일대일 면담을 통해 상위 리더로부터 따끔한 충고와 질책을 듣는 것이라는 편견이 자리하고 있는 것이 사실이다. 이제는 상위 리더라는 사람에 의한 주관적인 피드백보다 기준에 의한, 시스템과 프로세스에 의한 객관적인 피드백으로의 혁신이 절실하게 필요한 때이다.

온몸으로 솔선수범해 일하는 즐거움을 깨닫게 하라

자녀에게 가장 영향을 많이 끼치는 사람이 부모이듯이, 팀원에게 가장 영향력을 미치는 사람은 팀장이다. 그런 의미에서 팀장은 임원과 팀원을 연결하고, 성과와 역량을 연결하고, 회사와 고객을 연결하는 다리가 되어야 한다. 다리가 되고자 하는 팀장에게 필요한 것 중의 하나는 '허울뿐인 말'이 아닌 '온몸으로 보여 주는 것'이다.

팀장은 자기 스스로 실행력을 발휘하는 솔선수범을 보여야 한다. 실행이 중요하고 필요하다는 것에는 모두 공감하지만, 실제로 생각을 실행에 옮기는 일은 쉽지 않다. 특히 팀장으로서 실행력을 극대화하는 일은 여간 신경 쓰이는 일이 아니다.

세상에서 가장 이기기 어려운 적은 바로 자신이다. 인간의 유전자와 뇌는 본능적으로 자신의 안전과 안정을 추구한다. 그 때문에 뇌는 항상 위험을 예측하고 물리적·정서적 피해를 최소화하고자 노력하며, 신체가 최대한 편안한 상태를 유지하려고 한다. 다이어트를 해야 하지만 야식을 먹고 싶을 때, 지금 당장 해야 하는 일을 하기 싫을 때 우리는 뇌와 끊임없이 협상한다. 이때 뇌는 하고 싶은 것과 해야 하는 것의 간극, 즉 개인의 생각이나 태도가 객관적 현실과 일치하지 않을 때 이를 극복하기 위해 자기합리화의 카드를 꺼내기도 한다.

따라서 진정한 팀장이라면 자기합리화의 함정을 극복하고, 목표 달성을 위해 끊임없이 자신과의 싸움에서 이기고자 노력해야 한다. 자신과의 싸움에서 승리하기 위해서는 자기합리화가 끼어들 여지가 없도록 구체적이고 명확한 목표 의식을 향해 먼저 실천하는 자세를 가질 필요가 있다. 이러한 솔선수범을 통해 팀장은 팀원들에게 닮고 싶은 사람이 되어야 하고, 팀장의 존재 자체만으로도 팀원들에게 동기를 부여할 수 있어야 한다. 이를 위해 팀장은 팀원의 입장에서 한 번 더 생각하고 한 걸음 더 앞서 나가야 한다.

하지만 팀원에 비해 더 많은 권한과 책임을 가지고 있는 팀장으로서 솔선수범하는 롤모델이 되는 일은 결코 쉽지 않다. 솔선수범해야 하는 과정에서 많은 어려움에 직면하기 때문이다.

실무자로 일을 하다가 팀장으로 승진되면 당장 처리해야 할 일의 범위가 넓어져 혼란을 겪지 않을 수가 없다. 그로 인해 여러 가지 일이 머릿속에 뒤엉켜 정작 한 가지 일도 제대로 시작하지 못하고 망연해 있는 경우가 종종 발생한다. 그런 때는 모든 생각을 떨치고 가장 중요한 단 하나의 일에만 집중하는 것이 상책이다. 그 대신 동시에 해야 했던 다른 일들은 업무 노트에 빠짐없이 메모해 두어야 한다. 메모를 함으로써 우리의 뇌는 여러 가지 일을 기억해야 한다는 부담을 내려놓고 지금 하고 있는 한 가지 일에 에너지를 쏟을 수 있게 된다.

또한 팀장은 때에 따라 팀원 다수의 의견보다 자기 스스로 기대하는 결과물, 목표를 기준으로 결단을 내려야 한다. 행동은 결단에서 시작된다. 우리의 삶은 완벽하게 자신의 통제하에 있다. 세상에 할 수 없는 일은 없다. 우리가 하지 않을 뿐이다. 지금 당장 무슨 대가를 치르더라도 팀의 미션과 비전을 향해 실천해야 할 행동들이 있다면 그 행동을 위해 과감하게 결단을 내려야 한다. 확고한 결단은 우리를 즉시 행동하게 만든다.

당나라 시인 이백(李白)은 젊은 시절 훌륭한 스승을 찾아 상의산에 들어가 공부했다. 어느 날 공부에 싫증이 난 그는 스승에게 아무 말도 하지 않고 산에서 내려왔다. 이백은 집으로 가던 중에 한 노파가 바위에 열심히 도끼를 갈고 있는 모습을 보았다.

"할머니, 지금 뭘 하고 계세요?"

"바늘을 만들려고 도끼를 갈고 있다(磨斧作針)."

"그렇게 큰 도끼를 간다고 바늘이 될까요?"

"그럼, 되고말고. 중도에 그만두지만 않는다면……."

이백은 노파의 말에서 깨달음을 얻어 다시 산으로 올라갔다. '마부작침(磨斧作針)'처럼 무모한 일을 끝까지 완수할 필요는 없겠지만, 우리가 어떠한 목적으로 무슨 일을 시작했을 때 중도에 그만두지만 않으면 반드시 기대하는 결과를 만날 수 있다. 하지만 중도에 그만둔다면 시작했던 노력조차 헛수고가 되고 만다.

팀장은 마부작침의 자세로 솔선수범을 보여야 한다. 임원과 팀원 사이에서 가교 역할을 하는 것은 많은 희생과 노력을 필요로 한다. 쉬운 방법을 두고 어려운 방법을 택해야 할 수도 있고, 한두 번 전화 통화를 하면 끝날 수 있는 일을 정석대로 해야 할 수도 있다. 그러나 팀장은 현재의 성과를 책임지는 리더이자, 팀원들이 미래에 성장하고 싶어 하는 모습을 향해 현재에서 꾸준히 나아갈 수 있도록 연결해 주는 존재라는 것을 잊지 말아야 한다.

도전과 긍정으로
소통하라

많은 기업들이 소통에 대해 관심을 가지고 있다. 조직의 구성원들이 MZ세대라고 하는 젊은 사람들로 채워지면서 기존의 시니어 팀원들과는 자라 온 환경이 달라 팀장들도 소통에 애를 먹는 경우가 많다. 팀원들과 식사를 하거나 등반 대회, 간담회 등에 적극적으로 나서는 팀장, 상품과 서비스를 구매하는 고객이나 대중과 직접 소통하는 팀장이 늘어나고 있다.

소통을 중시하는 경영 트렌드에는 이견이 없지만 보여 주기식 소통 경영은 문제이다. 똑같은 내용일지라도 어떻게 표현하느냐를 보고 우리는 그 사람의 '마음 깊이'를 가늠할 수 있다. 팀장 중에는 팀원들에게 에너지를 공급하여 팀을 더욱 신바람 나게 만드는 사람이 있는 반면, 팀원들만 있을 때는 활기가 넘치다가도 팀장이 나타나면 갑자기 분위기가 처지며 에너지가 빠져나가는 경우를 종종 목격할 수 있다.

팀장은 성과 창출에 필요한 에너지를 충전해 주는 역할을 수행하기 위해 긍정적으로 소통하는 사람이 되어야 한다. 팀장으로 인해 풀이 죽었던 팀원들이 새 힘을 얻고, 적당한 긴장을 통해 각오를 다지며 함께 힘을 모아 노력하면 반드시 해낼 수 있다는 자신감을 불어넣어 주어야 한다는 것이다.

그러기 위해서 팀장에게 필요한 것은 젊음을 유지하는 것이다. 여기서 말하는 젊음이란 결코 물리적이고 신체적인 것만을 의미하지 않는다. '생각이 나이를 결정한다'라는 말처럼 일에 대한 열정과 의지가 있어야 한다는 것이다.

켄터키 프라이드 치킨 체인점인 KFC의 창업자 커넬 샌더스는 젊었을 때부터 수없이 많은 실패를 반복했고, 겨우 창업한 치킨 레스토랑도 그 옆으로 고속도로가 뚫리면서 고객들의 발길이 끊겼다. 그때 그의 나이는 65세였다. 보통 사람 같으면 자포자기하는 심정으로 나머지 인생을 보냈겠지만 그는 좌절하지 않았다. 치킨 전문점을 운영하며 개발한 독특한 조리법을 판매해 보기로 결심했다. 그는 3년 넘게 무려 1,009곳에서 거절당했고, 결국

1,010번째로 찾아간 레스토랑에서 첫 계약을 따냈다. 샌더스는 이런 말을 남겼다.

"훌륭한 생각, 멋진 아이디어를 가진 사람은 무수히 많습니다. 그러나 행동으로 옮기는 사람은 드뭅니다. 저는 남들이 포기할 만한 일을 포기하지 않았습니다. 포기하는 대신 무언가 해내려고 애썼습니다."

'젊음은 도전이다'라는 광고 카피가 있었다. 하지만 도전은 젊음의 전유물도 아니고, 특별한 사람들에게만 허락된 것도 아니다. 누구든 도전하고 또 도전할 수 있다. 도전은 곧 젊음이다.

모든 비즈니스의 현장은 프로들의 전쟁터라고 할 수 있다. 프로의 세계는 냉정하고 치열하다. 자신의 가치를 인정받고 자신이 하고 싶은 일을 해내기 위해서는 집념과 의지가 필요하다. 싸움에서 이기는 사람은 주먹이 센 사람도, 무술 유단자도 아닌, 죽기 살기로 덤벼드는 사람일 확률이 높다. 몰입과 책임감을 바탕으로 목표를 향해 저돌적으로 달려가고 장애물을 돌파하는 승부근성은 프로가 되는 지름길이자, 프로의 길 그 자체이다. 그리고 팀장은 팀원들이 근성을 가진 프로로 성장하기 위해 필요한 에너지를 충분히 공급해 주어야 한다.

이를 위해 팀장은 모든 소통의 과정에서 김을 빼는 소통, 각오를 흩트리는 소통, 찬물을 끼얹는 소통이 아니라 새로운 각오를 다지게 하고 활력을 불어넣는 신바람 소통을 해야 한다. 이를 '긍정 소통'이라고 한다. 그렇다면 어떠한 것이 진정한 긍정 소통일까.

나 자신을 긍정하면서 소통하는 것

자신에 대한 믿음과 자부심은 모든 긍정적 행동의 동인(動因)이 된다. 자기를 사랑하지 않으면서 다른 사람을 사랑할 수 없으며, 자신을 존중하지 않으면서 다른 사람을 존중할 수 없다. 마찬가지로 자기를 긍정하지 않으면서 다른 사람과 상황에 대한 진정한 긍정을 이룰 수 없다. 나의 현재, 과거, 미래를 긍정적으로 바라보면 장점은 물론 단점도 있고 기쁨은 물론 아픔도 있으며, 희망은 물론 절망도 있다. 하지만 이렇게 살아왔고 지금 모습으로 건투하고 있는 내가 앞으로도 잘할 수 있을 거란 마음가짐으로 소통해야 한다. 비하나 연민 등의 방식으로 자기를 부정해서는 결코 올바른 소통이 이루어질 수 없다. 마찬가지로 자아도취나 자기기만 역시 자기를 부정하는 또 다른 형태의 악습이다.

다른 사람을 긍정하는 자세로 소통하는 것

자기 자신에 대해서는 자부하면서 상대방을 부정하는 자세로는 결코 긍정 소통이 이루어질 수 없다. 긍정의 나와 긍정의 남이 만나야 긍정 소통이 가능한 것이다. 다른 사람을 자신의 관점에서 바라보지 말고 있는 그대로, 객관적인 인격체로 인정하고 마치 외국인을 대하듯이 해야 감정이입이 되지 않고 긍정적으로 바라볼 수 있다.

자신이 직면한 상황을 긍정하면서 소통하는 것

눈 코 뜰 새 없이 바쁜 상태에서 다른 일이 주어지면 사람들은 보통 두 가지 반응을 보인다. 어떤 사람은 '바빠 죽겠는데 또 일이 생겼네!' 하면서 상황을 부정적으로 생각하고, 또 어떤 사람은 '바쁘지만 이렇게 일이 생기니 참 좋다!'와 같이 의욕을 발휘하여 상황을 인정하고 긍정적으로 생각한다. 과연 어느 쪽이 효과적으로 일 처리를 할 것인지는 굳이 설명하지 않아도 잘 알 것이라 생각한다.

팀장은 자기 자신부터 자기 자신에 대한 긍정, 상대방에 대한 긍정, 상황에 대한 긍정이라는 세 부분을 모두 합쳐 긍정 소통을 견지하면서 팀원들이 탁월한 성과를 창출할 수 있도록 긍정의 에너지를 불어넣는 역할을 제대로 수행해야 한다.

4장

팀원의 일

기간별 역할과 책임의 기준을 인식하고
상태적 목표 설정 및 전략을 수립하여 성과 코칭 받고
과정 목표를 캐스케이딩, 협업하며 실행을 책임진다.

팀원은 실무자의 대명사이다.

팀원이 실무를 다 하는 것은 아니지만 그래도 팀의 성과 목표 중에 경험이나 지식을 바탕으로 매뉴얼이나 규정과 지침대로 실행하면 성과가 창출되는 고정 변수 목표에 대해 성과 책임을 지는 역할을 해야 한다. 자신의 연간 성과 목표가 있겠지만 월간 단위로 과정 목표와 전략을 설정해서 팀장의 성과 코칭을 받고 주간 단위로 과정 목표를 캐스케이딩하여 실행해야 한다. 실행을 할 때는 팀원의 시간이 한정되어 있고 능력과 역량이 제한되어 있기 때문에 협업(collaboration)을 제대로 실행하는 것이 팀원의 중요한 역할이다. 협업에는 수직적 협업과 수평적 협업이 있는데 수직적 협업은 상위 리더의 코칭을 받거나 역할과 책임에 대해 지원을 받는 것을 말한다. 수평적 협업은 팀원이 자신의 역할과 책임을 수행함에 있어 부족한 능력과 역량으로 인해 팀 내 동료나 타 부서 구성원들의 역할과 책임을 지원받는 것을 말한다. 팀원의 실행 성과를 창출하는 데 수직적 협업이 거의 70~80%를 차지한다. 그런데 현실적으로 팀원들이 일을 수행하면 상위 리더인 팀장이나 업무를 지시한 리더들에게 수직적 협업을 요청하는 경우가 거의 없다. 일을 시작하기 전, 일을 하는 중에, 일이 끝나고 난 후에 각 단계별로 성과 코칭을 요청하는 경우가 별로 없다는 것이다. 팀원들이 일을 하면서 가장 많이 해야 할 일이 바로 성과 코칭을 받고 수평적 협업을 하는 일이다. 그렇게 하기 위해서는 자신이 하고자 하는 과제나 프로젝트에 대해 성과 목표를 설정하고 전략을 수립해서 팀장으로부터 사전에 성과 코칭을 받아야 한다.

또한 월간,주간 단위로 과제를 도출하고 기대하는 결과물인 성과 목표를 설정하고 고정 변수와 변동 변수를 구분하여 변수별 공략 방법을 구체적으로 수립해야 성과 코칭을 받을 수 있고 협업해야 할 과제가 무엇인지 파악할 수 있다. 팀원들은 최소 한 달에 한 번, 가급적이면 일주일에 한 번씩 주간 단위로 수행한 과제에 대해 성과 평가를 하고 개선 과제와 만회 대책에 대해 셀프 피드백을 하며 팀장에게 성과 코칭을 받는 것이 필요하다. 개선해야 할 능력과 역량에 대해서는 익월 성과 기획서에 개발하고 훈련해야 할 과제를 구체적으로 적고 월간 단위로 목표를 설정하고 주간 단위로 자기개발을 실천해 나가야 성장하고 발전할 수 있다.

팀장이 시키는 대로 움직일 것이 아니라 자신의 기간별 역할과 책임의 기준을 구체적으로 인식하고 팀장이 따로 말하지 않더라도 자기주도적으로 실행하고 자기완결적으로 마무리하여 성과를 창출하는 성과 책임자로서의 역할이 요구된다.

**전후좌우
일의 맥락을 짚어라**

모든 일에는 순서가 있다. 아무리 급하더라도 실을 바늘허리에 묶은 다음 바느질할 수는 없는 노릇이다. 일의 맥락을 알아야 제대로 업무에 임할 수 있다. 맥락은 다른 말로 프로세스라고 한다. 프로세스란 일이 처리되는 경로나 절차를 말한다.

그런데 이 일에 치이고 저 일에 밟히다 보면 팀원들은 대부분 여러 가지 업무를 동시에 진행해야 하는 상황에 직면한다. 프로세스에 따라 일해야 한다는 것은 잘 알지만 맥락을 놓쳐 버린 상태로 소위 '멘붕'에 빠져 일하는 경우가 발생하기도 한다.

복잡한 상황 속에서 흐름을 놓치지 않고 신속하게 수행하기 위해서는 명확한 프로세스, 즉 일의 맥락을 정확히 짚을 수 있어야 한다. 복잡한 업무들의 경계를 분명히 하고, 매듭을 잘 지어 자신의 머릿속에 하나의 지도(map)로 정리할 필요가 있다. 그러기 위해서는 회사에서 서로 약속한 프로세스에 기반하되, 스스로 우선순위와 요령을 파악함으로써 완성하고 개선해야 한다. 이처럼 전후좌우 일의 맥락을 짚어야 능숙하게 실행에 성공할 수 있다.

매일 먹는 밥이라고 해도 물릴 때가 있다. 일과 회사도 마찬가지이다. 좋아서 시작한 일이라고 해도, 엄청난 경쟁을 뚫고 입사한 회사라 해도 매일 반복적인 생활을 하다 보면 스스로가 일하는 기계처럼 생각되고 지긋지긋함을 느낀다. 하지만 냉철하게 생각해 보면, 잠자는 시간을 제외하고 하루의 절반 이상을 보내는 곳에서 무의미한 감정 소모를 하는 것은 자신 삶의 절반 이상을 무기력하게 만드는 것과 같다. 회사에서 보내는 시간을 의미 있게 만드는 것은 정서적으로 풍요로운 인생을 설계하는 데 있어 중요한 요소이다. 이를 위해서라도 반드시 일의 맥락을 짚어 가며 일할 필요가 있다.

그러나 많은 팀원이 자신이 어느 위치에 있는지, 지금 하고 있는 일이 전체 프로세스 중에 어느 곳에 위치하는지 혼란을 느끼며 직장 생활을 하고 있다. 그렇다면 맥락을 파악하지 못한 채 일을 하면 어떤 증상이 나타날까?

무기력해진다

삶과 일에 대한 본질적인 목적과 방향을 잃으면 누구나 무력감을 가장 먼저 느낀다. 그로 인해 생활과 일에 대한 일희일비(一喜一悲)가 무색해지고, 회색과 같은 생활을 지속하게 된다.

눈앞의 일에만 집착한다

궁극적으로 가고자 하는 방향성이 명확하지 않기 때문에 눈앞에 당면한 문제들을 기계적으로 처리하는 데 모든 에너지와 시간을 소모해 버린다. 그로 인해 인생에서 더욱 중요하고 가치 있는 일은 할 시간도, 여유도 자연스럽게 사라지게 된다.

성장하지 못한다

성장의 핵심은 더 좋은 방향으로 나아가는 것이다. 더욱더 좋은 방향으로의 개선을 모색하고 이를 위해 도전하고 학습하게 되는 원동력은 목적과 목표를 향해 나아가고자 하는 의지이다. 이러한 의지와 의욕이 떨어지면 빠르게 움직이는 사회에서 성장하지 못한다.

일의 맥락을 파악하기 위해서는 대시보드를 활용하라

일의 맥락을 짚어 가며 일하기 위해서는 일종의 대시보드가 필요하다. 대시보드를 만들기 위해서는 일의 맥락을 놓치지 않도록 다양한 지표를 만들어 활용하는 것이 바람직하다. 운전자가 자동차 계기판과 도로 표지판을 보면서 운전하듯, 실행을 하는 과정에서 전체적인 일의 맥락을 놓치지 않기 위해서는 지표가 필요하다. 팀원은 자신이 올바른 방향으로 일하고 있는지 지표를 통해 확인하며 실행에 집중해야 한다.

지표란 방향이나 목적, 기준 따위를 나타내는 표지라고 할 수 있다. 예를 들어, 교통 표지판이나 혈당계 같은 물리적인 표식은 물론 경기선행지수와 같은 종류의 거시경제지수들도 지표의 한 종류가 된다. 일의 맥락을 짚기 위해 반드시 필요한 지표는 시차적으로 선행지표(先行指標, leading indicator)와 후행지표(後行指標, lagging indicator)로 나눌 수 있다. 간단히 말해 일을 시작하기 전이나 일을 진행하면서 활용할 수 있는 지표가 선행지표라면, 일을 모두 끝낸 다음에 확인할 수 있는 지표가 후행지표이다.

따라서 과제를 수행하는 팀원은 일을 하면서 '성과' 혹은 '결과물'을 얻기 위해 사전에 무엇을 해야 하고 어디에 집중해야 최소의 자원으로 최대의 효과를 얻을 수 있는지 인과관계를 이해하는 것이 중요하다. 이는 자신의 위치, 일의 공정이 어디인지 알지 못한 채 업무를 수행하는 것이 아니라, 성과를 달성하는 과정에서 자신이 지금 수행하고 있는 일과 풀어가고 있는 과제가 어떤 방법과 효과로 기여하는지 파악하면서 일할 수 있도록 돕는다.

팀원으로서 수행하는 다양한 업무 간의 인과관계를 확인하면 조직은 물론 개인 입장에서 볼 때에도 왜 애초에 설정한 인과적 연결 관계가 의도대로 작동하지 않는지에 대한 원인을 파악하는 데 매우 유익한 도움을 받는다. 이런 심도 있는 생각을 통해 성과 창출에 효과적인 새로운 업무 방식을 개발하고 대체할 기회를 잡을 수 있다.

팀원은 정량화된 정보를 통해 일의 맥락을 제대로 파악하고 놓치지 않도록 해야 하며, 특히 일의 전후좌우 맥락을 정확히 짚어 원하는 성과를 가장 효과적으로 달성하는 데 기여하는 원동력이 무엇일지 항상 고민해야 한다.

'왜'라는 질문을
반복하라

　팀원들은 고객 가까이에서 발견되는 다양한 고객의 니즈와 원츠 그리고 현장의 주요 사실들을 놓치지 않고 재해석함으로써 조직 내부로 창의적인 아이디어를 전달하고 발굴하는 역할에 충실해야 한다.

　1980년대 후반, 일본 자동차들이 미국 시장에서 저가 자동차로 크게 인기를 끌자 일본 정부는 자국의 자동차 경쟁력이 장기적으로 약화될 것을 우려했다. 이에 따라 일본 정부는 일본 자동차 회사들에게 미국 시장에 대한 자발적 수출 제한 조치를 내렸다. 이 조치로 인해 일본 자동차 회사들은 불가피하게 소형이 아닌 중대형 자동차로 미국 시장 확대를 모색해야 했는데, 이는 도요타의 렉서스, 혼다의 아큐라에 이어 닛산 자동차 역시 '인피니티'라는 브랜드로 미국의 고가 시장 공략에 나서게 된 계기가 되었다.

닛산이 심혈을 기울여 만든 첫 출시작은 'Q45'였다. 그러나 어색한 외관이라는 평가와 함께 다른 경쟁 차종과 각축을 벌이는 데 완전히 실패했다. 닛산은 막대한 개발비를 투자하여 두 번째 모델 'M30', 세 번째 모델 'G20'을 연이어 출시했다. 하지만 인피니티 시리즈의 고전은 계속되었다. 소비자들은 각진 외관의 인피니티에 시선을 주지 않았고, 명상 느낌의 광고 역시 까다로운 미국 고객들의 관심을 끌기에는 역부족이었다.

실패를 거듭한 닛산은 네 번째 모델인 'J30'의 디자인을 미국의 현지 디자이너들에게 맡겼다. 소비자들의 정서와 감각을 그대로 가지고 있는 디자이너들에게서 미국 소비자들을 매혹시킬 수 있는 디자인을 도출해 내고자 한 것이다.

그러나 닛산 경영진들은 미국 디자이너들의 작업을 지켜보면서 연신 당황할 수밖에 없었다. 자동차의 앞모습 디자인을 보기 원하는 자신들의 기대와 달리 미국 디자이너들은 계속 자동차의 옆모습 위주로 디자인을 했고, 중간 프레젠테이션에서 옆모습을 설명하는 데 대부분의 시간을 할애했다. 게다가 새로운 모델의 앞모습은 일본인들이 그토록 싫어하는 우울한 표정이었다. 사팔뜨기 모양의 전조등과 그 밑으로 축 처진 그릴……

"왜 이런 일이 발생한 것일까?"
"과연 진짜 문제는 무엇일까?"
"고객들이 정말로 원하는 것은 무엇일까?"

닛산 경영진들은 진작 던졌어야 할 질문을 그때서야 던지기 시작했다. 사실 이와 같은 질문은 인피니티가 처음 고전하던 때부터, 아니 인피니티를 출시하기 전부터 던졌어야 하는 것이다. 일의 맥락을 잡지 못해 갈팡질팡하던 경영진들 대신 미국인 중심의 디자이너들로 구성된 디자인 팀의 팀원들이 역발상을 통해 일의 맥락, 문제의 해법을 찾아가기 시작한 것이다. 정면이 아닌 측면을 중심으로 디자인을 한다는 디자인 팀원들의 역발상을 통해 닛산은 성공의 실마리를 풀었다.

미국인 디자이너들은 정면이 아닌 측면 중심으로 자동차의 디자인 작업을 했다. 그런데 이것은 디자이너들의 독특한 성향이 아니라 미국인 대부분이 자동차를 볼 때 가장 중요하게 생각하는 성향이었다. 자동차의 전면을 중시하는 일본에서 인피니티 모델을 개발할 때 닛산은 전면 디자인에 모든 역량을 쏟았고, 측면은 그저 곁가지에 불과했다. 외부에서 "인피니티의 문제점은 디자인이야!"라는 말이 들릴 때도 닛산의 경영진들은 '왜 우리 디자인이 문제인가?' 하는 질문을 던지지 못했다. 이에 따라 미국인들에게 디자인 업무의 전권을 맡기면서도 '왜 우리 디자인이 매력적이지 않은가?' 하는 질문을 자신에게는 물론 디자이너들에게도 던지지 않았다.

그러나 마침내 이와 같은 시행착오를 거듭한 끝에 닛산의 디자인팀 팀원들은 끊임없는 질문으로 디자인의 수준을 끌어올리는 데 성공했다. 존폐 위기까지 내몰렸던 인피니티는 2003년 'G35'의 출시로 기사회생했고, 같은 해에 출시한 'FX35', 'FX45'도 연달아 성공을 거두었다. 이후 인피니티는 전통적인 효자 브랜드인 'G35' 모델을 소비자들의 취향을 반영하여 더욱 부드럽고 둥근 외관으로 바꾸었고, 경쟁사에 대한 적극적 벤치마킹을 통해 모델 변화와 업그레이드로 시장 점유율을 계속해서 높여나갔다.

역발상을 위한 질문이 없으면 창의적인 정답도 있을 수 없다. 닛산의 경영진들이 좀 더 빠르게 자신과 소비자들에게 인피니티의 문제가 무엇인지 질문을 던졌다면, 또는 더 많이 그리고 더 자주 역발상의 질문을 시도하는 팀원들을 채용하고 그들에게 권한을 위임했다면 닛산의 미국 시장에서의 성공은 더 앞당겨졌을 것이다.

역발상을 통해 속단을 피하고 실행 방법을 고민하는 데 집중하기 위해 팀원은 란체스터의 법칙(Lanchester's laws)을 정확히 이해하고 업무에 적용할 필요가 있다. 란체스터의 법칙이란 '동일한 조건에서 정면 대결을 벌였을 경우 양측 전력 차이의 제곱만큼 실제 전력의 격차가 벌어지는 현상'을 말하는 것으로, 초기 전력이 조금이라도 우세한 쪽이 결과적으로 압도적인 우세를 보이는 것을 뜻한다. 이 법칙은 영국의 항공학자 프레드릭 란체스터(Frederick William Lanchester)가 발견한 것으로 알려져 있는데, 제1차 세계대전 당시 공중전의 결과를 면밀히 분석해 일정한 전력 차이를 보이는 양측이 동일한 조건으로 전투에 임할 때, 둘의 실제 전력은 애초 전력 차이에 제곱을 한 값만큼 격차가 더 벌어진다는 '열세군 절대 불리의 원칙'을 응용한 것이다.

전력상 열세인 약자의 입장에서 볼 때 전력상 우위에 있는 강자를 이기려면, 란체스터의 법칙에 따라 강자의 전력은 분산시키고 약자는 모든 전력을 투입해야 약자가 강자를 이기는 승수 효과를 볼 수 있다. 이에 따라 마케팅에서는 란체스터의 법칙이 '시장 세분화 전략'과 같은 의미로 사용되기도 한다.

그런데 중요한 것은 란체스터의 법칙은 '강자는 무조건 승리하고 약자의 패배는 불가피하다'는 숙명론이 결코 아니라는 점이다. 이 법칙은 역발상을 위한 하나의 모멘텀이라고 할 수 있다.

동일한 조건에서 경쟁할 때는 초반에 우세한 것이 절대적으로 유리하기 때문에 새로운 도전을 하는 사람은 자신의 강점을 극대화할 수 있는 범위와 영역을 정해 그곳에 온 힘을 집중함으로써 시장 가치와 경쟁력을 높일 수 있다. 즉 '크고 강한 사람이 무조건 이기는 것은 아니다'라는 역발상을 통해 범위를 세분화하여 자신이 잘할 수 있는 일에 힘을 집중하면 반드시 성공할 수 있다는 의미이다.

체격과 체력, 전술 등 객관적 전력이 비교적 차이가 많이 나는 두 농구팀이 경기를 벌일 때, 열세인 팀이 우세인 팀을 이길 수 있는 가장 좋은 방법은 자기 팀이 비교적 우위에 있는 영역으로 상대 팀을 유인하는 것이다. 예컨대 상대가 우리보다 우세하지만 몸이 덜 풀려 실점을 자주 한다면 경기 초반에 역량을 집중해 기선 제압을 모색해야 할 것이고, 상대 팀이 다른 것은 모두 강하지만 자유투에서 약한 모습을 보인다면 반칙으로 상대 팀의 공격을 끊고 자유투를 유도하는 것이 바람직하다.

어찌 보면 역발상은 그리 어려운 것이 아니다. 기상천외한 방식과 기인과 같은 행동이 반드시 수반되는 것도 아니다. 역발상이라는 단어가 갖는 부담감에서 탈피하고 조금만 더 통상적인 생각에서 벗어나려는 연습과 실천을 하면 팀원은 과제를 주도하는 실행 책임자의 역할을 톡톡히 해낼 수 있을 것이다.

고객의 모든 것을
데생하라

팀원은 먼저 자신의 고객이 누구인지 명확히 정의해야 한다. '상점에 물건을 사러 오는 사람'이라는 '고객'에 대한 사전적 정의를 액면 그대로 받아들이는 사람은 거의 없을 것이다. 고객에 대한 강조는 곧 고객의 범위를 지속적으로 확대시켰고 이제 많은 사람이 '자신을 제외한 모든 사람이 고객'이라는 생각에 동의하고 있다. 이 고객을 긴밀도와 접촉 빈도 등에 따라 다시 분류할 수는 있지만 나 자신을 제외한 모든 사람으로 확대된 고객의 외연을 축소시키는 일은 어렵게 되었다.

'나 자신을 제외한 모든 사람'이라는 고객의 정의에 동의할 때 고객은 기업의 전제가 된다. 고객이 없으면 내가 없다. 고객이 없으면 나의 회사가 있을 수 없다. 고객이 없으면 내가 없는 것이다. 고객이 있어야 기업이 있는 것이다. 고객은 팀원 자신의 전제이고 나아가 기업의 전제이다.

회사가 구성원을 제대로 대우하는 것, 팀원이 팀이 가고자 하는 방향에 집중하는 것은 당연한 일이다. 하면 좋은 일이 아닌 마땅히 해야 할 일이라는 것이다. 좋은 열매를 맺기 위해 나무의 뿌리와 줄기를 튼튼히 하는 것, 돌고래의 쾌적한 삶을 위해 바다를 깨끗이 하는 것은 선택 가능한 전략이 아닌 필수 불가결한 본질적 행위이다. 기업이 고객을 지향하는 것도 마찬가지이다. 기업이 자신의 전제가 되는 고객을 바라보고 관심을 갖고 배려하고 이해하고 사랑하는 것은 도덕이자 본질적 행위인 것이다.

따라서 팀원은 자신의 전제가 되는 내·외부 고객이 무엇을 원하는지 항상 쌍심지를 켜고 고민하며 일해야 한다. 그것이 팀원의 역할이다. 업무를 수행할 때는 항상 고객이 최우선이라는 생각을 바탕으로 고객의 니즈는 물론 원츠를 정확히 파악하여 고객의 행동을 데생하고 이에 대해 신속히 대응해야 한다.

고객의 행동을 데생하여 본질에 맞는 성과를 내는 팀원이 되기 위해서는 쓸데없는 고퀄(높은 자질)의 낭비를 막아야 한다. 윤태호 작가의 웹툰 '미생'에 신입사원들이 하는 전형적인 실수로

'고퀄'이라는 약어로도 불리는 '고퀄리티'에 대한 이야기가 나온다. '하지 않아도 되는 일을 열심히 하는 것만큼 쓸데없는 일도 없다'라는 말이 있는데, 신입들은 높은 품질이 아무런 필요가 없는 일인데도 필요 이상으로 높은 품질로 일한다는 뜻이다. 쓸데없는 고퀄을 피하기 위해서는 무엇이 중요하고, 무엇이 덜 중요한지 구분할 수 있어야 하고 높은 품질을 요구하는 일과 그렇지 않은 일의 옥석을 가릴 수 있어야 한다.

명품을 만들어 내는 것은 제조업체가 아니다. 브랜드를 명품으로 키우는 일 역시 유통업체 스스로 할 수 있는 일이 아니다. 물론 제조업체가 제품을 최고의 품질로 만들어야 하고, 유통업체 역시 다양한 마케팅 전략과 물류나 품질 관리 등에서 최고를 유지해야 명품이 만들어진다. 그러나 결국 제품을 찾는 고객이 명품을 만들어 낸다. 물건을 만들어 놓고 '이건 명품입니다'라고 말한다고 해서 끝나는 것이 아니라 고객이 명품 브랜드로 인정해 줄 때 제품은 비로소 명품 반열에 오를 수 있다.

한 사람이 짝퉁이 아닌 명품 브랜드가 되는 과정 역시 마찬가지이다. 화려한 스펙을 가지고 나는 명품이라고 외쳐 봐야 그 사람을 최고의 브랜드로 인정해 줄 사람은 아무도 없다. 팀원은 함께 일하는 내부 고객과 외부 고객들로부터 진정한 인정을 받아야 진정한 명품이 될 수 있는데, 이를 위해서는 결국 고객이 원하는 것이 무엇인지 꼼꼼히 생각하면서 일해야 한다.

19세기 말, 의사이자 약사였던 존 켈로그(John Kellogg)가 콘플레이크를 개발한 이야기는 고객의 행동을 데생함으로써 새로운 가치를 창출하는 팀원의 모습을 잘 보여 준다. 그 당시 누구도 시리얼을 차가운 우유에 부어 먹는다는 발상을 하지 못했다.

오늘날 회사의 팀원처럼 혼자서 병원의 여러 가지 일을 담당하고 있던 존 켈로그는 자신이 운영하던 요양원의 환자들이 소화를 잘 시키지 못해 음식물을 제대로 먹지 못하는 모습을 보며 연민의 정을 느꼈다. 그는 '어떻게 하면 환자들이 건강 회복에 필요한 음식을 잘 먹게 할 수 있을까'를 고민하고 또 고민하며 고객인 환자들의 행동을 주도면밀하게 관찰하기 시작했다.

먼저 그는 고객들의 운동량이 턱없이 부족하다는 점에 주목했다. 그도 그럴 것이 좁은 병실에 갇혀 있는 데다가 몸이 불편한 환자들이었기 때문에 운동량이 부족할 수밖에 없었고 이는 자연스럽게 소화력의 저조로 이어졌다. 또한 환자들의 식욕 역시 많이 떨어져 있었다. 그렇다고 환자들의 영양 상태가 균형 잡히도록 도와야 하는 의사가 입에 당기는 음식만 줄 수도 없는 노릇이었다.

존 켈로그는 이와 같은 고객 행동의 데생을 통해 식이요법에 따라 건강식 아침 식사를 제공할 방법을 고민했다. 그리고 마침내 거칠게 쪟은 곡물을 압착 건조한 뒤 구워내는 방식을 통해 프레이크 형태의 시리얼 개발에 성공했다. 이 음식은 환자들은 물론 보호자들과 방문객들에게까지 호평을 받기 시작했고, 환자들은 퇴원을 한 후에도 계속해서 이 음식을 주문했다.

　나아가 존 켈로그는 동생 윌 켈로그(Will Kellogg)와 함께 켈로그라는 이름의 회사를 설립하여 곡물 식품업이라는 신종 산업의 선구자로 등극할 수 있었다. 켈로그는 콘푸레이크의 성공 이후에도 지속적으로 다양한 상품을 출시했다. 1928년에는 라이스 크리스피, 1952년에는 설탕을 입힌 슈거 푸레이크를 내놓았는데, 이 역시 고객 행동의 데생을 통해 소비자의 입맛과 기호를 사로잡는 데 성공한 좋은 사례이다.

주인의식을 가지고
대안을 제시하라

　주인의식이 완성된 팀원, 구경꾼이 아닌 주연배우로서의 팀원
은 사내 기업가란 개념으로 귀결된다. '사내 기업가(社內企業家,
self-CEO)'란, '내가 속한 조직은 다른 누구도 아닌 내 자신이 먹
여 살린다는 사업가적 마인드를 가진 사람'이라고 할 수 있다. 즉
자신이 창출해야 할 성과와 수행해야 할 업무에 관해서는 누가
보든 보지 않든 최고의 성과를 내겠다는 마음가짐으로 정진하고,
아울러 새로운 도전을 위해 중도에 포기하지 않고 끝까지 자기
를 단련시키고 자기완결형 삶을 추구하는 '셀프 CEO', 다시 말
해 자기 스스로 역할과 책임의 오너로서 일하는 주연배우가 바

로 사내 기업가이다.

이와 같은 사내 기업가들은 공통적으로 먼저 자신이 근무하는 회사에 기여할 미션과 미션 추구를 위해 자신이 미래에 되고자 하는 비전과 성과 목표를 세워 이를 달성하기 위해 치열하게 실천하려는 열정을 가지고 있다. 또한 물질적인 보상을 따로 해 주지 않더라도 일과 삶에 대한 에너지를 생산해 내 스스로 동기부여를 한다.

그러나 많은 팀원이 사내 기업가가 아닌 월급쟁이로서 일하는 모습을 보인다. 이와 같은 팀원은 대부분 실수를 반복하면서도 일의 핵심을 짚지 못한다. 또한 회사에서 에너지를 충전해 주면 그때 반짝하고 움직이고, 만약 에너지가 모두 소모되면 회사에서 다시 물질적인 보상 등의 또 다른 충전을 해 주어야만 움직이는 충전식 건전지형 인간의 속성을 보인다. 태엽을 감아 주면 조금 달리다 멈춰 버리고 다시 태엽을 감아 줄 때까지 움직이지 않은 태엽 인형처럼 말이다. 월급쟁이로서 직장 생활을 하는 사람들은 한쪽 가슴에 '충전식 건전지'를 달고 생활한다. 직장을 그만두고 싶은 마음이 굴뚝같다가도 꼬박꼬박 나오는 월급에 의해 충전이 되면 잠깐 힘을 내 일을 한다. 그러나 사내 기업가들의 가슴에는 '자가발전기'가 달려 있다. 사내 기업가들은 조직이 어려움에 빠지거나 대의를 위해 누군가가 나서야 할 때 더욱 힘을 발휘하고 기꺼이 헌신한다. 물질적인 보상에 연연하지 않고 누구도 대신 불어넣어 줄 수 없는 사명감에 불타 스스로에게 동기를 부여할 뿐 아니라 주위의 리더와 동료에게도 긍정적인 바이러스를 전파하는 놀라운 힘을 발휘한다. 개인의 과제 해결 여부, 전략의 성패, 나아가 회사의 흥망성쇠는 팀원들이 셀프 CEO로서, 사내 기업가로서 얼마나 헌신하고 혁신하고 창의력을 발휘해 일에 몰입하느냐에 달려 있다.

회사를 구성하는 사람들을 사장, 임원, 팀장, 팀원으로 구분한다면 팀원의 비중은 얼마나 될까? 아마 90% 이상일 것이다. 90% 이상의 구성원이 회사의 성과를 대부분 창출하는 역할을 하는 것이다. 그러므로 팀장이나 임원, 심지어 사장과 마찬가지로 팀원역시 자신의 차별화된 역할을 명확히 이해하고 실천해야 한다.

회사나 조직은 어느 한 사람만 잘한다고 해서 성공할 수 없다. 가깝게는 리더와 동료, 멀리는 업무를 추진하는 과정 속에서 만나는 모든 이해관계자들과 협업해야 한다. '빨리 가려면 혼자 가고 멀리 가려면 함께 가라'라는 말처럼 장기적으로 탁월한 성과를 지속적으로 창출하기 위해서는 여러 이해관계자와 함께 주인의식을 가지고 협업(collaboration)하는 자세가 무엇보다 중요하다.

도전적인 과제를 수행하는 일이 망설여질 때마다 팀원은 신입

사원 시절을 상기해 보면 좋다. 입사 초기에 회사에서 실수를 저지르면 지금 당장 하늘이 무너질 것 같은 실패로 여겨지지만, 리더들이 보기에는 스쳐 지나가는 일상인 경우가 많다. 심지어 그러한 작은 실패와 실수는 오히려 선배들로부터 독려받기도 한다. 선배들 역시 실수와 실패 없이는 배움도 없다는 것을 알고 있기 때문이다.

팀원은 '가장 강력한 깨달음은 성공이 아니라 실패에서 온다'는 것을 항상 유념해야 한다. 시행착오와 실패로부터 배우기 위해서는 실패가 미치는 부정적인 영향력이 너무 커지기 전에 빨리, 되도록이면 많이 실패해야 한다. 시행착오나 실수, 실패는 일을 하면서 불가피한 것임을 인식해야 한다. 어쩔 수 없이 찾아오는 실패에 대비하기 위해 언제나 실패를 맞이할 물리적 · 정서적 준비를 단단히 하고 있어야 한다.

물론 실패는 불편한 일이다. 실패는 자신의 감정을 다치게 할뿐 아니라 자신을 포함하여 누군가에게는 손실을 주게 마련이다. 하지만 실패가 두려워서 아무것도 하지 않는다면 혹은 안전하다고 보장된 길만 답습해서 의미 없는 성공을 겪는다면 인생에 남는 것은 하나도 없게 된다. 큰 성공을 거두기 위해 큰 실패와 실수에 대한 리스크를 감수하는 것은 통계적으로 자연스러운 경제 법칙이다.

다만 실수와 실패를 통해 성공의 기초를 닦기 위해서는 그만한 고민과 학습이 수반되어야 한다. 실패에서 성공의 실마리를 찾으려면 우선 실패의 원인을 객관적으로 파악해야 한다. 실패를 겪은 뒤 실패 상황을 되새기는 일은 매우 고통스럽다. 하지만 실패의 원인이 무엇인지 직시하고 기록으로 남겨 두어야 다음에 같은 실수를 반복하지 않는다. 실패가 성공의 밑거름이라고 할지라도 실패 후 분석이 수반되지 않으면 실패로 끝날 뿐이다.

결국 팀원이 도전적인 과제 수행을 자임하고 대안을 제대로 도출해 내기 위해서는 무엇보다 자기 자신에 대한 믿음이 필요하다. 자기 스스로와 내가 하는 일에 자부심을 가진다는 것은 가치를 부여하는 일이다. 가치를 어떻게 부여하느냐에 따라서 자부심은 나를 성장시킬 수도 있고 나를 힘들게 할 수도 있다. 자신의 일에 대한 생각의 차이는 업무에 대한 몰입과 성과에 바로 영향을 준다는 것을 명심하고 다음과 같이 자부심에 올바른 가치를 부여하기 위해 노력해야 한다.

회사와 미래의 관점에서 가치를 찾아라

너무 단순한 일이고, 해 봤자 티도 나지 않는 일을 완벽하게 수행해 본 적이 있는가? 아무리 단순한 일이라도 바둑판 위에 의미 없는 돌은 없듯이 회사에서도 굳이 급여를 주고 쓸모없는 일을 시키는 경우는 없다. 눈앞의 상황이 보잘것없어 보인다 해도 내 일이 회사 전체의 관점에서 보았을 때 어떠한 일의 일부이며, 미래의 성과와 상위 조직의 성과에 어떤 영향을 미치는지 본질적으로 생각해 보아야 한다. 그러기 위해서는 회사의 중장기 목표와 전략을 분석해 보고 올해 성과 목표와 달성 전략 과제에 자신의 과제와 목표가 어떻게 인과적으로 연계되어 있는지 팀원의 관점에서는 알기 어려우니 팀장의 코칭을 통해 인식하는 것이 좋다.

주도적 관점에서 가치 부여가 되었는지 점검하라

내가 가진 자부심이 혹시 다른 사람의 시선에 의해 결정된 것은 아닌지 점검해 보자. 누군가 나의 출신 학교를 부러워해서 그것을 자랑스러워하고 자부심을 느낀다면, 그 자부심은 주변의 시선이 사라지면 동시에 사라져 버릴 수 있다.

절대적 기준으로 가치 부여가 되었는지 확인하라

자부심과 가치의 비교 대상은 오로지 자신의 어제여야 한다. 옆자리에 앉은 동기보다 일을 잘한다거나 고등학교 동창생보다 겉보기에 좀 더 폼나는 일을 하는 것은 어찌 보면 기분 좋은 일이고 칭찬받을 일일 수도 있다. 하지만 타인과의 비교 우위가 자신의 가치와 자부심이 되어서는 안 된다. 철수보다 잘하는 것이 있다고 자부심을 느꼈는데, 나보다 뛰어난 영희가 나타난다면 자부심은 즉시 의미를 잃고 만다. 자부심은 내 안의 기준에서 어제보다 얼마만큼 성장했는지, 겉보기와 관계없이 얼마나 즐겁고 가치 있는 일을 하는지와 같이 자신만의 절대적 목표와 노력에서 비롯되어야 한다.

실무 내공을
쌓아라

'선무당이 사람 잡는다'라는 속담이 있다. 이는 '의술에 서툰 사람이 치료해 준다고 하다가 사람을 죽이기까지 한다'라는 뜻으로, 능력이 없어서 제구실을 하지 못하면서 섣불리 나섰다가 큰일을 저지르게 됨을 비유적으로 이르는 말이다.

팀원은 선무당이 될 위험성을 많이 가지고 있다. 잘 알지도 못하면서 잘 알고 있는 것처럼 흉내 내거나 정확히 모르면서 팀장이나 고참들에게 물어보지도 않고 자기 마음대로 하다가는 금세 선무당이 되어 개인은 물론 팀, 나아가 회사 전체에 큰 손실을 줄 수 있다. 따라서 팀원은 선무당이 아닌 자기 분야의 최고 달인이 되어야 한다.

말콤 글래드웰(Malcolm Gladwell)의 저서 《아웃라이어》에 '1만 시간의 법칙'이 소개되어 화제가 된 바 있다. 이는 '남보다 탁월하게 뛰어나기 위해서는 적어도 1만 시간을 그 일에 투자해야 한다'는 의미이다.

자, 이제 1만 시간을 환산해 보자. 회사에 출근하여 하루에 8시간씩 한 가지 일만 한다면 5년의 시간이 되고, 하루에 2시간씩 하루도 빼놓지 않고 공부한다면 14년의 시간이 된다. 막상 하려고 하면 못할 것도 없어 보이는데, 왜 이 세상에는 탁월하게 뛰어난 사람이 많지 않은 것일까? 반대로 그렇게까지 많은 시간을 들이지 않았는데도 갑자기 큰 성공을 거둔 사람들도 있지 않은가?

선무당이 아닌 달인이 되기 위해 팀원은 1만 시간의 법칙을 이해할 뿐 아니라 실천해야 한다. 1만 시간의 법칙은 물리적으로 1만 시간이 필요하다는 말일 수도 있지만, 목적을 가지고 꾸준하고 성실하게 노력하는 사람이 결실을 맺을 수 있다는 뜻에 좀 더 가깝다. 열정과 몰입으로 어떠한 분야에서 전문성을 가지고 장기간 노력한 사람의 내공은 운이 좋아 반짝 성공한 사람과 지속성에서 차이가 날 수밖에 없다. 내가 속한 분야에 전문성을 갖추고자 한다면 꾸준하고 성실하게 혼신의 힘을 다해 그 분야를 통달해야 한다.

영업 일을 전문성 있게 하기 위해서는 판매하고 있는 제품의 매뉴얼만 달달 외우는 것이 아니라 제품을 둘러싼 시장 환경과 고객의 니즈와 원츠에 대한 이해, 경쟁자에 대한 이해, 경영 환경에 대한 이해, 영업사원 자신의 능력과 역량에 대한 이해, 제품의 판매가 불러오는 재무적 가치 등에 대해 통달해야 한다. 이렇게 본인의 업무에 대한 전문성을 확보하는 것에 지름길은 없으며, 열정과 꾸준함만이 성공을 담보할 수 있다. 이를 위해 배움을 각오하고 난 다음에는 즉시 실행에 옮겨야 한다. 배움에 너무 이르거나 너무 늦은 경우는 없다. 생각이 났을 때 당장, 바로 그 자리에서 시작하는 것이 가장 효과적이다.

그리스의 수학자 라키데스가 노인이 되어서도 기하학을 연구하고 있자 누군가가 이렇게 말했다.

"대체 지금 당신 나이가 몇인 줄 아시오? 지금이 공부할 때요?"

이에 라키데스는 화를 내며 말했다.

"지금이 공부할 때가 아니라면 대체 공부할 때가 언제라는 거요?"

당신 역시 공부할 타이밍과 장소에 대해 잘못된 기준을 부여하고 있는 것은 아닌지 곰곰이 생각해 보길 바란다.

그렇다면 1만 시간을 투자하고 책을 한 권 써냈다면 학습을 멈추어도 되는 것일까? 신입 시절에 열의가 넘쳐 열심히 공부하다가도 어느 정도 회사 생활에 익숙해지고 대리나 과장으로 승진한 다음에는 급격하게 퇴보하는 사람들을 자주 보게 된다. 초보 시절에 수많은 지식을 열심히 익히다가 지식에 대해 어느 정도 칭찬을 받다 보니 그 상황에 안주해 버린 사람들의 대표적인 결말이다.

단언컨대 겸손이 결여된 지식의 습득은 오래 지속되지 못한다. 그들은 어느 정도 전문성에 대한 기본 지식을 섭렵하면 새로운 지식을 기존 지식의 카테고리에 넣고는 "새로울 것도 없는 뻔한 얘기네"라고 치부해 버리곤 한다. 많이 알고 있다고 자만하여 새로운 지식을 이미 가지고 있던 지식의 카테고리로 분류하는 순간, 성장은 멈추고 만다. 지식 앞에서 자만심에 빠지면 그 후에 어떠한 학습도 성장에 도움을 주지 못한다.

역사적으로 성공한 위인들은 생이 다한 순간에도 학습의 끈을 놓지 않았고, 지식 앞에 겸손했다. 지식 앞에서의 겸손함이란 기본적으로 지적인 호기심, 지적인 굶주림이다. '내가 모든 것을 알고 있지는 못하니 내 주변 사람들이 아는 것들에 대해 관심을 가져 보자. 그들이 나보다 더 잘 알고 있을 수도 있지 않은가' 하는 태도로 진심을 다해 학습하는 사람은 아는 것이 많아질수록 모르는 것은 더 많다는 것을 느낀다. 무엇을 모르는지조차 모르고 제법 안다고 여기는 상태가 가장 위험한 상태임을 항상 명심해야 한다.

팀원은 일을 능숙하게 처리하게 되면 자칫 교만의 유혹을 받게 되고, 이에 따라 배우겠다는 자세에 흐트러짐이 오기 쉽다는 점을 항상 유념해야 한다. 그리고 그럴 때일수록 더 발전하기 위해 끊임없이 배워야 하고, 나에겐 아직 부족한 부분이 아주 많다는 사실을 명심해야 한다.

팀원은 언제나 선무당의 모습을 떨쳐 내고 달인이 되기 위해 내공을 쌓는 방법을 강구해야 한다. 이때 아주 유용하게 활용할 수 있는 것이 바로 SWOT 분석이다. SWOT는 내부적인 강점(Strength)과 약점(Weakness), 외부의 환경에서 찾아볼 수 있는 기회(Opportunity)와 위협(Threat)의 영문 머리글자를 따서 만든 용어이다.

경영 전략을 이야기할 때 항상 거론되는 SWOT 분석은 성과 목표를 달성하기 위한 전략을 수립하기 위해 내·외부 환경과 내부 역량의 강·약점의 매트릭스를 분석하여 핵심적인 과제를 뽑아내고 선택과 집중을 위해 활용하는 기법으로, 목표 달성의 전략을 선택하기 위해 활용된다. 특히 전략적으로 고려해야 할 요소들의 리스트를 만들거나 중요한 전략 과제들을 도출할 때 SWOT 분석의 효과를 톡톡히 볼 수 있다.

《손자병법》의 〈모공편(謀攻篇)〉에 이런 문장이 있다.

지피지기 백전불태(知彼知己 百戰不殆).

'적을 알고 나를 알면 백 번 싸워도 위태롭지 않다'는 뜻의 이 격언이 조금 확장되어 '지피지기 백전불패(百戰不敗)', '지피지기 백전백승(百戰百勝)'으로 쓰이기도 한다. 이 격언을 좀 더 자세히 살펴보는 것은 SWOT 분석의 의미와 효과를 설명하는 데 유용하다.

사실 '지피지기 백전불태'의 격언이 실린 이 책에는 '적과 아군의 실정을 잘 비교하고 검토한 후 승산이 있을 때 싸운다면 백 번을 싸워도 결코 위태롭지 않다'라는 뜻의 '지피지기 백전불태(知彼知己 百戰不殆)'에 이어 '부지피이지기 일승일부(不知彼而知己 一勝一負)', 즉 적의 실정을 모른 채 아군의 전력만 알고 싸운다면 승패의 확률은 반반이고, '부지피부지기 매전필패(不知彼不知己 每戰必敗)', 즉 적의 실정은 물론 아군의 전력까지 모르고 싸운다면 싸울 때마다 반드시 패한다는 문장이 함께 있다.

이 격언은 자신과 적, 다시 말해 내부와 외부를 모두 정확히 분석하는 것이 승패를 가르는 결정적 요인이 된다는 것을 강조하고 있다는 점에서 SWOT 분석의 목적과 효과를 정확히 설명해준다. 자신과 환경에 대해 정확히 분석하는 것은 목표를 달성하는 빠르고 효율적인 지름길이다. 외부 환경과 내부 역량을 함께 고려하면서 목표 달성에 필요한 핵심 성공 요인과 예상 장애 요인을 충족하기 위해 구체적으로 해야 할 일을 결정하는 데 있어 SWOT 분석은 탁월한 효과를 갖고 있다.

나만의
업무 공식을
만들어라

중국이 모조품의 천국이라는 사실을 잘 알고 있을 것이다. 중국인들은 시계나 핸드백 같은 세계 최고의 명품은 물론 달걀과 같은 저가의 모조품까지 잘 만들어 낸다. 중국은 속칭 '짝퉁'의 천국이다. 그러나 겉으로 보았을 때 명품과 똑같다고 해도 짝퉁은 짝퉁일 뿐, 명품이 될 수 없다. 팀원은 절대 짝퉁이 되어서는 안 된다. 팀원은 누군가와 비슷한 사람이 아니라 자신만의 브랜드를 갖도록 노력해야 한다.

지금은 평생학습의 시대이다. 이제 공부는 영원히 손에서 놓을 수 없는 대상이 되었다. 그 공부는 학교에 가서 혹은 외국으로 유학을 가서 할 수 있는 것만이 아니다. 우리가 업무를 통해 배울 수 있는 것은 무궁무진하다. 같은 일을 수행하더라도 그 일에 몰입하고 더 잘해 보기 위해 애쓰고 탐구한다면 궁금한 것들, 공부해야 할 것들이 저절로 보이게 마련이다. 이러한 동기부여가 공부의 발단이 되었을 때, 비로소 배움을 내 것으로 만들 수 있다.

자신만의 브랜드를 갖기 위해 팀원은 가장 먼저 자신이 하고 있는 일을 어떤 관점에서 보고 있는지 점검해야 한다. 팀장이 복사와 같이 단순한 업무를 맡겼다고 가정하자. 이때 당신은 무슨 생각을 하겠는가. 그 업무는 단순 업무이고 무의미한 업무이며, 이런 일만 하고 있는 것은 내 브랜드에 손해가 된다고 생각하는 것은 아닌가. 그보다는 그 일조차 나의 브랜드를 개발하는 일에 필수적으로 거쳐야 하는 학습의 단계라고 생각하는 것은 어떨까. 일이 공부요, 공부가 곧 일이다. 이 세상에 무의미한 일은 없다. 내가 생각하기에 따라 지금 내가 하고 있는 일이 내 브랜드의 핵심이 될 수 있음을 잊지 말아야 한다.

또한 제대로 팀원 역할을 수행하기 위해서는 시간 관리를 제대로 해야 한다. 그러나 아직도 많은 팀원들이 할 일은 많은데 늘 시간이 부족하다고 아우성친다. 만약 그들에게 두 배의 시간이 주어진다면 상황은 달라질까? 일하는 방식에 문제가 있다면 시간이 많이 주어진다 해도 결과는 달라지지 않을 것이다. 시간은 절대적 개념이 아니라 상대적 개념이다. 시간 관리는 주어진 시간을 얼마만큼 효율적으로 사용하느냐가 핵심이다.

일하는 사이사이, 점심 시간, 출퇴근 시간 등 하루를 면밀히 살펴보면 자투리 시간이 있다. 하루의 밀도는 이 자투리 시간을 얼마나 잘 이용하느냐에 달려 있다. 누구보다 치열하게 살았던 희곡 작가 조지 버나드 쇼(George Bernard Shaw)의 묘비에 이런 문장이 적혀 있다. 그가 우물쭈물 보낸 자신의 하루를 얼마나 후회했는지가 잘 느껴진다.

'우물쭈물 살다가 내 끝내 이렇게 될 줄 알았지.'

자투리 헝겊 조각을 이어 붙이면 훌륭한 이불을 만들 수 있다. 하지만 자투리 헝겊 조각들을 보고 이불을 상상해 내는 것은 쉬운 일이 아니다. 이불을 만들어야겠다는 목적 의식이 먼저이고, 그 뒤에 자투리 조각이라는 수단이 의미 있게 다가오는 것이다. 무조건 자투리 시간을 찾아내고 모을 것이 아니라, 내가 우리 회사에 기여하고자 하는 미션과 비전이 무엇인지, 올해 팀에 기여해야 할 핵심 과제와 성과 목표가 무엇인지, 내가 가장 우선순위를 두고 있는 것과 가장 소중하게 생각하는 것이 무엇인지를 분명히 하고, 그 일에 자투리 시간을 어떻게 활용할지를 생각해야한다.

팀원은 자신만의 브랜드를 갖기 위해 자신의 시간을 재점검해야 한다. 많은 직장인이 "월급을 받을 때마다 지출하는 데도 없는데 자꾸 돈이 없어진다"라고 말한다. 그로 인해 가계부를 쓰기도 한다. 가계부는 가정의 지출이 어디에 집중되고 있는지, 새는 돈은 없는지를 시각적으로 확인하고 불필요한 낭비를 줄여 준다.

이처럼 팀원은 자신의 시간 관리표를 만들어 볼 필요가 있다. 자신의 하루를 세밀하게 쪼개고 나눠 보면 하루 종일 분주했는데 왜 제대로 한 일은 없는 것인지, 어디에 시간이 집중되고 있는지, 새는 시간은 없는지를 시각적으로 알 수 있다. 일주일 정도의 일과를 반복하여 기록해 보면 내가 그동안 그렇게 중요하지 않은 업무에 너무 많은 시간을 할애했다는 사실이 보이기 시작할 것이다.

시간 관리를 잘하기 위한 가장 중요한 방법은 과제 중심으로 일하지 말고 기대하는 결과물 중심으로 일하는 것이다. 하루, 주간, 월간 단위로 하고자 하는 과제가 있으면 과제 수행을 통해 기대하는 결과물을 구체화하는 것이 가장 중요하다. 일일 단위는 오늘 퇴근하기 전까지, 주간 단위는 이번 주 내로 기대하는 결과물이 산출되어야 한다. 기대하는 결과물이 구체화되었다면 마감 일정(dead line)을 정해야 한다. 마감 일정과 함께 중요한 것이 예상 소요 시간(needed time)이다. 과제를 수행하는 데 얼마의 시간이 걸릴까가 기준이 아니라 기대하는 결과물을 이루어 내는 데 얼마 정도의 시간이 걸릴 것인가가 핵심이다. 하루에 오롯이 자기 자신이 통제 가능한 시간은 기껏해야 근무시간 8시간 중에 4~5시간에 불과하다. 회의하고 미팅하고 전화하고 카톡하고 커피 한잔하는 시간을 제외하고 나면 그 시간도 빠듯하다. 하루에 4~5시간, 일주일에 20~25시간이 일을 해서 기대하는 결과물을 만들어 내는 데 투입할 수 있는 현실적인 시간이다. 시간 관리를 과제 중심으로 하지 말고 기대하는 결과물 중심으로 전환하는 것이 전략적인 시간 관리의 출발이라고 할 수 있다.

일의 양은 줄지 않고, 시간도 늘지 않는다면 시간을 아껴 여유를 만들기 위해 일을 빨리 처리하는 방법을 찾아야 한다. 같은 일도 순서를 바꾸면 빨라지는 경우가 있는데, 이처럼 가속도의 원리를 활용할 줄 알아야 한다. 물체는 일정 속도 이상으로 움직이면 가속도가 발생한다. 사람도 몰입하면 일에 가속도가 붙는다. 하지만 몰입에 도달하기까지 어느 정도의 시간이 필요하다. 그런데 신속한 일 처리를 위해 멀티태스킹을 한다고 여러 일을 동시에 손대면 어느 한 업무에도 몰입하지 못하는 불상사가 발생한다.

한 연구에 따르면 미국 내 지식 관련 종사자들의 경우 평균 11분가량 한 업무에 전념하다가도 전화나 이메일 등으로 주의가 분산되어 결국 업무에 집중한 시간의 약 두 배인 25분가량을 소요하고 나서야 다시 업무로 돌아온다고 한다.

몰입을 통해 업무를 가속화시키기 위해서는 '집중 근무 시간'을 두고 일정 시간은 방해받지 않고 근무할 수 있는 환경을 조성하거나 그것이 어렵다면 빈 회의실 등에서 한두 시간 정도 집중해서 가장 중요한 업무를 처리하는 것도 자신만의 일 처리 노하우인 업무 속도를 높이는 좋은 방법이 될 수 있다. 또한 멀쩡한 사람을 잡는 선무당이 아니라 자기 분야 최고의 달인이 되기 위해 팀원은 자신만의 문제 해결 방법과 성과 창출 방법을 찾아가는 작업을 지속해야 한다.

《지킬 박사와 하이드》를 지은 영국의 소설가 로버트 루이스 스티븐슨(Robert Louis Stevenson)의 또 다른 걸작《보물섬》의 줄거리를 대부분 알고 있을 것이다. 소설뿐 아니라 여러 차례 만화와 영화로 만들어져 많은 사람에게 친숙한《보물섬》의 흥미진진한 이야기는 빌이라는 술주정뱅이가 죽으면서 남긴 보물섬 지도를 주인공인 소년 짐 호킨스가 발견하면서부터 본격적으로 시작된다.

팀원이 달인이 되려면 보물섬이라는 목적지를 찾아가기 위해 반드시 필요한 지도를 손에 쥐어야 한다. 목적지를 향해 갈 수 있는 여러 가지 길 중에서 어느 길이 가장 좋은 길인지 일을 시작하기 전에 미리 알 수 있다면 사실 지도 같은 것은 없어도 된다.

업무의 목적을 달성하기 위해서 해야 할 일과 할 수 있는 일이 하나밖에 없을 때는 오로지 그 일을 해야 하고, 할 수밖에 없다. 하지만 해야 할 일이 여러 가지이고 할 수 있는 일도 다양할 때 그중에서 과연 무엇을 가장 먼저 처리하는 것이 좋은지 결정하는 것은 쉽지 않다. 너무 성급한 결정으로 실수를 저지를 수도 있고, 너무 머뭇거리다가 시기를 놓칠 수도 있기 때문이다. 이때 중요한 것은 어떤 길이 가장 빠르고 안전한 길인지 파악하여 그 길을 선택하는 것이다. 이때는 바로 '어떻게'라는 질문을 통해 어떤 길을 선택하는 것이 바람직한지 알 수 있다.

소설가 오스카 와일드(Oscar Wilde)는 자기계발, 즉 자신의 본성을 완벽하게 실현하는 것, 바로 그 목적을 위해 우리 모두가 지금 여기에 존재한다고 했다. 자신의 본성을 실현하는 것이 삶이라면, 회사에서 일을 통해 자신의 본성을 실현하는 과정은 경력개발이라고 볼 수 있다.

조직 내에서 경력이란, 한 개인이 조직 생활을 하면서 일과 관련하여 얻게 되는 경험을 의미한다. 경력을 관리한다는 것은 개인이 경력 개발 목표를 설정하고 전략을 수립하고, 실행하며 점검하는 과정이라 할 수 있다. 회사에서 직원의 경력이 체계적으로 관리되고 경력 목표를 향해 성장해 가는 것은 개인 측면에서는 물론, 기업 측면에서도 매우 고무적인 일이다.

경력 개발은 단순히 기술적으로 어떤 경로를 거쳐 어떤 포지션에 이르는 것만을 의미하는 것이 아니라 그 내용을 포함하되 더 큰 개념, 즉 인생의 비전과 가치의 실현을 위해 필요한 자신의 소질과 적성을 찾아내고, 가장 바람직한 커리어 패스(career path)를 수립하여 지속적인 노력을 통해 자신만의 브랜드를 표방하는 것을 의미한다. 그러기 위해서는 반드시 회사 내에서의 본인의 미션과 비전이 구체적으로 무엇인지 그것이 인생의 미션과 비전과 어떻게 연계되어 있는지 분석해 볼 필요가 있다.

결국 팀원으로서 자신만의 일하는 공식을 브랜드화하고 개발하는 일은 자신의 인생이 어디로 가고 있는지, 지금 노력하고 있는 방향이 맞는지 점검하는 일로 귀결된다. 직장 생활을 통해 얻고자 하는 소중한 가치들을 잘 만들어 내고 있는지, 단순히 돈을 벌기 위한 호구지책으로 직장 생활의 의미가 퇴색되고 있는 것은 아닌지, 안락한 현실에 안주하여 미래를 준비하는 일을 소홀히 하고 있는 것은 아닌지 돌아볼 수 있게 해 준다.

그런 면에서 이력서를 주기적으로 업데이트해 보는 것도 자신의 브랜드 개발에 도움이 된다. 이력서는 꼭 취업이나 이직을 위해 필요한 것만이 아니다. 회사를 옮길 마음이 없더라도 주기적으로 이력서를 업데이트해 보자.

회사에서도 물론 매년 한두 차례 개인의 성과를 스스로 평가

하고 평가받는 절차가 있다. 하지만 그러한 사내 성과 평가 외에도 내가 밖에 나가서 떳떳하게 자부할 만한 성과가 지난 6개월 혹은 1년 안에 있었는가를 들여다보는 기회를 가진다면 자신의 역량과 성과에 대해 좀 더 객관적인 시각을 가지게 될 것이다.

6개월 후에 작성될 나의 이력서에는 과연 어떤 내용이 적힐까? 간혹 사원이나 대리급의 이력서를 보면, 개인의 역량과 성향은 뛰어난데 정작 어떤 전문성을 가지고 있는지 알 수 없는 경우가 많다. 여러 경험과 업무를 통해 다양한 경험을 했더라도 주요 전문성에 대한 핵심을 놓치지 말아야 한다.

조직 생활을 하면서 나의 핵심 분야에 대한 맥을 유지하는 것은 쉽지 않다. 주변에서 부여되는 여러 업무를 처리하다 보면 어느덧 만물박사급의 이력이 산발적으로 남게 마련이다. 하지만 만약 경력 목표가 명확하고, 이를 위한 경력 경로를 명확히 설계한 상태라면, 현재 맡고 있는 업무를 자신의 전문성의 맥락에서 어떻게 해석해 처리해야 할지 한 번쯤 고민해 보고, 이 일이 나의 이력서에 어떻게 기록될지 생각해 보고 업무를 시작하는 것이 좋다.

주기적으로 작성하는 이력서를 보고 지난 몇 개월 동안 내가 얼마만큼 성장했는지, 외부에서 보는 나의 몸값은 얼마나 높아졌을지를 끊임없이 파악해 보며 스스로의 성장과 변화를 눈으로 지켜보는 것만으로도 성장에 큰 자극이 된다.

'높이 나는 새가 멀리 본다'라는 말처럼, 팀원은 자신만의 브랜드를 만들어 가는 과정에서도 높이 나는 새처럼 넓은 안목을 가져야 한다. 거대 담론인 삶의 방향을 생각하고, 이를 기초로 자신의 삶을 돌아보며, 직장 생활에서 필요한 역량과 자신의 보유 역량의 차이를 확인하는 것 그리고 그 역량의 차이를 메우기 위해 필요한 학습과 경험들을 찾아내 실천하는 것이 중요하다. '100년 후를 내다보되 하루에 충실하라'라는 말처럼 삶의 방향을 거시적으로 고민하고 하루하루 최선을 다하는 것이야말로 브랜드 개발에 성공하는 지름길이 될 것이다.

객관적 사실과
주관적 의견을
구분하라

'죄는 미워하되 사람은 미워하지 말라'라는 격언이 있다. 이 말의 뜻은 죄를 지은 사람과 그 사람이 지은 죄를 구분하여 사람 자체를 정죄의 대상으로 삼을 것이 아니라 그 사람이 지은 객관적 사실로서의 죄만 미워하는 태도가 마땅하다는 것이다. 그러나 사실 죄를 지은 당사자와 그 죄를 구분하는 일은 쉬운 일이 아니다.

이처럼 소통의 과정에서 발생되는 소통 당사자의 잘못 또는 공로와 그 당사자 자체를 구분하기 힘든 이유는 인간이 감정의 동물이기 때문이다. 누군가로 인해 발생된 유쾌함이나 불쾌함, 기쁨이나 슬픔으로부터 완전히 자유로울 수 있는 사람은 없다.

여기에 눈앞의 어려움을 극복하려는 근시안적인 태도가 어우러져 구분해서 소통하는 것은 더욱 어려워진다.

제안 프레젠테이션을 하는 과정에서 청중이 잘 알지 못하는 것에 대해 질문했다고 가정하자. 이때 발표자가 할 수 있는 대답은 크게 세 가지, 즉 질문의 내용을 잘 모르겠다고 솔직하게 말하는 것, 자신이 아는 범위 내에서만 이야기하는 것, 잘 알지 못하지만 대충 얼버무리는 것으로 나뉜다. 이때 많은 사람이 대충 얼버무려 눈앞의 위기에서 손쉽고 재빠르게 빠져나가는 방법을 택한다. 모르는 것과 아는 것을 구분하여 자신의 전문성, 나아가 회사의 역량을 의심받는 것보다 임기응변을 발휘하여 적당히 넘어가는 것이 더 쉽고 빠른 해결책이라고 생각하기 때문이다.

그러나 순자의 말대로 '아는 것을 안다 하고 모르는 것을 모른다'고 해야 한다. 애매한 표현은 모든 거짓말의 시작이 된다. 이와 같은 구분 소통은 비단 자신이 아는 것과 모르는 것의 구분에만 국한되지 않는다. 팀원은 소통의 과정에서 구분을 해야 할 것들이 아주 많이 있음을 인식하고 이를 과감하게 구분하면서 소통해야 자신의 역할을 수행할 수 있다.

그렇다면 구체적으로 구분 소통이 필요한 이유는 무엇일까?

소통의 명확함이 높아진다

원하는 바를 정확히 전달하는 것, 사실을 왜곡하지 않고 표현하는 것은 소통의 공통적인 성공 요인이다. 그런데 이와 같은 명확함을 위해서는 소통 과정에서부터 명확하게 구분하는 자세가 필요하다.

진솔함을 유지할 수 있다

소통의 과정에서 진솔함을 방해하는 요소는 아주 많다. 상대방의 지나친 기대에 거절하기 힘든 유혹을 받을 수도 있고, 반대로 상대방의 비아냥이나 무시하는 듯한 태도에 상처를 받을 수도 있다. 그러나 진실은 언제나 승리한다. 객관적인 사실과 주관적인 의견을 명확하게 분리하여 소통해야 진솔함을 유지할 수 있다.

이루고자 하는 목적에 집중할 수 있다

소통의 목적을 혼란스럽게 만들고 부수적 목적을 본질적 목적으로, 지엽적 목적을 궁극적 목적으로 치환하는 주객전도의 가능성을 미리 방지하여 본질적·궁극적인 목적에 집중하면서 소통해야만 팀원으로서의 역할에 충실할 수 있다.

팀원은 객관적인 사실과 주관적인 의견을 구분해 이야기해야 한다. 주식 종목을 추천하는 증권 상담사가 있다. 고객이 "A 주식을 매입하고 싶은데 어떻겠습니까?" 하고 증권 상담사에게 조언을 구한다. 이때 증권 상담사가 "A 주식은 최근 1개월간 15% 가량의 주가 상승이 있었다. 애널리스트들은 계열사 중심의 매출을 탈피하여 일반 고객사들을 늘려 1분기 매출과 수익 모두 작년 4분기에 비해 35% 이상 신장된 것이 주요 원인이라고 분석하고 있다"고 했다면 여기까지가 객관적 사실이다. "그렇기 때문에 앞으로도 15% 이상 계속 상승할 것으로 보인다. 기관들의 매입이 늘어나는 것으로 보아 지금이 투자 호기인 것으로 보인다"고 말한다면 이는 주관적 의견이다.

이렇게 사실과 의견을 구분해서 소통해야 한다. 그렇지 않고 "한 달 동안 15% 상승했는데 이 추세가 당분간 계속될 것 같다. 앞으로 한 달간 30% 상승은 따 놓은 당상이다"라고 한다면 이는 사실과 의견을 구분하지 않은 소통이라고 할 수 있다.

물론 객관적 사실과 주관적 의견을 구분해야 할 내용과 대상은 상황에 따라 변할 수 있다. 하지만 구분이 필요한 요소들을 구분하지 않고 애매모호하게 표현한다면 소통의 오류는 불 보듯 뻔한 결과이다.

소통의 과정에서 발생되는 많은 문제는 모르면서 모른다고 하지 않고 아는 척을 해서 생긴다. 자신이 할 수 없는 것임에도 불구하고 자존심 때문에, 위기를 넘기기 위해, 욕심 때문에 할 수 있다고 말을 해 소통의 문제가 발생하는 것이다. 그러나 제대로 소통하기 위해서는 자신이 모르는 것, 잘 알지 못하는 것, 자신이 할 수 없는 것, 자신의 권한이 아닌 것, 자신이 해서는 안 되는 것을 솔직하게 시인해야 한다. 이와 같은 시인이 있어야 비로소 아는 것과 모르는 것, 할 수 있는 것과 하지 못하는 것을 구분할 수 있다.

또한 사실과 의견을 구분하면서 소통하려면 어떤 일을 한 번에 신속하게 끝내려는 욕심을 내려놓아야 한다. 사실 나 스스로 할 수 있는 것과 할 수 없는 것, 내가 대답할 수 있는 것과 대답하기 힘든 것을 구분하기란 쉬운 일이 아니다. 어느 선까지가 내가 할 수 있는 권한이고 어느 선부터 내가 해서는 안 되는 것인지의 구분이 모호하기 때문이다. 이때 필요한 것이 바로 한 번에 끝내려는 욕심을 버리는 것이다. 지나친 욕심이 성급함을 부르고, 그 성급함이 빨리 끝내 버리겠다는 조바심으로 이어져 소통의 문제를 일으키게 된다.

사람은 누구나 이야기를 하다 보면 스스로 발전되는 경향을 가지고 있다. 특히 자신의 이야기를 듣는 사람이 적절하게 맞장구를 쳐 주면 말하고 싶은 본능에 발동이 걸리게 되어 좋은 말은 물론 하지 않아도 되는 말, 심지어 해서는 안 되는 말까지 하게 되는 경우가 많다. 나아가 없는 이야기를 꾸며 낸다거나 작은 일을 크게 과장해서 이야기하는 일도 발생한다.

그러니 이와 같은 지나친 과장을 경계해야 한다. 지금 내가 하고 있는 말이 꼭 필요한 말인지, 사실을 너무 과장해서 진실을 왜곡하고 있지는 않은지 스스로 돌아보며 한 템포 느리게 소통하는 자세가 필요하다.

푸념만 늘어놓지 말고 역지사지를 추구하라

소통의 중요성은 사장이나 임원, 팀장은 물론 팀원에게도 마찬가지로 적용된다. 그러나 많은 팀원이 자신의 리더와의 소통 과정에서 문제를 겪는다. 소통 문제의 원인이 리더에게 주로 있다고 해도 팀원이 어떻게 하느냐에 따라 달라질 여지는 충분히 있다.

'소 잃고 외양간 고친다'라는 속담을 많이 들어보았을 것이다. 미리 외양간을 고쳤다면 소를 도둑맞지 않았을 텐데, 소를 잃고 나서야 도둑을 막을 수 있는 방법을 실행한다는 의미이다. 팀원이 소통하는 경우에 있어서도 소 잃고 외양간을 고치는 경우가 충분히 있을 수 있다. 미리 대화를 충분히 나누었다면 생기지 않았을 오해, 사전에 서로 확인을 했으면 범하지 않을 수 있던 실수들을 경험하는 것이다.

많은 팀원이 '미리 소통하는 일이 반드시 필요하다'는 생각을 하지만 이를 실천하지 못해 여러 가지 문제를 만드는 이유를 크게 세 가지로 정리할 수 있다.

방심

'설마 무슨 일이 생기겠어?', '설마 내 말을 못 알아들었겠어?', '설마 이렇게 말했는데 그렇게 생각하겠어?' 하는 방심으로 인해 사전 소통이 실천되지 않는다.

망각

'오늘은 까먹지 말고 말해야지' 하고 생각했다가 잊어버려서 말하지 못하고, '지금 작성 중인 이메일만 보내고 나서 전달해야지' 하고 생각했다가 다른 급한 일이 생겨 또 이야기하지 못해 사전 소통에 실패하고 나아가 소통의 문제를 일으킨다. 미룸에 의해 더욱 커지는 망각 역시 사전 소통의 실천을 가로막는다.

억측

자신의 설명에 대한 상대방의 반응을 정확히 파악하지 않고 자신의 생각대로 예측한 뒤 소통을 마무리함으로써 미리 더 나누었어야 할 소통을 원천적으로 차단한다.

기대하는 결과물을 사전에 합의하라

팀원은 일이 터지고 나서 투정하고 변명하는 투덜이가 아니라 미리미리 일을 잘 처리하는 인재가 되어야 한다. 이를 위해 팀원은 사전 소통자의 역할을 수행해야 한다. 사전 소통이란 이처럼 일을 시작하기 전에 미리 충분히 확실하게 소통하는 것을 말한다.

팀원이 사전 소통을 할 때는 상대가 원하는 것과 자신이 이해한 바를 최대한 자세하게 설명해야 한다. 모든 소통의 과정에서 말하는 사람은 자신이 상대방에게 원하는 것을 전달하고, 듣는 사람은 자신이 이해한 바를 확인하게 된다. 원하는 것이 정서적 공감이든, 이성적 이해이든 말하는 사람은 상대방이 자신이 원하는 반응을 즉각 보이기를 원하고, 기대하는 행동을 추후에 실천하기를 원한다. 듣는 사람 역시 자신이 이해한 '말하는 사람이 원하는 바'에 대해 자신이 이해한 내용이 맞는지 상대방에게 확인을 요구하게 된다. 사전 소통을 위해서는 먼저 자신이 원하는 바와 상대방이 이해한 바를 최대한 구체적으로 전달하여 설명하는 내용과 이해하는 내용이 정확히 일치하는지 확인해야 한다.

원하는 바와 이해한 바를 확인할 때는 그림과 숫자를 이용하는 것이 바람직하다. 타이밍 측면에서는 그렇지 않다 해도 방법적인 측면에서 추상적인 표현과 애매한 단어가 사용되면 원하는 바와 이해한 바를 구체적으로 확인하기 힘들기 때문이다.

신상품의 소개 팸플릿을 만드는 일을 한다고 가정하자. 팀장은 사전에 자신이 원하는 팸플릿의 디자인과 들어가야 할 내용, 순서를 구두로 자세히 설명했다. 해당 업무를 담당하게 된 팀원역시 팀장의 설명에 대해 자신이 이해한 바를 구두로 확인했다. 그러나 이와 같은 소통의 과정이 있었다고 해도 몇 시간만 지나면 분위기가 달라질 수 있다. 팀원이 가지고 온 디자인 시안을 본팀장은 왜 지시한 대로 일을 하지 않았느냐고 꾸중하고, 팀원은 '팀장님이 말씀하신 대로 작업했는데 왜 그러시지?'라고 생각하는 경우가 비일비재하다.

만약 팀장이 자신이 원하는 팸플릿 디자인과 유사한 팸플릿을 보여 주거나 (또는 몇 개의 샘플을 가져오라고 해서 그중 하나를 골라 그것을 바탕으로 자신이 원하는 바를 설명하거나) 팀원이 팀장이 말한 바를 간단히 스케치해서 보여 주면서 확인을 요청했다면 말한 사람은 말한 사람대로, 듣는 사람은 듣는 사람대로 안타까움을 느낄 가능성이 줄어들 것이다.

나아가 팀원은 사전 소통을 위해 원하는 바와 이해한 바를 이미지를 통해 일치시킨 뒤 이를 재확인해야 한다. 소통의 과정에는 수많은 위기 요인이 도사리고 있다. 이를 잘 극복하지 못하면 소통의 두 당사자는 오해와 억측, 이해 불가와 왜곡이라는 지뢰를 밟게 된다. 어찌 보면 성공적인 소통은 이와 같은 위기 요인을 사전에 예측하여 미리 제거하거나 위기 요인에 직면했을 때 이를 현명하게 피하고 해결하는 과정으로 이루어진다고 할 수 있다.

다른 팀의 동료에게 업무 협업을 요청하는 경우를 생각해 보자. 사안에 따라 이메일을 보내거나 전화 통화를 할 수도 있고, 사내 메신저를 활용하거나 직접 찾아가 자신이 원하는 협업사항을 요구할 수도 있다. 중요한 것은 어떤 방법이든 협업을 요청하여 상대방의 동의를 얻어 내기 위해서는 협업을 통해서 언제까지 상대방에게 기대하는 결과물이 무엇인지 인식하게 하는 것이다. 협업 수락을 받았다 하더라도 협업을 통해 기대하는 결과물이 무엇인지 다시 한번 확인하는 것이 필요하다는 점이다.

이메일로 협업을 요청했는데 상대방으로부터 알겠다는 답신을 받았다면, 전화를 걸어 고마움을 표시하면서 재확인하는 것이 바람직하다. 전화로 요청해 동의를 얻었다면, 유선으로 합의한 내용을 이메일로 보내 재확인시켜 주는 것이 좋다. 이처럼 확인된 내용을 재확인함으로써 사전 소통에 필요한 절차를 깔끔하게 정리해 놓는 것이 바람직하다.

만약 이메일을 보낸 것으로 소통을 끝낸다면 상대방이 이메일을 보지 못했다고 항변했을 때 할 말이 없어진다. 이메일을 왜 이렇게 확인하지 않았느냐고 따져 봤자 이미 엎질러진 물이 될 가능성이 크다. 이메일을 보낸 후에 카톡이나 문자메시지를 통해서라도 이메일을 보냈으니 확인해 달라고 요청하는 것처럼 확인하고 또 확인하여 사전 소통의 오류를 줄여나가는 데 주의해야 한다.

회사에서 발생하는 소통 문제의 더 심각한 모습은 대부분의 팀원이 이 소통 문제의 원인은 자신이 아닌 리더에게만 있다고 생각한다는 점이다. 실제로 이렇게 생각하는 팀원이 많다.

'우리 팀장은 원래 저래. 그러니까 너무 신경 쓰지 마.'

'우리 팀장은 어쩔 수 없어. 말해 봤자 소용없다니까.'

그러나 리더의 소통 방식을 체념하는 것으로 소통 문제가 해결될 수는 없다. 팀원은 자신의 소통 방식을 변화시켜 리더의 소통 방식 역시 바꾸기 위해 노력해야 한다. 이를 위해서 팀원은 먼저 남이 아닌 나 자신을 바라볼 수 있어야 한다. 갈등이 생겼을 때 남 탓을 하기는 아주 쉽다. 또한 문제의 주요 원인이 상대방에게 있는 경우도 많이 있다. 그러나 갈등과 문제를 만난 자신의 마음을 스스로 정리하는 것이 선행되어야 한다. 진심은커녕 내 마음을 나도 모르는 상황에서는 진심으로 소통할 수 없기 때문이다.

따라서 팀원은 상대방을 먼저 보는 것이 아니라 자신을 먼저 봐야 한다. 내면 깊은 곳에 있는 나의 진심을 자기 스스로 찾아내야 한다. 그런데 남 탓을 먼저 해 버리면 나의 진심을 나 자신도 모르는 상태에서 소통을 시작하게 된다. 이와 같은 상황은 남에게 모든 책임을 전가하는 모습으로 이어지고, 상대방은 이와 같은 대응에 대해 불쾌해하며 더 큰 갈등이 생길 가능성이 커진다. 일을 하는 과정에서 의견이 다를 수는 있다. 문제는 이처럼 의견이 서로 다를 때 어떻게 소통하느냐 하는 것이다. 서로 다른 의견을 조율하기 위해서는 진심 소통이 필요하고, 진심 소통을 위해서는 남이 아닌 나 자신을 먼저 돌아봐야 한다.

또한 소통 과정에서 자신의 감정에 솔직해질 필요가 있다. 사과를 하고 싶다면 그 마음에 솔직해져야지 이런저런 핑계와 상황 논리를 동원해 자신의 감정을 숨기거나 왜곡해서는 안 된다. 축하를 해 주고 싶다면 축하해야 하고, 불평을 하고 싶다면 불평해야 하고, 화를 내고 싶다면 화를 내는 것이 마땅하다.

물론 자신의 감정에 솔직해지라는 말이 감정의 노예가 되어 아무 거리낌 없이 감정을 표현하라는 의미는 아니다. 감정에 솔직해져야 한다는 진심 소통을 위해서는 자신의 진심인 감정을 솔직하게 인정해야 한다는 뜻이다. 진심을 솔직하게 인정해야 자신의 감정을 스스로 정리할 수 있고 이를 바탕으로 상대방에게 자신의 진심을 이야기할 수 있을 뿐 아니라 상대방의 진심을 왜곡 없이 받아들일 수 있다.

나아가 팀원은 I-Message를 적극적으로 활용해야 한다. I-Message는 나를 중심으로 하는 표현을 사용하여 상대방의 행동과 관련된 자신의 생각이나 감정을 나타내는 소통 방식으로 상대방에게 개방적이고 솔직하다는 느낌을 전달함으로써 상대방과 관련된 문제를 효과적으로 해결한다. I-Message는 상대방에 대해 판단이나 평가 없이 나의 반응을 그대로 전달하는 것을 기본 원리로 한다.

"나에게 한마디 말도 하지 않고 그 문제를 혼자 처리하셔서 사실 조금 서운했어요."

이러한 것이 바로 I-Message이다. 반면에 이런 말이 나올 만한 상황에서 "어떻게 의견을 물어보지도 않고 선배 마음대로 그 문제를 처리할 수 있어요?"는 You-message가 된다. I-Message가 '나'를 주어로 하여 상대방에 대한 자신의 감정과 생각을 솔직하게 표현하는 방식이라면, You-Message는 '너'를 주어로 하여 상대방의 행동에 대한 평가나 비평을 하는 방식이라고 할 수 있다.

팀원이 자신의 역할을 제대로 수행하기 위해서는 You-Message가 아닌 I-Message를 활용해야 한다. I-Message는 나의 감정과 생각, 즉 나의 진심을 드러내는 데 효과적이지만 You-Message는 나의 진심을 은폐하게 만들고 나아가 상대방

역시 자신의 진심을 드러내고 싶지 않게 만들기 때문이다.

　그런데 많은 팀원이 성과가 좋지 않거나 일이 잘못되면 팀장과 같은 리더에게 모든 책임을 지우는 경우가 종종 있다. 물론 조직이라는 특성상 리더가 책임을 지는 것은 당연하지만, 손뼉도 마주쳐야 소리가 나듯 리더 한 사람의 잘못으로 일이 그르쳐지는 것은 분명 아닐 것이다. 팀장이나 임원에게 능력이 있든 없든, 리더의 비전을 함께 바라보고 이를 뒤에서 적극적으로 지원하는 팀원이 없다면 성공은 요원한 일이다. 단순한 아첨꾼이 아닌, 좋은 팀원이 되기 위해서는 진정성을 담아 조직의 성과에 기여하려는 노력과 의지가 필요하다. 리더와 팀원은 서로를 비추는 거울과 같아서 진정성을 가지고 상대의 역할과 책임을 완수하는 데 최선을 다해 협업한다면 상대도 똑같이 나의 역할과 책임을 완수하는 데 협업하려고 노력할 것이며, 이러한 협업 마인드는 곧 조직의 공동 목표 달성으로 이어질 것이다.

생산적으로 회의하라

사장이나 임원, 팀장, 팀원들이 함께하는 의사소통 활동 중에 가장 많은 시간을 보내는 소통 활동이 바로 회의다. 회의를 하는 방식을 보면 그 조직의 문화를 알 수 있다. 시대가 변하고 사람이 바뀌면서 회의에 대해서 회의적으로 이야기하는 사람이 많다. 어느 회사를 막론하고 구성원들이 가장 크게 문제를 제기하는 것 중의 하나가 바로 '회의'와 관련된 부정적인 이슈이다.

회의 자체가 많은 것도 문제지만 회의를 하기 위해 준비해야 하는 회의 자료 작성 때문에 다들 심각한 문제를 제기한다. 어떤 회의가 되었든 회의가 진행되려면 회의 자료가 작성되어야 하는데 대부분 실무자들의 몫이다. 비슷한 내용의 자료들을 어떻게 가공하느냐에 따라 내용이 다른 듯 보이지만 사실 같은 자료를 회의 주재자의 입맛에 따라 편집한 것에 불과하기 때문에 자료를 준비해야 하는 실무자들은 부가가치 없는 반복적인 행위에 의욕을 상실하고 스트레스를 받고 심지어 사표를 내는 경우도 있다.

불필요한 회의를 줄이고 회의 자료를 준비하고 참석하는 데 소요되는 시간을 줄여서 생산적인 성과 창출 활동에 투입하기 위해서는 우선 현재 하고 있는 회의를 객관적으로 분석하고 혁신해야 한다. 회의 종류와 투입되는 시간과 원가, 참석하는 인원, 회의의 생산성 등에 대해 진지하게 검토해 봐야 한다.

회의가 많은 이유는 일을 하는 프로세스가 성과 중심으로, 인과적인 전략 중심으로 정착되어 있지 않아서 그렇다. 회의를 줄이려면 예측 가능한 시스템과 프로세스를 갖추는 것이 답이다. 개인기로 진행된다든지 훈계식, 책임전가식으로 진행되면 절대 안 된다.

회의의 핵심은 '코칭'이다. 조직별로 필요한 회의의 기준은 일을 시작하기 전에 프리뷰하고 일이 끝났을 때 리뷰하는 회의가 가장 기본 중의 기본이다. 팀이나 조직별로는 주간 단위로 매주 목요일이나 금요일에 이번 주 성과 리뷰를 하고 다음 주 성과 프리뷰를 하는 것이 기본이다. 월간 단위로는 매월 25일에서 30일사이에 이번 달 성과 리뷰를 하고 다음 달 성과 프리뷰를 하는 것이 기본이다.

기간별 성과에 대한 리뷰와 프리뷰를 하는 회의를 제외하고는 과제나 프로젝트별로 문제 해결이나 코칭을 위한 회의이다. 문제 해결이나 코칭을 위한 회의에는 최소한의 필요 인원만 참석하면 된다.

회의에서 가장 조심해야 할 것은 기강을 잡기 위해서 실행하는 회의다. 이유 여하를 막론하고 이미 일어난 잘못한 일에 대해서는 당사자가 스스로 반성하고 개선하게 해야지 상위 리더가 큰소리로 야단치고 질책한다고 해서 진정성 있는 반성이 제대로 이루어지지 않는다는 것을 명심해야 한다. 자칫하면 상위 리더의 분풀이나 화풀이의 장이 되고 마는 회의는 다시 한번 생각해 봐야 한다.

회의를 최소한으로 하면 좋지만 회의를 한다면 생산적이어야한다. 회의의 형태는 크게 정보 공유형 회의와 문제 해결형, 코칭형 회의로 구분해 볼 수 있다. 어떤 형태의 회의든지 안건 중심의 회의보다 기대하는 결과물 중심의 회의를 하는 것이 성과지향적이다.

정보 공유형 회의는 전달사항에 대한 공지가 목적이므로 정확하고 오해 없이 전달하면 된다. 가급적 매체를 통해서 하고 잘 전달되었는지 궁금하면 랜덤(random)으로 체크해 보면 된다.

문제 해결형, 코칭형 회의는 회의를 하기 최소 하루 전에라도 회의를 통해 기대하는 결과물을 객관적인 형태로 참석자들에게 미리 알려주고 현재 상태와 생각하는 문제에 대해 글로 써서 객관적인 생각을 가져오게 해야 한다. 아무 생각 없이 회의에 참석해서 즉흥적 · 임기응변적으로 내뱉는 말들은 평소에 자신이 가지고 있는 과거 경험과 지식 중심의 직관적 의견일 뿐이다.

회의에 참석하기 전에 기대하는 결과물을 미리 알려주지 못했다면 회의에 참석해서 시작하기 전에 화이트보드에 기대하는 결과물을 구체적으로 적어 놓고 각자 생각하는 현재 상태와 기대하는 결과물과의 차이를 해결할 수 있는 객관적인 생각을 글로 10분에서 15분 정도 먼저 적게 하고 시작하면 그나마 생산적이고 참여지향적인 회의가 될 수 있다.

기대하는 결과물을 잘 모르면 현재 상태를 객관화할 수 없고 기대하는 결과물과 현재 상태를 제대로 모르면 문제를 알 수 없다. 문제를 모르면 해결할 수 없다. 회의에 방관자나 나그네로 참석하지 않게 하기 위해서는 역할과 책임의 기준을 사전에 명확하게 부여해야 한다.

회의 하나만 생산적으로 혁신해도 직책별 역할 차별화의 문제는 많이 해결된다.

사장의 일 임원의 일 팀장의 일 팀원의 일

초판 1쇄 인쇄 2023년 10월 10일
초판 1쇄 발행 2023년 10월 20일

지은이 류랑도

기획 이유림
편집 정윤아
마케팅 총괄 임동건
마케팅 안보라
경영지원 임정혁, 이순미

펴낸이 최익성
펴낸곳 플랜비디자인

디자인 김윤남

출판등록 제2016-000001호
주소 경기도 화성시 동탄첨단산업1로 27 동탄IX타워 A동 3210호

전화 031-8050-0508
팩스 02-2179-8994
이메일 planbdesigncompany@gmail.com

ISBN 979-11-6832-072-7 03320